# 내가 너무 애매하게 구나?
비즈니스 혁명가의 솔직하고 직설적인 이야기

# AM I BEING TOO SUBTLE?
Straight Talk from a Business Rebel

# AM I BEING TOO SUBTLE?
## Straight Talk from a Business Rebel

Copyright © 2017 by Samuel Zell
Photos in insert not otherwise credited © Samuel Zell

Korean Translation Copyright © 2022 by BUSINESS 101 Publishing
This edition published by arrangement with Portfolio, an imprint of
Penguin Publishing Group, a division of Penguin Random House LLC
through Alex Lee Agency

이 책의 한국어판 저작권은 알렉스 리 에이전시를 통해 Portfolio/Penguin Random
House LLC와 독점 계약을 맺은 비즈니스 101 출판사가 소유합니다.
저작권법에 의해 한국에서 보호를 받는 저작물이므로 무단 전재 및 복제를 금합니다.

# 내가 너무 애매하게 구나?

샘 젤 지음 | 존 최 옮김

Forbes 200대 세계 부호, 부동산 억만장자, REITs의 아버지
샘 젤이 전하는 투자와 사업의 성공 철학

월스트리트 저널(WSJ), 허핑턴 포스트, FOX News **추천 도서**

사업가와 투자자가 읽어야 하는 **자수성가한 부동산 억만장자의 책**

아마존 비즈니스 부문, 리더십과 동기부여 부문 **베스트셀러**

BUSINESS 101

# TABLE OF CONTENTS
이 책의 목차

| | | |
|---|---|---|
| INTRODUCTION | 개소리 안 하기 | 8 |
| CHAPTER 1 | 불가능한 인생 | 17 |
| CHAPTER 2 | 대담하게 시작하기 | 41 |
| CHAPTER 3 | 나만의 규칙들 | 61 |
| CHAPTER 4 | 그레이브 댄서 | 95 |
| CHAPTER 5 | 화염 속으로 | 125 |
| CHAPTER 6 | 카산드라 | 141 |
| CHAPTER 7 | 갓파더 오퍼 | 163 |
| CHAPTER 8 | 가시성 제로 | 179 |
| CHAPTER 9 | 국경은 없다 | 201 |
| CHAPTER 10 | 거래의 이면 | 219 |
| CHAPTER 11 | 변화를 일으키기 | 235 |
| CHAPTER 12 | 위대함을 추구해라 | 253 |
| APPENDIX | 부록 | 277 |

*To my beloved father and all of the fathers and sons in the Republic of Korea,*

*This book is dedicated to you, a testament to the profound importance of cherishing the moments we share and strengthening the bonds that connect us.*

*To every father, you are a guardian, a mentor, and a source of strength for your children. Your love and guidance pave the way for their dreams to flourish, their hearts to soar, and their potential to be realized. This book serves as a tribute to your unwavering commitment and devotion.*

사랑하는 나의 아버지와 대한민국의 모든 아버지와 아들들에게 이 책을 바칩니다.

이 책은 우리가 공유하는 매 순간을 소중히 여기고 우리를 이어주는 유대를 강화하는 것이 얼마나 중요한지 보여주는 증거입니다.

모든 아버지여, 당신은 아이들의 보호자이자 멘토이며 힘의 원천입니다. 당신의 사랑과 지도로 아이들의 꿈이 무럭무럭 자라고, 가슴이 뛰고, 잠재력이 실현될 수 있는 길을 열어줍니다. 이 책은 여러분의 변치 않는 책무와 헌신에 대한 경의를 표하는 것입니다.

2023년 5월 11일
John Choi

## INTRODUCTION
소 개 말

# 개소리 안 하기
## No B.S

**사람들이** 저와 회의를 하고 나면 제 말이 무슨 뜻인지 궁금해하는 사람은 아무도 없습니다. 제가 뭔가를 말할 때는 분명하고, 솔직하며 종종 직설적입니다. "내가 너무 애매하게 구나?(Am I being too subtle?)"는 제가 분명하다고 생각하는 메시지를 전달할 때 늘 하는 말입니다. 가끔 "원하시면 천천히 말씀드리죠"라고 덧붙여 제 요점을 확실히 전달합니다.

제가 거칠어 보일 수 있습니다. 저도 압니다. 그리고 가끔 참을성이 없어 보일 수도 있습니다. 제게는 긴박감이 몸속에 내재되어 있습니다. 다른 사람들은 왜 그런 마음이 없는지 이해할 수 없습니다. 하지만 어릴 때부터 저는 또래 친구들과 근본적으로 다른 관점을 가지고 있다는 것을 깨달았습니다. 그리고 저는 규칙이나 관습에 순응하는 것보다는 진실을 택할 것입니다. 대체로 그게 이상한 사람이 된다는 것을 뜻하거나 저 혼자라는 것을 의미할 때도 말입니다.

저는 이 책을 통해 시카고에서 자란 호기심 많고 안절부절못한 소년이 어떻게 포브스 400대 부호(Forbes 400)에 올랐는지에 대해 이야기하고자 합니다. 성공으로 이끈 위험과 실패한 위험에 대해 설명하고 그 과정에서 얻은 교훈을 알려 드리겠습니다. '문화가 왕(culture is king)'인 제 회사 세계로 여러분을 초대하겠습니다. 즉 우리는 투명성, 일관성, 신뢰를 무엇보다도 중요하게 생각하며 업무를 수행하는 방식에 세심한 주의를 기울입니다.

저는 상업용 부동산 분야에서 가장 큰 회사 몇 개를 설립하고, 오늘날 1조 달러 규모의 부동산 공모 시장을 만드는 데 공헌한 것으로 가장 잘 알려져 있습니다. 하지만 실제로 제 투자의 대부분은 에너지, 제조업, 소매업, 여행, 물류, 의료 등과 같은 다른 산업에서 이루어졌습니다. 저를 투자자 또는 자본의 분배자라고 말할 수 있지만 제 진짜 모습은 기업가입니다. 저는 특정 산업에 집중하기보다는 제 관심을 끄는 이상 현상이나 트렌드에서 기회를 발견하려고 노력합니다.

또한, 제 본업은 위험을 읽는 것입니다. 특히 저는 다운사이드(잠재적 손실)를 이해하는 데 집중합니다. 제 기록은 완벽하진 않지만 꽤 좋습니다. 이 정도 일을 하려면 큰 성공과 실패가 있어야 합니다. 물론 이러한 일들이 몇 년 안에 일어나지 않지만 2007~2008년에 제게 일어났죠. 제가 처음부터 키워 온 회사인 에쿼티 오피스(Equity Office)를 390억 달러에 매각했고, 2008년 대침체가 시작할 무렵에 트리뷴 컴퍼니의 80억 달러 민영화 거래를 성사시켰으나 그로부터 1년 후에 트리뷴 컴퍼니는 파산하였습니다.

부동산 업계에서 저는 '그레이브 댄서(Grave Dancer)'[1]로 알려져 있습니다. 1976년에 제가 쓴 기사의 제목이었는데 그 후 별명이 붙었죠. 어떤 사람들은 남의 실수로부터 가치를 사고 창출하는 것을 착취의 형태로 볼

---

1 그레이브 댄서(Grave Dancer) - 무덤에서 춤추는 자, 속된 말로 남의 죽음이나 불행을 이용해서 이익을 보는 사람을 말한다.

수도 있지만 저는 그것을 어떤 산업이든 방치되거나 평가 절하된 자산에 새 생명을 불어넣는 일이라고 생각합니다. 그리고 저는 이러한 자산들의 유일한 입찰자였던 적이 많았습니다. 그 자산들에겐 제가 부활을 위한 마지막 기회였죠. 제가 이타적이라고 주장하는 것이 아닙니다. 낙관적이고 그런 자산들을 턴어라운드시킬 수 있다는 확신을 가지고 있을 뿐입니다.

제가 정의하는 기업가란 바로 그런 사람입니다. 문제를 보는 것뿐만 아니라 해결책, 즉 기회를 볼 수 있는 사람인 겁니다.

기업가가 되는 근본적인 부분이 통념과는 다른 방식으로 생각하려는 제 성향과 일치하는 것은 당연한 일입니다. 제게는 이런 말이 있습니다. "모두가 왼쪽으로 가고 있다면, 오른쪽을 봐라(If everyone is going left, look right)." '통념(conventional wisdom)'은 제게 참고 사항일 뿐입니다. 사실 저는 통념이 우리를 끔찍할 정도로 쇠약하게 만드는 개념이라고 믿습니다. 일반적으로 통념은 한 무리의 사람들이 "이쪽으로 가!"라고 외치는 것으로 요약됩니다. 그리고 그 무리가 한번 움직이기 시작하면, 정말 순식간에 시끄러워질 수 있죠. 우리는 1970~80년대 상업용 부동산 개발 붐, 1990년대 닷컴 열풍, 그리고 2000년대 서브프라임 모기지 열풍에서 그런 현상을 볼 수 있었습니다.

저는 항상 주변 소음을 차단하고 제가 논리적이라고 생각하는 일을 합니다. 물론 좋은 경청자가 되는 것은 엄청난 가치가 있기 때문에 모두의 의견을 들으려고 합니다. 하지만 그 이후의 길은 제가 결정합니다. 저는 명확성을 찾고 불분명한 점이 있으면 더 많은 정보를 수집하려고 노력합니다. 명확성을 찾는 것은 다양한 뉴스를 읽고, 새로운 법률을 이해하거나, 지구 반대편에 있는 누군가와 만나는 것을 의미할 수 있습니다. 중요한 것은 가정을 하지 않는다는 것이죠. 하지만 제 입장을 결정하는 것은 쉬운 일입니다.

일단 제 의견을 형성하면 행동으로 옮길 수 있을 만큼 제 관점을 신뢰해야 합니다. 이는 제 돈을 투자하는 것을 의미하죠. 저는 보통 헌신적인 편입니다. 그리고 모두가 제 의견이 틀렸다고 말해도 제 결정을 고수합니다. 실제로 그런 일이 자주 일어나죠. 만약 "샘, 당신은 이해하지 못해요"라는 말을 들을 때마다 동전 한 닢이 생긴다면 부자가 될 겁니다.

저는 수요와 공급의 원칙, 유동성은 가치와 같다는 원칙, 우수한 기업 지배구조, 신뢰할 수 있는 파트너 등 비즈니스의 기본적 요인들이 전반적으로 적용된다고 믿습니다. 이러한 요인들은 제가 어떤 일을 해야 하는지 알려 주며 제 의사 결정에 영향을 미칩니다. 제 철학이 제가 일하는 방식을 결정하는 것처럼 말이죠.

저는 도덕적인 기준을 포함시킨 성과주의를 바탕으로 회사를 운영합니다. 그리고 이 같은 발언에 눈살을 찌푸리는 사람들, 즉 모두를 때려눕히지 않고서 정상에 오를 수 없다는 사람들의 생각은 잘못되었습니다. 여러분이 지속적인 플레이어일 때, 즉 여러분의 세계가 여러분의 사업이고, 여러분의 사업이 여러분의 세계일 때, 장기적인 관계는 정말 중요합니다. 저는 어떤 협상에서든 협상 테이블에 조금씩 남겨 두는 것이 옳다고 믿습니다. 그리고 어떤 관계에서든 지분을 나눠 갖는 것을 믿습니다. 저는 수십 년 동안 같은 사람들과 거래를 해 왔습니다. 그 이유는 우리 모두가 앞서 나가는 것이 목표이기 때문입니다. 그리고 제 직원들 중 많은 사람들이 20~30년 이상을 저와 함께해 왔는데, 그 이유는 제가 잘되면 직원들도 잘되기 때문입니다.

이러한 장기적인 관계는 아버지가 제게 준 가장 중요한 교훈을 반영합니다. 아버지는 제게 어떤 사람이 되어야 하는지를 간단하게 가르쳐 줬습니다. 그는 제게 남자에게 명예보다 더 중요한 것은 없다고 말했습니다. 유대인 사회에서 '셈 토브(shem tov)'란 좋은 이름을 뜻하죠. 즉 평판은 가장 중요한 자산입니다. 여러분이 하는 모든 말과 행동은 영구적인 기록의 일부가 됩니다. 여러분의 이름은 여러분의 성격을 나타냅니다. 저는 아무리 성공해도 그 교훈을 잊지 않았고 항상 제 말을 지키는 사람으로 알려지기 위해 노력해 왔습니다.

제가 성자라는 건 아닙니다. 저는 세 번이나 결혼했고, 젊었을 때는 제 커리어가 남편이자 아버지로서의 역할과 경쟁했고 제 커리어가 이긴 적이 많았습니다. 하지만 저는 항상 부모님으로부터 배운 가장 좋은 교훈들을 아이들에게 전하려고 노력해 왔습니다. 아이들에게 근거를 가지고 실용적으로 행동하고 책임감을 갖도록 말입니다. 물론 '셈 토브'도 가르쳤죠.

시간이 지나면서 대부분의 사람들과 마찬가지로 저도 더 나은 관점을 갖게 되었습니다. 제 사무실에 들어서면 가장 먼저 보이는 것은 제 아내, 아이들, 손자, 손녀들의 사진이 스크롤 되는 27인치 화면입니다. 저는 가족과 함께 보내는 시간을 즐깁니다. 제 삶은 이제 더욱 균형 잡혀 있고 가족 전통은 신성하게 여겨집니다. 제가 가장 기대하는 것 중 하나는 20년을 함께한 아내 헬렌과 손자, 손녀의 16번째 생일이 되면 통과 의례처럼 함께 떠나는 유럽 여행입니다. 제가 바라는 것은 이 여행을 통해 아이들의 세상에 대한 호기심을 자극하고 더 큰 맥락에서 자신의 삶을 이해할 수 있도록 돕는 것입니다. 저는 아이들이 자신의 의견을 형성하는 법을 배우고 소신에 따라 행동할 수 있는 자신감을 갖게 되기를 바랍니다. 여러분도 곧 알게 되겠지만 이러한 관점이 부모님과 누이들, 그리고 제 생명을 구했습니다. 그리고 제가 성공할 수 있었던 이유이기도 합니다.

하지만 제가 오로지 부의 축적에 의해서만 동기부여를 받는 것은 아닙니다. 옛날 영화 〈휠러 딜러스(Wheeler Dealers)〉에서 나온 대사가 있습니다. "당신은 돈을 벌기 위해 게임을 하는 것이 아니라 재미로 하는 것입니다. 돈은 점수를 매기는 방법일 뿐입니다(You don't go wheeling and dealing for the money, you do it for fun. Money's just a way of keeping score)." 저도 그렇게 생각합니다. 저는 항상 경험에 훨씬 더 끌렸습니다.

제 삶의 동기는 한계를 시험하고 그 과정에서 재미를 느끼는 것입니다. 전 1+1이 3이 될 수도 있고, 4나 6이 될 수도 있다고 믿습니다. 재미와 보람은 방법을 찾아내는 과정에 있습니다. 제게 비즈니스는 싸워야 할 전투가 아니라 풀어야 할 퍼즐입니다. 그리고 최종 목표는 많은 부를 축적하고 편하게 사는 것이 아닙니다. 저는 시카고 거리의 오후를 홀로 탐험하던 12살 때부터 새로운 경험에 굶주려 왔습니다. 그래서 '일'과 '재미' 사이에 전통적이고 엄격한 경계를 절대로 이해할 수 없었습니다. 만약 제가 지적인 도전을 받고 있거나 한 번도 해 본 적 없는 일을 하거나, 제가 가진 창의력과 자원을 사용하여 문제를 해결하거나, 끊임없이 배우고 있다면 그 일은 재미있을 것입니다.

제 내면에는 빈정거림이 어느 정도 자리 잡고 있으며, 저는 그것을 대내외적으로 공평하게 적용합니다. 일찍이 저는 '11계명'이라고 부르는 "자신을 너무 심각히 여기지 말라(Thou shalt not take thyself too seriously)"라는 철학을 제 삶의 원칙으로 삼았습니다. 큰 투자 거래에서 때로는 자만할 수 있으며, 자신의 브랜드가 자신의 성과보다 더 가치가 있다고 생각하기 쉽습니다. 저는 절대로 그런 사람이 되고 싶지 않습니다. 그리고 다른 사람들도 나와 같은 생각이길 바랍니다. 1985년, 월스트리트 저널은 1면에 제 기사를 실었고, "재미없으면 우리는 안 합니다(If it ain't fun, we don't do it)"라는 제 발언을 인용했습니다. 다음 날 사무실에 들어가니 우편실 직원 모두가 그 말이 적힌 티셔츠를 입고 있었죠. 저는 직원들이 그런 일을 생각하고, 할 수 있다고 느끼고, 그것을 실현했다는 사실이 너무 좋았습니다. 직원들의 이러한 자세는 제 투자 회사인 에퀴티 그룹 인베스트먼트(Equity Group Investment, 줄여서 EGI)의 문화를 대변합니다.

저에 대한 가장 큰 비판 중 하나는 제가 욕설을 하는 것입니다. 맞습니다. 가끔 제 부동산 동료들은 제가 회의에서 쌍욕을 언제 내뱉을지 내기를 할 겁니다. 저는 단순히 인위적인 사회 규범들을 믿지 않습니다. 사람들이 이런 피상적인 것에 정신이 팔리는 경우가 많다고 생각합니다. 예를 들어 저는 1960년대부터 청바지를 입고 출근했습니다. 그것이 용인되기 훨씬 전이죠. 그리고 오늘날까지도 비즈니스 컨퍼런스나 'CNBC의 스쿼크박스(CNBC's Squawk Box)'에 청바지 차림으로 나오는 사람은 저뿐입니다. 결론적으로 자신이 하는 일에 정말 능숙하다면 자신의 진정한 모습을 보여 줄 자유가 있다는 것입니다.

저는 홀로코스트를 피하기 위해 폴란드를 탈출해 미국으로 온 유대인 이민자들의 아들입니다. 제 삶 전체는 위대한 아메리칸 드림의 일부라는 생각에 바쳐져 있습니다. 전 세계 어디에서도 찾기 힘든 기업가 운동이죠. 제가 하고 싶은 일은 남들이 보지 못하는 기회를 찾고, 남들이 못 보는 문제를 해결하고, 좋은 거래를 하고, 망가진 자산을 되살리고, 훌륭한 기업을 성장시키는 데 제가 가진 재능을 활용하는 것입니다. 간단히 말해서 저는 변화를 일으키고 싶습니다. 제 말은 실속 없이 거창하기만 한 말이 아닙니다. 저는 현상 유지를 탈피하고, 변화를 일으키고, 의미 있는 무언가를 만들어 내는 진보에 대해서 이야기하고 있습니다. 그리고 항상 남들이 가지 않는 길을 가는 것입니다. 철도 산업이 무너지고 있을 때 철도 차량을 구입하거나 다른 투자자들이 손대지 않을 때 조립식 주택 커뮤니티에 투자하는 등 제가 했던 가장 흥미롭고 수익성 있는 투자 중 일부는 당시에는 상식적이지 않은 것처럼 보였습니다.

사람들은 종종 제게 "언제 은퇴하실 건가요?"라고 묻습니다. 그러면 저는 "무엇에서 은퇴를 하나요?"라고 대답합니다. 저는 평생 단 하루도 일해 본 적이 없습니다. 제가 해 온 모든 일이 즐거웠고 흥미로웠기 때문입니다. 저는 사람들에게 영감을 주고 도전하며, 새로운 기회를 제공하고, 그들이 성장하는 모습을 지켜보는 것에 열광하고, 그들의 성취에 큰 자부심을 느낍니다. 저는 저 자신과 다른 사람들을 밀어붙이는 것을 멈추지 않습니다. 제 나이는 75세입니다.[2] 매일 아침 4시 45분에 운동을 하고, 아침 6시 30분에 사무실에 출근하고, 저녁 7시가 되어야 퇴근합니다.

저는 할 일도 많고 할 말도 많습니다.
하루하루가 모험이죠.
여기 제 이야기를 시작합니다. 재미있게 즐기세요.

---

[2] 2023년 현재 샘 젤은 81세이다.

# CHAPTER 1

## 불가능한 인생
An Impossible Life

CHAPTER 1

**내 아버지는** 내가 아는 사람 중 처음으로 "불가능한" 일을 해낸 사람이었다. 34살에 아버지는 루프트바페[3]가 선로를 폭파하기 불과 몇 시간 전에 폴란드에 있는 그의 고향을 탈출했다. 그러고 나서 어머니와 두 살배기 누나를 데리고 두 대륙을 횡단하는 21개월간의 험난한 여정을 마쳤다. 그 덕분에 나는 어떤 일도 가능하다고 믿으며 자랐다. 한계가 있다는 것을 인식하지 못하면, 그 어떤 것도 도전을 막을 수 없다.

부모님은 각각 독일 국경과 가까운 폴란드 마을의 중산층 가정에서 사랐다. 부모님은 대가족 출신이었으며, 둘 다 고등 교육을 받은 독실한 유대교 신자였다. 아버지와 어머니는 먼 친척이었으며 가족을 통해 만났고, 1936년에 결혼한 후 그 지역에 머물면서 소스노비에츠[4]라는 마을에 정착했다.

아버지 버나드는 동유럽 전역에서 곡물을 사고파는 일을 했다. 여러 나라를 여행하고 문화를 접한 덕분에 그는 다른 사람들보다 더 세계적인 관점을 가졌고 지정학에 익숙했다. 또한 그는 시사에 관심이 많았고 폴란드에서는 라디오가 검열되었기 때문에 단파 라디오에 의존하여 뉴스를 들었다. 아버지와 어머니는 독일, 영국, 미국 등 다양한 언어로 된 뉴스를

---

[3] 루프트바페(Luftwaffe) - 2차대전 당시 독일 공군
[4] 소스노비에츠(Sosnowiec) - 폴란드 남부 실롱스크주에 위치한 도시

들었다. 그래서 아버지는 그의 많은 고향 친구들과 가족들이 극단적인 시나리오의 가능성을 무시했던 무렵 폴란드에서 유대인의 위험이 커지고 있다는 것을 매우 잘 알고 있었다.

아버지는 현실주의자이자 선견지명과 행동을 중시하는 사람이었다. 1937년 폴란드에서 반유대주의가 커지고 독일의 침략이 늘어나자 아버지는 행동을 취할 만큼 우려했다. 내 어머니 로셸은 피난해야 할 경우를 대비해 옷 안감에 보석을 꿰매어 화폐로 사용했지만 부모님은 가지고 다닐 수 있는 것보다 더 많은 돈이 필요하다는 것을 알았다. 당시 폴란드는 자산을 국외로 이전하는 것을 불법으로 규정하고 있었고, 경제 범죄 혐의를 받는 사람들은 사라진 것으로 알려졌다. 그래서 아버지는 엄청난 위험을 무릅쓰고 텔아비브[5]의 한 은행으로 비밀리에 돈을 송금했다. 발각을 피하기 위해 아버지는 입금 확인서를 보내지 말라고 은행에 요청했다.

1년 후인 1938년 말 크리스탈나흐트[6]가 일어난 당시, 아버지는 끝내 조국을 떠나기로 결심했다. 아버지는 먼저 폴란드 밖에서 더 넓은 경제적 기반을 마련하기를 원했다. 아버지의 계획은 팔레스타인의 앵글로-팔레스타인 은행(Anglo-Palestine Bank)으로 보낸 돈이 실제로 그곳에 있는지 확인하고, 그 돈을 다시 미국의 은행으로 송금하여 폴란드에 있는 많은 돈을 대체하려는 것이었다. 이 송금 작전은 유대인들이 자산을 폴란드 밖으로 옮기는 것을 돕는 유대인 기관이 계획했던 것이다. 하지만 송금을 하려면 어머니의 도움이 필요했고 매우 조심해야 했다.

---

**5** 텔아비브(Tel Aviv) - 지중해 바닷가에 위치한 이스라엘 최대 도시, 2차 대전 당시에 팔레스타인을 말한다.

**6** 크리스탈나흐트(Kristallnacht) - 1938년 11월 9일 독일에서 나치당원과 독일들이 독일 전역의 유대인 가게를 약탈하고 방화했던 날을 말한다. 깨진 유대인 상점의 유리창 파편들이 거리를 가득 메웠던 데서 '크리스탈나흐트'라는 명칭이 붙여졌으며 유대인 대학살이 본격화된 사건이다.

아버지는 3주짜리 관광비자로 텔아비브에 갔고 고향에 있는 어머니에게 매일 편지를 쓰며 연락을 주고받았는데 고향에서의 의사소통이 일상적으로 보이기 위해서였다. 폴란드를 드나드는 모든 편지를 경찰이 읽을 수 있었기 때문에 아버지는 어머니가 무엇을 해야 하는지 눈에 띄지 않게 단서를 제공해야 했다. 아버지의 편지마다 '50'이라는 숫자가 강조되어 있었는데, 어머니는 50,000즈워티(미화 약 10,000달러)를 준비하라는 뜻으로 알고 있었다. (부모님은 폴란드에 있는 모든 돈을 집에 보관했다.) 어느 날 어머니는 평범한 편지 봉투를 받았는데 봉투 안에는 찢어진 작은 종이 조각에 몇 글자만 적혀 있는 것이 전부였다. 어머니는 그게 이상했고 뭔가 의미한다는 것은 알았지만 구체적으로 무슨 뜻인지 몰랐다. 그러던 중 아버지의 여행 마지막 주에 낯선 사람이 예고도 없이 집 문 앞에 나타났다. 이런 일은 그 자체만으로도 항상 불안감을 일으키는 사건이었다. 낯선 남자는 자신이 앵글로-팔레스타인 은행의 은행장이라고 말했고 어머니가 아버지로부터 받은 편지 봉투 속 찢어진 작은 종이 조각의 복사본을 가지고 있었기 때문에 어머니는 그 남자에게 50,000즈워티를 주었다. 남자는 경찰이었을 수도 있고 그냥 돈을 가질 수도 있었다. 어머니는 그 남자가 진짜인지 알 방법이 없었다. 하지만 모든 일은 순조롭게 진행되었으며 아버지는 해야 할 일을 마치고 집으로 돌아왔다. 아버지는 텔아비브의 은행 계좌에 추가로 돈을 입금한 다음 뉴욕에 있는 은행으로 송금했고 계좌에는 아버지와 로셀(어머니)의 서명이 모두 기재되어 있었다.

부모님에게는 각각 6남매가 있었다. 부모님은 그들에게 폴란드를 떠나라고 수없이 호소했지만 가족 모두는 떠나는 것을 고려하지 않았다. 그들은 마을의 많은 사람들과 마찬가지로 반유대주의를 목격하고 경험했음에도 불구하고 1차 대전 때처럼 그냥 버티면 괜찮을 것이라 믿었다. 독일인들은 문명화되었고 교양 있는 사람들이라고 생각한 것이다. 물론 가족 모두를 남겨 두고 떠나야 한다는 생각에 아버지는 방아쇠를 당기는 결정을 미뤘다.

그러다가 1939년 8월 24일, 아버지가 바르샤바[7]로 출장을 가기 위해 동쪽으로 가던 중 기차가 중간 지점에 정차했다. 아버지는 신문팔이를 보고 신문을 사려고 기차에서 내렸다. 신문 헤드라인에는 독일과 소련이 방금 불가침 조약에 서명했다는 내용이 적혀 있었다. 아버지는 독일과 러시아 사이에 끼인 폴란드가 양쪽에서 공격을 받고 두 침략국 사이에서 분열될 것을 확신했다. 떠날 시간이 온 것이다. 아버지는 즉시 선로를 건너 반대편에서 집으로 향하는 기차를 탔다.

아버지의 기차는 오후 2시에 소스노비에츠에 도착했다. 집까지는 걸어서 10분 거리였고 아버지는 도착하자마자 어머니에게 짐을 챙기라고 말했다. 그들은 그날 오후 4시에 기차에 탑승했다.

아버지는 어머니와 누나 줄리를 75마일(121km) 정도 떨어진 킬체[8]에 있는 친척 집으로 데려간 다음, 마지막으로 친척들에게 폴란드를 함께 떠나자고 간청하기 위해 고향으로 돌아갔다. 마치 시간과의 싸움처럼 느껴졌다. 하지만 이번에도 친척들은 거절했다. 결국 부모님과 누나는 거의 2년에 걸친 모험을 홀로 시작했다. 다음 날 새벽 독일군이 폴란드를 침공했다. 아버지는 나치가 철로를 폭파하기 전에 소스노비에츠에서 마지막 기차를 탄 것이다.

우리 가족은 독일을 향해 서쪽으로 갈 수 없었기 때문에 북동쪽으로 폴란드를 가로질러 리투아니아로 향했다. 그들은 도보, 버스, 마차, 그리고

---

7   바르샤바(Warsaw) - 폴란드의 수도
8   킬체(Kielce) - 폴란드 남부 도시

가축 운송 열차를 타고 이동했으며 각 도시로 들어오는 초기 난민 행렬의 일부였다. 나는 자라면서 아버지의 사업 동료들, 유대인과 비유대인 모두로부터의 가족이 받은 도움에 대해서 많은 이야기를 들었다. 그런 이유로 아버지는 항상 우리에게 정의, 친절 그리고 타인에게 베푸는 것을 중시하는 '체다카(Tzedakah)'의 중요성을 일깨워 주었다. 체다카는 부모님의 생명을 구했다.

리투아니아 빌뉴스(Vilnius)[9]에서 부모님은 휴식을 취했고 아버지는 그곳 지역 상인들에게 곡물을 팔기 시작했다. 어머니는 도망 다니는 것에 지친 나머지 빌뉴스에 정착하여 전쟁이 끝날 때까지 기다리길 원했다. 하지만 아버지는 떠나야 한다는 절박함을 잃지 않았다. 물론 아버지가 옳았다. 리투아니아에 남아 있던 유대인들은 대부분 죽었다.

아버지의 최종 목적지는 팔레스타인이나 미국이었지만 우선 유럽을 벗어나야 했고, 그러기 위해서는 그들을 받아 줄 안전한 국가의 비자가 필요했다. 당시 빌뉴스에는 영사관이 거의 남아 있지 않았고 대부분 이미 전쟁 중이거나 독일 점령하에 있던 서유럽 국가 출신이었다. 그러나 인근 카우나스에는 얀 즈바르텐다이크란 네덜란드 명예 영사가 있었고, 베네수엘라 연안에 있는 네덜란드령 퀴라소섬(Curacao)은 비자가 없어도 입국할 수 있었다. 나쁜 소식은 당시 네덜란드 정부가 퀴라소 비자를 발급해 주는 공식 절차가 없었다는 것이다. 그런 비자는 존재하지 않았다. 난민들은 소련을 통과할 수 있는 공식 문서가 필요했다. 그래서 난민 그룹의 한 유대인 상인은 네덜란드 문장이 새겨진 가짜 비자 도장을 만들어 즈바르텐다이크에게 가져갔고, 즈바르텐다이크는 이 도장을 사용하여 퀴라소 입국 비자를 위조했다.

---

**9**   빌뉴스(Vilnius) - 리투아니아의 수도

이 섬은 리투아니아에서 남서쪽으로 5,600마일(9,012km) 떨어져 있으며 폴란드, 독일, 프랑스의 반대편에 위치해 있었다. 당연히 이들 국가를 경유하는 것은 불가능했다. 퀴라소까지 가는 유일한 길은 러시아와 일본을 거쳐 대륙 전체를 횡단하는 8,000마일(12,875km)의 긴 여행을 거쳐 서쪽으로 가는 것이었다. 또 다른 장애물은 일본 여행 비자를 발급받는 것이었다.

아버지를 비롯하여 유대인 난민 대표단은 경유 비자를 받기 위해 빌뉴스의 일본 부영사 스기하라 지우네를 찾아갔다. 스기하라는 난민들을 돕기 위해 세 번이나 도쿄에 전보를 보내 허가를 요청했지만 매번 거절당했다. 부영사는 일본의 외교관이었지만 중산층 사무라이 집안 출신이었다. 사무라이의 규범 중 일부는 자비, 은혜 그리고 생명에 대한 감사와 존중이다. 스기하라는 자신의 직장을 잃거나 가족이 위험해질 수 있음에도 불구하고 직속 명령을 무시하고 난민들을 최대한 돕기로 결정했다. 그 후 한 달 동안 스기하라와 그의 아내는 유대인 난민들을 위해 식사나 잠을 청하지 않고 수천 개의 경유 비자를 작성했다. 우리 가족은 스기하라가 구한 6,000명의 유대인, 즉 스기하라 생존자들 중 일부였다.

명령에 불복종한 일본인이 부모님의 생명을 구한 것은 일본 문화를 생각하면 놀라운 일이었다. 1980년대 초에 처음으로 일본에 가서 내가 만났던 사람들에게 이 이야기를 했을 때, 그들은 일본 외무부 관리는 직속 명령에 절대 불복종하지 않는다며 그것이 사실일 리가 없다고 단호하게 말했다. 하지만 스기하라가 명령에 불복종한 것은 틀림없는 사실이다. 스기하라가 노인이 된 1985년이 되어서야 그의 행동이 이스라엘에서 공식적으로 인정받게 되었다. 그는 "일본의 쉰들러"로 추앙받으며 이스라엘의 '야드 바셈 - 홀로코스트 순교자 및 영웅 추모관(Yad Vashem - The Holocaust Martyrs' and Heroes' Remembrance Authority)'으로부터 '열방의 의인(righteous gentile)'으로 인정을 받았다.

스기하라가 사망하기 전에 우리는 그가 어디에 살고 있는지 알아냈고 누나 줄리와 그녀의 남편은 그를 만나기 위해 일본으로 갔다. 줄리가 스기하라에게 "어떻게 명령을 어기고 그런 모험을 할 수 있었죠?"라고 묻자 그는 "전에는 사람들을 구할 기회가 한 번도 없었는데 그 기회가 생겼죠. 그리고 그렇게 해야만 했어요"라고 대답했다. 스기하라의 용기 있는 행동은 그의 유산이 되었고 변화를 일으킨 그만의 방식이 되었다.

부모님과 누나는 시베리아 횡단 철도를 타고 소련을 가로질러 여행했다. 그들은 5,600마일을 여행하는 동안 1마일을 지날 때마다 위험에 처했다. 당시 유대인들은 진위 여부를 떠나 어떤 위반 행위라도 저지르면 시베리아의 수용소로 보내졌고, 우리 가족은 한겨울에 여행을 해야만 했다. 하지만 그들은 해냈다. 부모님과 누나는 전쟁 중 일본에 도착한 수천 명의 유대인 난민들 중 두 번째 그룹이 되어 일본에 도착했다.

우리 가족은 거의 4개월을 일본에 있었으며, 대부분 요코하마에서 보냈다. 어머니는 일본인들의 친절함과 따뜻함에 대해 호의적으로 이야기 했는데, 고통스러웠던 여행 이후였기 때문에 그 의미가 남달랐다. 나중에 미국에 정착한 후 부모님은 일본에서의 경험을, 전쟁 중 일본의 행동 그리고 미국의 일본인에 대한 적대감과 조화시키는 데 어려움을 겪었다.

우리 가족은 안전한 곳을 찾아 21개월에 동안 4개국을 거쳐 수천 마일을 여행했고 1941년 5월 18일 시애틀에 도착하였다. 당시 어머니는 나를 임신한 상태였다. 우리 가족은 뉴욕의 매뉴팩처러스 트러스트 은행(The Manufacturers Trust Company)에 미리 송금한 600달러를 제외하고는 수중에 있는 거의 모든 돈을 다 써 버렸다.

시애틀에 도착한 날 저녁 부모님은 첫 번째 영어 수업을 들었다. 부모님은 언어 능력을 향상시키고 미국인이 되는 과정을 시작하고 싶어 했다. 뉴욕에 있는 큰할아버지가 일자리를 제안했지만 독립심이 강했던 아버지는 곡물 상인으로 자리를 잡기 위해 곡물 산업의 중심지인 시카고를 정착할 곳으로 생각했다.

부모님은 처음으로 간 시카고의 호텔에서 거절당했는데 아버지는 매우 분노했다. 아버지의 즉각적인 반응은 "드디어 반유대주의에서 벗어난 줄 알았어. 그런데 미국에 와서 호텔에 체크인하려고 하니 (유대인인) 우릴 받아 주지 않네"였다. 나중에 아버지가 농담 삼아 이 이야기를 할 때 그에게서 보기 드문 가벼움을 느꼈다. 당시 아버지는 영어를 읽을 줄 몰랐고, 호텔 밖 표지판에는 '남성 전용(Men Only)'이라고 적혀 있었다.

부모님은 시카고 웨스트 사이드의 유대인 밀집 지역에 정착했고 그곳에서 내가 태어났다. 우리 가족이 미국에 도착한 지 4개월 후이자 진주만 공습 두 달 전인 9월 28일이었다.

폴란드에 있는 부모님 가족이 마지막으로 보낸 편지에는 어머니의 처남인 사무엘 모세가 거리에서 총에 맞았다는 내용이 있었다. (후에 내 이름은 그의 이름을 따서 지어졌다.) 얼마 지나지 않아 부모님의 가족들은 게토[10]와 강제 수용소로 사라졌다. 가족 대부분이 살해되었는데, 부모님의 형제자매 중 두 명을 제외한 모든 가족 그리고 그들의 자녀들 18명까지 모두가 살해당했다. 어머니의 동생 아이작과 여동생 앤만이 살아남았다.

부모님의 세계관은 그들의 생존 경험이 바탕이었다. 그리고 내가 4살 때 전쟁이 끝난 후에도 이민자의 흔적은 우리 집에서 떠나지 않았다. 하지만 6살 때 우연히 가족사를 알게 되기 전까지 그 배경에 대해 알지 못했다. 부모님은 하모니 서클 클럽(Harmony Circle Club)이라는 단체에 소속되어 있었는데 폴란드 난민들이 한 달에 한 번씩 모여 유럽의 전쟁 소

---

**10** 게토(The Ghetto) - 2차 대전 당시 법으로 강제한 유대인 수용구

식을 공유하고 미국에서의 생활에 대해 이야기하는 모임이었다.

나는 침실을 몰래 빠져나와 벽에 8mm 필름이 깜박이는 어두운 거실로 들어갔던 밤을 생생하게 기억한다. 부모님과 부모님의 친구들은 강제 수용소의 비밀 영상을 보고 있었다. 시체로 가득 찬 트럭, 피부에서 튀어나온 뼈, 쓰레기처럼 버려진 인간 등 정말 끔찍한 장면이 담긴 흑백 영상을 보았다. 그 잊을 수 없는 영상 이미지들이 홀로코스트에 대한 첫인상을 남겼다. 돌이켜 보면 그 영상이 내 성숙을 앞당기고 세상에 대한 냉철한 인식을 심어 줬다는 것을 알 수 있다. 그 영상은 또한 왜 부모님이 자식들의 성공을 위해 그토록 열심히 노력하고 결연하였는지 부모님 삶의 방향을 이해하는 데 큰 도움이 되었다. 경제적 성공은 그들의 자유를 확보하는 데 매우 중요했다. 부모님이 폴란드를 탈출할 수 있었던 이유 중 하나는 돈을 모아 둔 아버지의 선견지명이 있었기 때문이다.

1986년 아버지가 돌아가신 다음 날, 어머니는 내게 아버지의 새끼 손가락 반지를 건네었다. 그 반지에는 유럽에서 오랫동안 도피 생활을 할 때 누나 줄리의 신발에 숨겨 두었던 다이아몬드가 박혀 있었다. 나는 그 다이아몬드를 팔찌로 옮겨 오른쪽 손목에 차고 절대 빼지 않았다. 내가 어디에서 왔는지 항상 기억하기 위해서이다.

부모님은 나와 누나 줄리와 여동생 레아에게 미국에 대한 열정과 감사의 마음을 계속해서 심어 주었다. 남은 생애 동안 부모님은 매년 미국에 도착한 날짜를 기념하며 축배를 들었다. 우리는 성공이 출신, 지위, 종교 등의 요인들이 아닌 오로지 추진력에 의해 결정되고 성취할 수 있는 것과 도달할 수 있는 범위에 한계가 없는 나라에서 태어난 것에 깊이 감사하며 자랐다.

아버지는 야심 차고 타고난 사업가였지만 폴란드에서 곡물 상인으로 성공했던 커리어를 다시 쌓는 데 힘든 시간을 보냈다. 퀘이커 오츠[11]는 고향에서 그의 가장 큰 고객들 중 한 곳이었고, 그곳의 거래처 직원들은 아버지에게 "퀘이커 오츠에 당신 같은 기술과 직업윤리를 가진 사람들이 있었으면 좋겠네요"라는 말을 자주 했다. 그래서 시카고에 도착한 후 일자리를 구하기 위해 가장 먼저 퀘이커 오츠를 찾았지만 대학 학위가 없다는 이유로 거절당했다.

시카고에 도착한 지 2년 만에 아버지는 곡물 사업을 그만두고 보석 도매 회사를 차렸다. 큰할아버지는 아버지가 잉여 보석을 대량으로 구입하는 것을 도왔고 아버지는 이를 중서부 지역에서 재판매했다. 아버지는 생산성을 믿는 사람이었고 일주일에 6일, 하루 최소 13시간씩 일했다. 아버지는 사업 때문에 11개 주를 돌아다녔다. 그에게 있어서 사업의 핵심은 매장에 물건을 들여놓는 접근성이었다. 아버지는 심한 악센트(억양)에도 불구하고 다른 사람들이 계약에 실패한 대형 소매업체들과 계약하게 되었다. 사람들은 아버지의 자신감, 근면성, 지적 능력에 반응을 보였다.

아버지는 보수적으로 사업을 키워 나갔다. 신중함은 그의 신조였으며 항상 위험을 깊이 인식했다. 미국에 대한 그의 애정 뒤에는 한밤중에 재앙이 찾아와서 그의 목을 움켜쥘지도 모른다는 두려움이 늘 뒤따랐다. 본질적으로 아버지는 난민 특유의 역설적인 성격을 가지고 있었다. 한마디로 걱정이 가득한 낙관주의자였다. 아버지의 태도는 "한편으로는 나아가고… 다른 한편으로는 물러서라"라는 말로 설명될 수 있었다.

당시 아버지는 다른 집단에 속하거나 다양한 배경을 가진 수많은 친구, 지인, 사업 동료들에게 일종의 가장 노릇을 했다. 아버지가 현명한 질문을 하고, 진심으로 말을 경청하며, 신중하고 편견이 없는 솔직한 대답을

---

[11]  퀘이커 오츠 컴퍼니 (Quaker Oats Company) - 미국의 대형 식품 음료 제조 회사

해 주었기 때문에 사람들은 아버지에게 조언과 판단을 구했다. 아버지가 만들어 낸 존경심, 주변 사람들에게 주는 영향력 그리고 그가 그들의 삶에 가져온 긍정적인 변화는 내게 깊은 인상을 남겼다.

오늘날 나는 내 임직원들뿐만 아니라 내 아이들과 손자, 손녀들을 위해 그 역할을 하려고 노력한다. 아버지가 내게 남긴 선물인 소크라테스식 대화의 기술을 적용하여 그들 중 한 명과 긴 시간을 함께 걸으며 고민에 대해 이야기하는 것은 수백만 달러짜리 거래만큼이나 보람 있는 일이다.

어릴 때 우리 가족은 폴란드 유대인 난민들을 꾸준히 후원하고 받아들였다. 몇 년 동안 나는 우리와 함께 지내는 남자들과 내 침실을 함께 써야만 했다. 당시 그게 이상한 일이라고 생각하지 않았지만 오늘날에는 그런 일이 정상이라고 상상할 수 없을 것이다. 당신의 아이에게 방의 절반을 낯선 사람에게 양보하라고 부탁하는 것을 상상해 봐라. 하지만 그것은 당시의 시대적 상황과 남을 돕고자 하는 부모님의 헌신을 나타낸 것이었다.

부모님은 매우 규율적이고 일과 성취에 집중하였으며 모범을 보였다. 어렸을 때 우리의 우선순위는 교육, 종교, 그리고 정직하고 명예로운 사람이 되는 것이었다. 물론 오늘날의 기준으로 볼 때, 당시 부모들은 자식들을 지나치게 귀여워하지 않았다. 특히 내 아버지처럼 말이다. 당시 부모들은 아이들을 애지중지하고 지나치게 칭찬하거나 아이들이 이길 수 있도록 내버려 두는 세대가 아니었다. 나는 어린 시절부터 대부분의 남자아이들과 마찬가지로 아버지와 경쟁하는 것을 좋아했다. 아버지는 다른 아버지들처럼 살살 하지 않았고 그것을 진지하게 받아들였다. 한 예로 아버지는 체스의 달인이었다. 아버지는 내게 체스를 가르쳤고 나는 뛰어난 체스 플레이어가 되었다. 어느 날 나는 체스판 위에 체크메이트 한 수만 있는 시나리오를 짜서 아버지를 압박하려고 했다. 아버지가 집에 돌아오기를 초조하게 기다렸다가 자랑스럽게 판을 보여 줬다. "아빠, 보세요.

내가 체스판을 준비했어요. 체크메이트를 어떻게 할 수 있는지 알아보세요" 아버지는 쳐다보더니 어깨를 으쓱하며 말을 이동하고는 방을 나갔다. 나는 완전히 무너졌다. 아버지는 그 어떤 것도 쉽게 만들거나 살살하지 않았다. 그는 그런 사람이 아니었다.

**나는** 항상 아버지가 34살 때 폴란드를 떠나기로 생사를 건 결정을 내렸고, 그 후로도 한 번도 틀리지 않았다고 농담을 하곤 했다. 아버지는 매우 의지가 강하고 권위적인 사람이었고, 나도 성격이 강했기 때문에 우리는 자주 충돌했다. 아버지는 끊임없이 나를 통제하려고 했으며, 나는 항상 아버지가 "No"라고 대답하는 것에 화를 냈다. 결과적으로 우리는 다소 논쟁적인 관계를 유지했다.

하지만 아버지를 깊이 존경했고, 그 존경심은 절대적이었다. 아버지는 "날 사랑할 필요는 없지만 존중해야 한다"라고 말했으며 나는 그 말을 문자 그대로 따랐다. 만약 내가 입을 열어 말대꾸하지 않으면 무례하게 굴지 않고 조금이라도 품위를 지킬 수 있다고 생각했다. 그래서 의견이 맞지 않을 때면 나는 그저 입을 다물고 아버지와 대화를 거부했다. 때로는 몇 달 동안 서로 말을 하지 않았다. 그러다 보니 가족 저녁 식사를 정말 길게 만들었고, 어머니는 그것을 싫어했다. 한번은 3개월 동안 침묵이 계속되기도 했다. 무슨 말다툼이 있었는지 기억이 나지 않지만 무슨 상관이겠는가? 우리는 다툼이 많았다. 결론은 만약 내가 화가 나면 아버지와의 대화를 미루는 것이다. 나는 그를 상대하지 않았다. 그것이 아버지가 요구한 존중이었다. 결국 나는 항상 어머니의 권유에 따라 사과를 하게 되었다. 어머니는 나를 옆으로 끌어당기며 "새미, 이러면 안 돼"라고 말했다. 나는 "엄마, 아빠가 틀렸어요"라고 대답했다. 그러면 어머니는 "새미,

넌 이해 못 해. 그는 네 아버지니까 절대 틀린 게 아니야"라고 말했다.

그 후로 오랜 세월이 지난 1970년대에 아버지와 나는 유대인 연맹의 연례 만찬에 함께 가곤 했는데 나는 이를 "유대인의 큰 만찬(Big Jew Dinner)"이라고 불렀다. 이 만찬은 도시에서 가장 저명한 유대인들이 참석하는 기금 모금 행사였다. 매년 아버지는 상당한 액수의 기부를 했고 나는 아버지보다 적은 액수를 기부했다. 1979년에 나는 아버지가 기부하는 액수보다 많은 금액을 기부할 수 있을 정도로 성공했다. 하지만 아버지와 먼저 상의를 하지 않고서는 내가 더 많은 금액을 기부할 수 없었다. 그래서 "다음 기부금을 내고 싶지만 아버지께서 제가 '카봇'[12]이 부족하다고 생각하신다면 하지 않겠어요"라고 아버지에게 말했다. 그는 "아니, 그렇게 하는 건 정말 멋진 일이야"라고 말했다. 그래서 나는 기부를 했다. 나는 그에게 존경을 표했지만 아버지도 나를 존중한다는 것을 알려주고 있었다. 그것이 우리에게 전환점이 되었다고 생각한다.

그럼에도 불구하고 우리의 비슷한 기질은 종종 마찰을 일으켰고, 내가 어렸을 때는 세대 차이와 신구 세계의 상반된 가치관에 의해 이러한 갈등이 증폭되었다. 나는 미국에서 태어난 그들의 첫 번째 아이였다. 내 여동생 레아는 1949년에 이곳에서 태어났다. 우리의 기준은 부모님의 것과는 확연히 달랐다. 부모님은 자신들에게 소중한 전통적인 가치들을 우리가 잃을까 봐 끊임없이 걱정했다. 부모님은 우리가 좋은 삶을 살고 무엇보다도 훌륭한 유대인이 되기를 바랐다. 그리고 미국을 사랑했지만 미국의 풍요와 자유에는 위험이 내재되어 있다고 믿었다. 부모님은 우리가 규율이 부족하고 스포츠와 같은 경박한 활동을 추구하는 데 너무 많은 시간을 보낸다고 생각했다. 아버지에게 스포츠는 일이나 공부에 방해

---

**12** 카봇(kavod) - 히브리어로 존경을 뜻한다.

CHAPTER 1 불가능한 인생

가 되는 것일 뿐이며 아무런 가치가 없었다. 10대 시절, 토요일 밤에 농구 경기를 보러 가고 싶다고 하면 아버지의 반응은 "지난주에도 갔잖아. 왜 또 농구 경기를 보러 가야 해?"였고 나는 "재밌으니까요"라고 대답하면 아버지는 "네 인생에 재미있게 놀 시간은 충분해. 지금은 공부에 집중해야지. 넌 성취해야 하고 규율을 따를 필요가 있어. 세상은 험난한 곳이라는 것을 이해해야 해"라고 말했다. 그것이 일상적인 대화였다.

나는 누나 줄리가 고등학교에 다닐 때의 일을 기억한다. 당시 14살이었던 줄리는 폰 슈테우벤(Von Steuben)이라는 학교에 다녔다. 어느 날 오후, 폰 슈테우벤이 농구 경기에서 크게 패한 후 줄리는 학교를 마치고 집에 돌아와 팀의 패배에 울고 있었다. 부모님은 완전히 정신이 나갔고 어떻게 해야 할지 몰랐다. 고등학교 농구 경기 때문에 딸이 울고 있다는 사실을 상상할 수 없었다. 그들에게는 완전히 낯선 개념이었다.

나는 아버지가 그려 낸 성취와 재미의 확고한 경계가 나를 정반대의 길로 이끌었고 그래서 나중에 두 가지를 혼합하는 것을 바탕으로 나만의 세계를 만들었다고 믿는다.

우리 집은 전통적이고 진지한 분위기였지만 따뜻함이 넘쳤다. 매일 밤 가족이 함께 저녁을 먹었고 어릴 적부터 세계정세, 정치 그리고 현재 발생하는 사건들에 대해 이야기를 나누곤 했다. 부모님은 아이들을 위해 대화 수준을 낮추지 않았다. 우리가 대화하는 방식은 탈무드식 접근 방식인 은유를 사용하는 것으로 항상 어떤 사례나 이야기를 통해 교훈을 얻는 것이었다. 지금도 나는 내 요점을 전달하는 주된 방법으로 이야기를 들려준다.

부모님은 매우 강인하고 똑똑했고, 당연히 약간의 편집증이 있는 사람들이었다. 아버지는 두말할 나위 없이 가부장이었고 어머니는 전통적으로 순종적인 여자였다. 그것은 단순히 부모님이 자란 시대의 영향이었을 뿐이다. 공공장소에서 어머니는 아버지의 의견에 반대하지 않았다. 오랜 세월 동안 나는 어머니의 순종적인 역할을 약점으로 착각했다. 어느 날 아버지와 함께 차를 타고 가던 중 아버지는 어머니가 얼마나 강한 여자이고 둘 중 어머니가 약한 것처럼 보이지만 여러 면에서 그 반대였다고 말한 게 기억난다.

어머니가 75세였던 1986년, 아버지가 세상을 떠나기 전까지 어머니의 힘과 회복력을 깨닫지 못했다. 45세의 나는 이제 가장이 되었고 어머니를 돌보는 일은 이제 내 역할이 되었다고 생각했다. 나는 전 세계 어디에서든 매일 어머니에게 전화를 걸었고, 목소리만 들어도 그녀의 안부를 알 수 있었다. 만약 어머니의 목소리가 좋지 않다면, 어머니가 문제를 털어놓을 때까지 계속 물어봐야 한다는 것을 알았다. 아버지를 잃은 후 어머니와 나는 훨씬 더 가까워졌다.

아버지가 세상을 떠난 후 첫 1년 동안 어머니는 집 밖으로 나가지 않았다. 아버지의 기일인 '얄제이트[13]'에 어머니는 내게 전화를 걸어 1년간의 애도 기간을 마쳤고 새로운 것을 시도할 준비가 되었다고 말했다. 그래서 나는 교외에서 애스터 가(Astor Street)에 있는 펜트하우스로 어머니를 이사하게 했다. 그녀는 활동적인 도시인이 되었고, 결코 뒤돌아보지 않았다. 어느새 어머니는 건물에서 친구를 사귀고, 오페라와 영화를 보러 가고, 저녁 식사를 하러 가는 등 아버지가 살아 있을 때 한 번도 해 보지 못했던 모든 일을 하고 있었다.

어머니는 새로운 삶에 마음을 열었지만 여전히 엄격했다. 어머니는 자신의 주장을 관철하기 위해 애원하거나 불평하지 않았다. 어머니는 굳은 심지를 가지고 있었고 말보다 행동으로 많은 것을 전달했다. 어머니는 내

---

**13** 얄제이트(Yahrzeit) - 유대인식 제사

가 뭔가를 하기를 원할 때 전화를 걸었고 대화 내용은 다음과 같았다.

"안녕하세요, 어머니."
"새미, 데이빗의 아들의 할례의식이 다음 주 목요일이야."
"알아요. 하지만 그날은 제가 다른 도시에 있을 예정이에요."
"새미, 데이빗의 아들의 할례의식이 다음 주 목요일이야."
"(반복) 알고 있어요. 하지만 전 다른 도시에서 약속이 있어요."
"새미, 데이빗의 아들의 할례의식이 다음 주 목요일이야."
"(깊은 한숨) 네. 갈게요."

어머니의 핵심 가치관은 결코 변하지 않았으며, 검소함도 마찬가지였다. 어머니는 낭비와 과소비에 매우 민감해했다. 나와 내 누이들은 항상 가격에 대해서 의문을 제기하고 새로운 것이 필요한지 항상 질문하는 법을 배웠다. 이러한 검소함은 어머니에게 각인되어 있었는데 우리 집안이 꽤 부유해졌을 때에도 어머니의 검소함은 마치 100달러짜리 지폐를 받지 않는 계산대와 같았다.

어느 날 저녁 아파트에서 저녁을 먹은 후, 나는 어머니를 집까지 태워다 주겠다고 제안했지만 어머니는 아무런 이유도 없이 거절했다.
"그럼, 제가 택시를 불러 줄게요."
그녀는 "아니, 안 돼. (길모퉁이에 있는) 월그린스에 가야 해"라고 말했다.[14]
그래서 알았다고 했고, 그녀는 월그린스로 갔다.
그다음 주에 어머니가 저녁 식사를 하러 왔을 때 같은 상황이 일어났다.
"엄마, 집까지 차로 바래다줄게요."

---

**14** 월그린스(Walgreens) - 미국의 슈퍼마켓형 약국

"괜찮아."
"그럼 택시를 불러 줄게요."
"아냐, 월그린스에 가야 돼."

　세 번째 이런 일이 일어났을 때, 나는 어머니를 따라가서 월그린스 밖에서 버스를 타는 것을 지켜봤다. 분명히 어머니는 날 불편하게 만들고 싶지 않았고 시니어 할인을 받아 50센트로 집으로 가는 버스를 탈 수 있는데 택시에 3달러를 쓸 생각을 견딜 수 없었던 것이다. 어머니는 버스 정류장에서 반 블록 떨어진 곳에 살았고 거기서 집까지 걸어서 갈 수 있었다. 어머니에게 무엇보다도 중요한 것은 1달러의 가치였다. 그 가치를 피난민이라면 절대 잊지 않을 것이다.
　또 다른 저녁 식사 때, 어머니는 여동생 레아에게 입고 있는 옷이 얼마인지 물었다. 레아가 1,000달러 정도라고 말하자 어머니는 미쳐 버렸다. 어머니 입장에서 옷에 그렇게 많은 돈을 쓴다는 것은 상상도 할 수 없는 일이었다. 두 자매 모두 매우 세련되고 옷을 잘 입는데 어머니의 지나친 검소함이 자매들을 미치게 했다. 그래서 자연스럽게 어머니에게 물건값을 말하지 않게 되었다.
　여담으로, 나 스스로 검소하다고 주장하지는 않지만 어머니의 검소함은 한 번도 나를 떠나지 않았다. 내 사위는 우리가 처음 만났던 날에 대한 이야기를 들려줬다. 우리는 식료품점 밖에 서서 내 아내와 당시 약혼녀였던 딸을 기다리고 있었다. 기다리기 지루해진 나머지 작은 가게에서 선글라스를 구경하기 시작했다. 내가 선글라스 하나를 써 봤는데 정말 잘 맞았고, 잘 어울린다는 데 우리 둘 다 동의했다. 그러나 가격표를 보고 나는 공포에 질려 선글라스를 다시 진열대에 올려놓았다. "선글라스 하나가 200달러? 이거 농담 아냐?"

부모님의 경험은 우리 가정생활에 큰 영향을 끼쳤고 친구들과는 다른 관점을 갖게 해 주었다. 나는 내 자신이 다른 또래 아이들과 본질적으로 다르다는 것을 깨달았던 순간을 아직도 기억한다. 당시 나는 8살이었고 토요일에 유대교 회당에서 집으로 걸어가고 있었다. 그땐 명확하게 말할 수 없었지만 돌이켜 보면 항상 큰 그림을 지향하고 책임감이 강했으며 두뇌가 가장 강력한 자산이라고 믿었다는 것을 알 수 있다.

친구들과 게임을 할 때마다 나는 기본적으로 전략을 사용했다. 물론 당시에는 그것이 무엇인지 몰랐다. 우리가 경찰과 강도, 또는 전쟁놀이 등의 게임을 할 때 누군가가 "돌격!"이라고 외치면 바로 전투에 뛰어들지 않았다. 나는 물러서서 친구들의 주의를 딴 데로 돌리고 누군가의 뒤에서 몰래 숨어 있다가 놀래켜 주곤 했다. 예측할 수 없는 상황과 게임을 지적인 도전으로 바꾸는 것이 내게는 재미였다.

어렸을 때 나는 끝없는 호기심이 있었고 시카고 동네를 혼자 돌아다니는 것을 좋아했다. 마치 도시에서 살기 위해 태어난 것 같았다. 내가 11살 때 가족은 북부 교외의 쾌적한 중상류층 지역인 하이랜드 파크(Highland Park)로 이사했다. 도시의 에너지와 사람들의 시선이 절실하게 그리웠기 때문에 내게 힘든 변화였다.

그러던 중 히브리 학교가 나를 구해 줬다. 당시 하이랜드 파크에는 '시나고그 라이트(synagogue light)'라는 아주 기초적인 유대교 교육 프로그램이 있었다. 그래서 부모님은 내가 방과 후에 시카고로 기차를 타고 가서, 파웰과 셰리던에 있는 노스사이드의 예시바에서 공부를 계속하도록 결정했다. 나는 월요일부터 목요일, 그리고 일요일에 그 공부를 해야 했는데 친구들이 밖에서 공놀이를 하는 동안 히브리어를 공부해야 한다는 사실에 화가 났다. 당시 나는 12살이었는데 정말 싫었다.

하지만 도시로 돌아가는 경험은 정말 좋았다. 기차에 탄 첫날, 레이크 포레스트에 있는 신앙 학교인 '우드랜드 성심 아카데미(Woodlands Academy of the Sacred Heart)'에 다니는 윌메트 출신의 17살의 가톨릭 소녀 8명이 함께 타고 있었다. 일주일 정도 지나자 내가 기차를 탈 때마다 그 소녀들은 같은 칸에서 나를 기다리고 있었고, 30분 정도 함께 기차를 탔다. 소녀들은 나를 귀염둥이로 대했다. 나는 다른 12살 소년들보다 삶에 대해 진지하게 접근했고 그 점이 그 소녀들과 소통하는 데 도움이 된 것 같다. 그러나 나는 여전히 12살 소년이었고 상상할 수 있듯이 그 소녀들과의 동행 덕분에 예시바에 가는 것이 훨씬 더 즐거웠다.

히브리 학교 수업이 끝나고 나는 자유의 몸이 되었다. 도시를 돌아다닐 시간이 있었다. 거리의 무한한 자극은 내게 엄청난 영감을 주었다. 그때부터 나는 시카고와 정말 사랑에 빠졌다. 시카고는 매력적인 도시였다. 하이랜드 파크에서는 볼 수 없는 화려한 상점과 사람들, 온갖 종류의 광경, 냄새, 소리로 가득 차 있었으며 빠르고 매혹적이었다. 도시는 내 관점에 도전했고 틀에 박힌 사고에서 벗어나 새로운 시각을 갖게 해 주었다.

또한 도시에서의 경험은 나의 첫 번째 기업가적 모험으로 이어졌다. 길을 걷다가 우연히 상점용 커튼 아래에 신문 가판대가 있는 것을 발견했다. 1953년은 마릴린 먼로가 표지에 등장한 《플레이보이》라는 도발적인 새 잡지가 막 창간된 때였다. 플레이보이 잡지의 가격은 50센트였다. 나는 한 권을 샀고 정말 굉장하다고 생각한 나머지 잡지를 팔지 않는 하이랜드 파크로 가져와서 친구들에게 보여 줬다. 친구 중 한 명이 잡지를 사겠다고 제안했고, 나는 "3달러"라고 말했다. 그 후 나는 소규모 잡지 수입 사업을 시작했고 그 과정에서 영원한 사업 교훈을 배웠다. **희소성이 있는 곳에서는 가격은 문제가 되지 않는다.** 수요와 공급에 대한 이 기본 원칙은 훗날 내 투자 철학의 기본 원칙이 되었다.

10대 시절의 남다른 성숙함과 관점으로 인해 나는 친구들과 어울리고 생각을 공유하는 것이 종종 어려웠다. 누군가 내게 "샘, 넌 늙은 채로 태어났어"라고 말한 적이 있는데 그게 사실인 것 같다. 친구들은 나보다 세상 물정에 대해 모른다고 느껴졌다. 친구들의 부모님은 우리 부모님 방식대로 아이들을 밀어붙이지 않았고 놀이가 경박하다는 것을 아이들에게 주입시키지 않았다. 남자아이들과는 스포츠를 통해 연결되었고 내가 야구와 풋볼(미식축구)에 열정적이었기 때문에 이런 차이는 크게 문제가 되지 않았지만 각 경기의 세부 사항에 대한 장황한 토론이 지루하긴 했다. 여자아이들의 경우 내 기준은 어머니와 내 누이들같이 세계 문제, 정치, 사업에 대해 이야기하는 매우 똑똑한 여성들이었다. (그래서인지 나는 잡담에 대해 인내심이 거의 없다. 그때도 그랬고 지금도 마찬가지이다.) 나는 우리 집 여자들처럼 똑똑하고 재미있는 여자를 좋아하는 성향이 있었다.

그러던 중 내가 14살이었고 고등학교 1학년이었을 때 깨달음을 얻게 되었다. 10여 명의 남자아이들과 점심을 먹고 있었는데, 그들은 서로 왔다 갔다 하면서, 누가 누구에게 (성적인) 애정 행각을 했는지에 대해 이야기하고 있었다. 그리고 그것이 날 실망시켰다. 물론 나도 여자를 좋아했다. 하지만 그런 종류의 대화에 참여하는 데는 관심이 없었다. 추상적으로 이야기하는 건 문제가 없었지만 내 구체적인 관계에 대해서 이야기하는 것은 말도 안 된다고 생각했고 매우 경계심이 많았다. 10대 시절은 대개 또래와 어울리는 것을 중요하다고 여기지만 그 순간 남과 어울리는 것이 내게 중요하지 않다는 사실을 깨달았다. 남들과 공통분모를 찾는 대신 혼자 있는 것이 더 편했다. 나는 통념을 거스르는 내 성향을 받아들일 수 있었다. 그리고 그것은 나중에 내 진로를 결정지었다.

이 무렵에 또 다른 중요한 발견은 내가 리더라는 사실을 깨달은 것이다. 다른 사람의 지시를 따라 군중의 일부가 되는 대신, 방향을 정하고 다른 사람들이 나를 따르도록 할 수 있었다.

위스콘신 북부에 있는 히브리어권 유대인 여름 캠프인 라마 캠프(Camp Ramah)에 가기 시작한 건 12살 때였다. 당시 캠프는 설립된 지 6년밖에 되지 않았지만 지금도 그 자리를 지키고 있다. 실제로 내 손자, 손녀들 중 일부도 그곳에 다녀온 경험이 있다. 내가 다녔을 때는 약 125명의 아이들이 있었는데 내게는 혁신적인 경험이었다. 그 캠프가 체계적이진 않았지만 아이들의 타고난 재능을 끌어내기엔 충분한 수준이었다.

라마 캠프는 첫날부터 캠핑에 참가한 아이들을 성인으로 대한다는 점에서 독특했다. 우리 모두가 책임감 있는 시민이라고 생각했다. 구속을 싫어하는 독립적인 아이에게 그곳은 천국이었다. 가장 어린 아이들부터, 가장 나이가 많은 아이들까지 모두가 서로 소통했으며 정해진 그룹이나 위치가 없었다. 성과주의에 대한 첫 번째 실제 경험이었다. 갑자기 텅 빈 캔버스를 갖게 된 것이다. 평범한 일상에서는 항상 내가 원하는 방식대로 일을 처리할 수 없었다. 학교 규율, 부모님의 구속, 기타 장애물에 부딪혔지만 캠프는 달랐다. 매년 8주 동안 나는 구속받지 않는 지도자였다. 캠프에서의 경험은 내 자신감을 키우는 데 엄청난 도움이 되었고 내 미래에 대한 큰 가능성을 엿볼 수 있게 했다. 여느 또래 청소년처럼 나는 다른 아이들을 잘못된 길로 이끄는 데 능숙했지만 그럼에도 불구하고 계속 아이들을 이끌었다.

17살이 되어 주니어 카운셀러가 되었을 때 나는 자신감이 충만했다. 나는 다른 주니어 카운셀러와 친구가 되었고 둘 다 같은 날에 쉬게 되었다. 아무도 우리의 행방을 묻지 않는 24시간의 완전한 자유를 만끽할 수 있었다. 그래서 우리는 위스콘신 주 전역을 히치하이킹하기 시작했다. 한 번은 시간 가는 줄 모르고 위스콘신주 플로렌스에 도착한 적도 있었는데 자정 무렵이었고 도로에 차가 없었다. 우리는 어떻게 해야 할지 몰라 중고차 주차장으로 걸어가서 차 문을 열고 차 안에서 잠을 잤다. 탐험하는 것은 좋지만 집으로 돌아갈 수는 있어야 한다.

사람들은 항상 내가 "자수성가"했는지 묻곤 한다. 보통 사람들이 그런 질문을 할 때, 부모님이 부자였냐고 묻는 경우가 많다. 내 대답은 'No' 이다. 부모님은 부자가 아니었다. 부모님이 미국에 도착했을 때 오늘날로 치면 약 10,000달러의 자산을 가지고 있었다. 내가 자라면서 아버지는 성공적인 사업가로 재기했다. 부모님은 아버지의 사업과 내 사업 덕분에 아버지가 세상을 떠났을 무렵 이미 부자가 되어 있었다. 하지만 그런 질문은 여전히 흥미롭다. 부모님은 실제로 내게 돈보다 훨씬 더 많은 것을 남겼기 때문이다. 부모님이 남긴 유산은 지능, 호기심, 추진력, 회복력 그리고 자기결단력이었다. 부모님은 내게 배움에 대한 헌신과 그것을 실생활에 적용하는 방법, 관습에 도전하는 것, 남들이 머물 때 떠나는 법, 위험을 인식하고 대비하는 것에 대한 이해를 심어 주었다. 나는 어떤 면에서는 확실히 '자수성가' 했다고 느끼지만 그 이면에는 내가 가치관을 형성하고 성공을 이루는 데 부모님의 놀라운 공헌이 있었음을 인정한다.

부모님은 내가 '전문직'에 종사하기를 원했다. 최악의 상황이 발생했을 때 의지할 수 있는 추가적인 재정 보증이라고 생각했기 때문이다. 나는 한때 랍비가 되는 것을 고려한 적도 있다. 아버지는 나의 이런 생각에 겁에 질려 했다. 아버지는 랍비가 세상에서 가장 나쁜 직업이라고 생각했다. 앞날이 창창한 유대인 소년이 어떻게 그런 직업을 가질 수 있는지 이해할 수 없었다. 이 주제에 대해 아버지와 많은 대화를 나눴다. 난 내 선택지를 고민하고 있었다.

어디로 향하고 있는지는 몰랐지만 언제나 그렇듯이 나는 그곳에 도달하고 싶었다.

CHAPTER
2

## 대담하게 시작하기
Start by Being Audacious

CHAPTER 2

　**대학교를** 다닐 때는 커리어를 시작할 계획이 없었다. 그냥 하고 싶은 일을 할 뿐이었다. 아이디어가 떠오르면 바로 실행에 옮겼다.

　나는 1959년 미시간 대학교(University of Michigan)에 정치학 전공으로 입학했다. 알파 엡실론 파이[15]에 가입하고 1년 후에 프래터니티 기숙사로 이사했는데, 그곳은 마치 동물원을 연상케 하는 무질서 상태였다. 군중의 지혜는 때로는 가장 낮은 공통분모를 찾는 것을 의미한다. 하룻밤 사이에 성적이 떨어졌고, 코셔[16]를 유지하는 것은 사실상 불가능했다. 더 큰 문제는 사생활이 전혀 없었다는 것이다. 개인적인 공간이란 존재하지 않았다. 나 같은 외톨이에게는 이런 상황이 문제였기 때문에, 6주 후에 캠퍼스 외곽의 아파트로 이사했다. 그곳에서 알파 엡실론 파이뿐만 아니라 다양한 그룹의 친구들도 사귈 수 있었다.

　나는 안절부절못하는 학생이었고, 우등생과 거리가 멀었다. 반면에 내

---

**15**　알파 엡실론 파이(Alpha Epsilon Phi) - 미국 대학교의 사교 모임 클럽들 중 하나이다. 참고로 미국의 대학교 사교 클럽은 대학생들끼리 학교와 관련된 단체 활동이나 교내외로 정치적 사회적 활동을 한다. 사교 클럽 중 프래터니티(Fraternity)는 남학생 그리고 소로리티(Sorority)는 여학생들만 회원으로 한다.

**16**　코셔(kosher) - 유대교 율법에 따른 식사

누이들은 모두 뛰어나서 둘 다 파이 베타 카파[17] 멤버로 항상 A를 받았다. 부모님은 외아들이 공부를 못해서 정말 걱정했던 것 같다. 한번은 아버지가 A를 받을 때마다 5달러씩 주겠다고 제안하기도 했다. 아버지가 정말로 이해하지 못한 것은 내가 학업에 대한 욕구가 없다는 것이었다. 하지만 부모님을 실망시키지 않으려고 노력했고 성취도가 높은 누이들이 세운 기준을 잘 알고 있었다. 그럼에도 불구하고 나는 어떤 학기에 회계학에서 D를 받았다. 내가 원리를 이해하지 못한 것은 아니다. 충분히 이해했다. 하지만 멍청한 규칙을 따라야 한다는 사실은 날 미치게 만들었다. 한번은 내가 시험에서 'sales' 관련 칸에 'revenues'라고 적었는데, 교수가 틀렸다고 표시했던 게 기억난다. "왜 틀렸나요? 'sales'와 'revenues'는 같은 뜻인데요"라고 교수에게 물었다. 그러나 교수는 단어들의 의미에는 관심이 없었다. "만약 자네가 'sales'라고 쓰지 않으면 틀린 거야."[18] 교수의 말은 내가 그저 순응해야 한다는 것이었다. 내게 암기식 공부는 잘못된 학습 방법이었다.

자유시간에 나는 미식축구와 야구를 했고, 데이트도 많이 했으며, 학교 행사 등 아버지가 정의하는 '경박한' 활동에 참여했다. 하지만 아버지와 나는 자유에 대한 정의가 매우 달랐다.

나의 자유는 빨간색 쿠시맨 스쿠터를 포함하고 있었다.[19] 캠퍼스 주차는 문제가 되었다. 고학년과 대학원생들만 주차 허가를 받았기 때문에, 대부분의 학부생들은 걸어 다니거나 자전거를 탔다. 하지만 나는 스쿠터

---

[17] 파이 베타 카파(Phi Beta Kappa) - 마찬가지로 미국 대학교의 사교 모임 클럽 중 하나이며 학교에서 최고의 성적을 거두거나 우수한 성적으로 졸업하게 되면 가입할 수 있는 단체가 파이 베타 카파 클럽이다.

[18] 'sales'와 'revenue'는 표현이 다른 영단어일 뿐 재무적으로 같은 뜻을 지닌다.

[19] 쿠시맨(Cushman) - 1903년도에 설립된 미국 조지아주 오거스타 시에 위치한 오토바이 제조 회사

가 있었다. 이 스쿠터는 나의 유목적인 성향을 돋우었고, 오토바이를 평생 사랑하게 된 계기였다. 물론 나중에 내 오토바이는 더 빨라지고 비싸졌다. 대학 졸업 약 20년 후, 대부분 사업 동료인 친구들과 오토바이 여행(모터사이클 투어)을 다니기 시작했고, 우리는 스스로에게 '젤스 엔젤스(Zell's Angels)'라는 별명을 붙였다. 지금도 우리는 일 년에 두 번 여행을 하는데, 한 번은 남자들과 함께하고 다른 한 번은 아내들과 함께한다. 우리는 꼬불꼬불한 길과 멋진 풍경을 찾아 전 세계를 달린다. 내게 오토바이는 물리적인 자유를 상징한다. 나는 일주일 동안 헬멧을 쓰고 다니는 것을 좋아한다. 머리를 맑게 하는 데 그보다 더 좋은 방법은 없다. 달리는 동안은 길과 어디로 가고 있는지에 대해서만 생각한다.

어쨌든 2학년이 끝나고 19살이 된 나는 여름에 히브리 캠프가 아닌 다른 것을 하고 싶었다. 부모님을 동의하게 만드는 유일한 방법은 어떻게든 교육적인 것이어야 했다. 만약 'education(교육)'이라는 단어가 들어간다면 엠파이어 스테이트 빌딩에서도 뛰어내려도 부모님은 괜찮을 거라 생각했을 것이다. 그래서 나는 여름 학기를 UCLA에 등록하고 친구와 함께 LA로 갔다. 여름 학기는 6주 과정이었지만 부모님께는 8주라고 말했다. 남은 2주 동안은 히치하이킹으로 미국 전역을 여행하려고 했다. 반항인지 순종인지는 모르겠지만 부모님을 걱정시키고 싶지 않았기 때문에 여행에 대해서 말하지 않았다. 2주간의 모험은 너무 좋은 기회였기에 포기할 수 없었다.

내 친구와 나는 LA를 떠났고 17일 동안 우리는 약 8,000마일을 여행했으며, 200대가 넘는 차를 탔다.

놀랍게도 많은 사람들이 버뮤다 반바지와 미시건 스웨터를 입은 두 남자를 기꺼이 태웠으며 우리를 매우 친절히 대했다. 사람들은 우리를 집으로 데려가 저녁 식사와 호텔 방을 제공했고 심지어 수상스키도 가르쳐 주기도 했다. 그 여행은 내 인생에 큰 영향을 미쳤다. 정말 특별한 경험이었으며 미국과의 특별한 연결고리를 느끼게 만들었다. 또한 특별한 깨달음도 얻었는데 이 깨달음은 지금도 내가 사람들과 교류하는 방식에 영향을 미치고 있다.

뉴욕에 도착했을 때 친구와 나는 헤어졌고 나는 시카고로 돌아가기 시작했다. 돌아가는 길에 내가 처음으로 탄 차는 펜실베니아 턴파이크의 산을 통해 서쪽으로 향하는 한 남자의 차였다. 당시 날씨는 95도(섭씨 35도)의 더운 날씨였다. 우리는 숲이 우거진 지역 근처를 운전하고 있었는데, 터널을 지나면서 라디에이터가 과열되었다. 물과 수증기가 사방으로 쏟아져 나왔다. 나는 "젠장, 차를 놓쳤구나"라고 생각하고 있었다. 운전사는 아무 말도 하지 않고 차를 세웠다. 이 사람은 말수가 없는 사람들 중 한 명이었다. 당신을 태워 줄 사람들 중 일부도 그럴 것이다. 몇 시간 동안 같이 앉아 있어도 한 마디도 안 할 것이다. 남자는 차에서 내려 뒤쪽으로 걸어가 트렁크를 열고 가스통을 꺼낸 다음 곧장 숲속으로 걸어 들어갔다. 나는 속으로 놀랐지만 그를 따라갔다. 우리는 도로를 벗어나 숲속으로 150야드(137m) 정도 걸어갔다. 갑자기 예쁜 시냇물이 보였다. 남자는 허리를 굽혀 가스통에 물을 채우고 차로 돌아와 라디에이터에 물을 넣었더니 모든 것이 괜찮아졌다. 우리는 다시 차에 올라타서 다시 운전을 시작했다. 나는 할 말을 잃었다. 결국 나는 그에게 "어떻게 알았어요?"라고 물었다. 나는 그 순간을 절대 잊지 못할 것이다. 남자는 나를 쳐다보며 말했다. "글쎄요. 난 그곳에 시냇물이 있는 줄은 몰랐어요. 하지만 산속이라서 근처에 물이 있을 거라 생각했죠. 그래서 그걸 찾을 때까지 그냥 걸어야겠다고 생각했어요."

하이랜드 파크에서 자란 유대인 소년으로서 나는 그런 해결책을 생각해 낼 수 없었을 것이다. 만약 내 차가 과열되면 내려서 누군가에게 손짓을 한 다음 견인차를 불러달라고 부탁했을 것이다. 남자의 논리와 방향 감각은 내게 완전히 낯선 것이었다. 그는 한 치의 의심도 없었다. 내게는 귀중한 경험이었다.

그 경험은 나를 떠난 적이 없다. 그것은 **각자의 환경에 있는 사람들로부터 얼마나 많은 것을 배울 수 있는지에 대한 교훈이었다.** 오늘날 나는 누구든 내 사무실로 불러 회의를 할 수 있다. 하지만 그렇게 해서 얻을 수 있는 것은 많지 않다. 대신 1년에 1,000시간 이상 비행기를 타고 전 세계를 여행하며 사람들을 만난다. 나는 사람들이 자신의 땅에서는 어떻게 행동하는지, 직원들을 어떻게 대하는지, 그리고 어떤 모범을 보이는지 보고 싶다.

**대학교 3학년** 중반 어느 날, 친구의 아파트에 갔는데 친구가 집주인이 자기 집 바로 옆에 있는 주택을 매입했다고 말했다. 집주인은 두 집을 모두 철거하여, 15개 룸이 있는 기숙사 아파트를 지을 예정이었다.

"그 집주인을 설득해서 우리가 관리하자"라고 내가 말했다. "우리보다 더 나은 사람이 누가 있겠어? 우리는 학생이고 학생들이 원하는 것을 알아. 건물을 관리하고 유지 보수하면 공짜 아파트를 얻을 수 있을 거야."

우리는 아파트를 관리하거나 임대하는 법을 몰랐다. 그 일이 무엇을 필요로 하는지를 전혀 모르고 있었다. 그러나 내가 그 일을 할 수 없다는 생각이 들진 않았다. **만약 어떤 일을 할 수 없다는 사실을 알아차리지 못한다면 그 일을 하는 데 방해가 되는 요소들은 크게 줄어든다.** 학생들이 그런 일을 해 본 경험이 없거나 또는 전문 부동산 관리 회사에서만 그런 일을 한다는 사실은 중요하지 않았다. 위험을 감수하고 내 한계를 시험하고 "왜 안 될까?"라고 질문하는 욕구는 내 DNA의 일부였고 그 이후에도 크게 변하지 않은 것 같다.

그래서 우리는 간단한 광고 책자를 만들고 집주인을 설득하러 찾아갔다. 놀랍게도 그들은 우리의 제안을 받아들였다. 우리는 결국 기숙사 방 내부를 완전히 재설계하게 되었다. 집주인은 낡고 끔찍한 가구를 주문했는데, 할머니 집에서 볼 수 있는 그런 종류의 가구였으며, 대학생들에게는 전혀 매력적이지 않았다. 우리가 무엇을 하고 있는지 몰랐지만 학생들이 원하는 것이 집과 같은 환경이 아니라는 것을 알았다. 우리는 정반대를 원했다. 당시 스칸디나비아 디자인이 유행이었기 때문에 우리는 집주인이 주문한 모든 가구를 반품하고 깔끔하고 모던한 라인의 가구를 구입했다. 우리는 철저하게 논리와 직감에 따라 사업을 운영했고, 결과는 성공적이었다. 그 관리 계약이 나의 첫 번째 부동산 프로젝트였다.

같은 집주인이 두 번째 기숙사 아파트를 지어 우리에게 관리를 맡겼고 그 후 세 번째 아파트 또한 우리가 관리하게 했다. 우리는 나중에 첫 번째 직원이 된 내 친구 밥 루리에게 도움을 요청했다. 밥은 셔츠 가슴주머니에 IBM 펀치 카드[20]를 넣고 다니며 항상 목록을 작성하는 것으로 유명했다. 밥은 차분하고 실용적이었으며 모든 세부 사항을 꼼꼼히 기록하는 기획자였다. 밥은 운영 세부 사항에 관심이 부족한 나의 에너지와 강인함을 크게 보완해 줬다. 우리는 둘 다 자신감이 넘치고 부지런하며 독립적인 사고방식을 지녔고 남의 시선을 크게 신경 쓰지 않았다. 또한 성숙함, 책임감, 그리고 자기 비하적인 유머 감각도 공유했다. 우리가 훌륭한 팀이라는 것을 바로 알 수 있었다.

아파트 관리와는 별개로 나는 다양한 사업 아이디어들을 계속 생각해

---

20  펀치 카드 (punch card) - 펀치 카드 (천공 카드)는 데이터를 표현하기 위해 규칙에 따라 직사각형 모양의 구멍을 뚫어 사용하는 종이 카드를 말한다. 시험 칠 때 답안지로 사용하는 OMR 카드의 시초가 펀치 카드이다.

냈다. 내 부업 중 하나는 프래터니티 멤버들의 무도회 데이트를 위한 선물을 파는 것이었다. 가장 인기가 많았던 것은 프래터니티 리본이 목에 달린 10피트(3m) 길이의 웃는 뱀 인형이었다. 그래서 댄스 타임이 되면 내 아파트는 뱀과 리본 상자들로 가득 차 있었고 나는 바닥에 앉아서 그 상자들을 모두 묶곤 했다. 그 일을 할 때 아무 생각도 하지 않았지만 생산적이기 위해 노력했다. 부모님으로부터 경제적 성공은 자유라는 것을 배웠다. 비록 내 사업 규모는 훨씬 더 작았지만 말이다.

그 많은 사업에도 불구하고 대학에 다니는 동안 내가 가진 '직업'은 단 하나뿐이었다. 대학 3~4학년 여름방학 동안 나는 헬렌 커티스(Helene Curtis)의 하계 영업 사원으로 일했고 약국과 슈퍼마켓에 제품을 판매했다. 처음 이 일을 시작할 때는 화장품에 대해 전혀 몰랐지만 판매에 대해서 어느 정도 알고 있었고 빠르게 배울 수 있었다. 내가 하계 영업 사원이었기 때문에 최악의 업무는 모두 내가 맡았다. 만약 당신이 전화 영업이나 외판 업무를 해 본 적이 없다면 상상하기 어려울 수도 있지만 당신을 정말 겸허하게 만드는 일이라고 장담할 수 있다. 대부분의 대답은 "No"이다. 일부는 단호하게 그중 일부는 정말 단호하게 거절한다. 당신은 거절에 대한 인내심을 키우기만 하면 된다. 그리고 계속해서 질문하고 대화를 계속 이어 갈 방법을 찾는 것을 배운다. 대화를 시작하고 계속할 수만 있다면 기회는 있다.

나는 더운 날씨에 에어컨 없이 수천 마일을 운전했다. 매일 오후 4시 30분이 되면 전화를 한 통 걸까 말까 고민해야 했다. 그리고 항상 전화를 걸었다. 나는 그 형편없는 계정들이 만들어 낸 최고의 판매 실적을 올리기로 결심했다. 또한 깊은 인상을 남기고 싶었고 내게 첫 일자리를 준 사람들에게 보답하고 싶었다.

당시엔 몰랐지만 그 일에 대한 진정한 보상은 금전적 보상이 아니었다.

그것은 거절에 대해 배우고, 거절당하는 것에 익숙해지는 것이었다. 그리고 나중에 깨닫게 되었지만 **거절에 대한 무관심은 기업가가 되기 위한 필수 요소이다.**

**나는** 졸업한 지 열흘 만에 결혼했다. 내 첫 번째 아내 자넷과 나는 그녀가 프래터니티 멤버 중 한 명과 데이트를 하고 있을 때 처음 만났다. 이듬해에 우리는 데이트를 시작했다. 우리는 약 2년 후에 결혼했고 내가 관리하는 아파트로 이사했다.

그 무렵 나는 사업가로서 나 자신에 대한 이해가 확고해졌다. 하지만 여전히 그것은 내 부업이었다. 앞서 말했지만 부모님은 내게 직업이 필요하다는 믿음을 심어 주었고 그것이 내 진로였다. 그래서 미시간 대학교 로스쿨에 진학했다. 하지만 나는 로스쿨에서의 공부가 너무 싫었다. 이미 오랜 시간 동안 학교를 다녔는데 로스쿨은 믿을 수 없을 정도로 지루했다. 세세한 부분까지 신경 써야 하고, 끝없이 이어지는 규칙들과 하위 규칙들, 그리고 그 하위 규칙들의 또 다른 하위 규칙들을 암호 해독하듯이 주의를 기울이는 일은 내게 맞지 않았다.

물론 나중에 거래가 더 복잡해지기 시작하면서 법률 교육이 내게 어떻게 평가하고, 어떻게 생각하고, 어디에 선을 그어야 하는지를 가르쳐 준 매우 귀중한 교육이라는 것을 깨달았다. 나는 오늘도 이러한 법률 지식들을 활용하고 있다. 나는 내 커리어 내내 사회적 통념에 도전하고 나만의 플레이 북을 만들어 왔다. 게임의 규칙을 이해하고 그 안에서 잘하지 않으면 그렇게 할 수 없다. 마치 미식축구를 하면서 연습 경기 라인이 어디에 있는지 모르는 남자와 같을 것이다. 다른 사람들이 어디 있는지만 알면 게임을 할 수 있다. 그 결과 나는 로스쿨이 온몸이 마비될 정도로 지루하다는 경고와 함께 로스쿨의 열렬한 지지자가 되었다. 당시 내 부동산 거래가 정신을 차리게 한 것이었다.

나는 로스쿨 2학년 때인 1965년에 앤아버에서 첫 번째 건물을 매입했다. 그것은 시빌가 912번지에 있는 3개 유닛 아파트 건물이었다.[21] 아파트 관리 사업으로 모은 1,500달러를 계약금으로 19,500달러에 아파트 건물을 구입했다. 내부 페인트칠을 다시 하고, 가구를 모두 교체하고, 임대료를 두 배로 올렸다. 몇 달 후 근처에 있는 다른 건물을 매입했고 그 다음 두 건물 사이에 있는 주택을 매입했다. 당시 여러 사업을 통해 모은 돈이 있었고 저축한 돈과 은행 대출 자금으로 이러한 초기 거래를 시작할 수 있었다.

세 번째 부동산 인수는 큰 단독주택이었다. 나는 소규모 지역 건설업체와 건축가를 찾아 네 개의 개별 유닛에 대한 설계도를 작성했고 은행에서 집 개조를 위한 대출을 받았다. 당시 나는 23살이었고 정치학 학사 학위가 있었지만 금융에 대해서는 아무것도 몰랐다. 하지만 투자 사업을 시작하기에는 너무 어리거나 할 수 없다는 생각이 들지 않았다. 나는 할 수 있다는 자신감과 능력으로 은행을 설득하여 대출을 받았다. 우리 관리 회사는 부동산을 인수하여 개조하고 유닛을 임대하여 자산을 효과적으로 운영했다.

그 후에 우리는 입실란티(Ypsilanti)에 있는 이스턴 미시간 대학교(Eastern Michigan University)의 프로젝트에 대한 대규모 관리 계약을 체결했다. 이 거래는 기회와 위험 모든 면에서 우리의 상황을 바꾸어 놓았고 새로운 사업 규모는 지역 부동산 시장에서 중요한 요소가 되었다. 그

---

21  유닛(unit) - 부동산에서 임대나 매매를 위한 모든 공간의 수량 단위를 유닛이라고 한다. 주택 부동산에서 유닛은 개인이나 가족이 독립적인 주거 생활을 영위하기 위한 모든 주거 공간의 수량 단위를 말한다.

평판 덕분에 그해 말에 학교를 졸업하고 법원 서기로 일하고 있던 내 친구로부터의 전화가 왔다. 그는 내게 부동산에 대한 조언을 구했다. 그의 아버지는 게데스 가(Geddes Street)에 있는 캠퍼스 외곽의 주택을 그에게 사 줬는데 그 지역 부동산 개발업자로부터 평방 피트당 3달러에 땅을 팔라는 제안을 받았다는 것이었다. 친구는 뭘 해야 되냐고 물었다.

나는 "잘 모르겠지만 확인해 볼게"라고 말했다. 그래서 그 부동산의 가치를 확인하기 위해 지역 부동산 중개인들에게 전화를 걸었다. 중개인들 중 하나는 돈 치즘(Don Chisholm)이었다. 그 땅이 평방 피트당 최소 3.50달러의 가치가 있다는 것을 알게 되었고 치즘과 나는 매입을 결정했다.[22] 친구에게 다시 전화를 걸어 "치즘과 내가 3.50달러에 살게"라고 말했다. 그리고 거래를 성사시켰다. 하지만 그 부지는 건물을 지을 만큼 크지 않았다. 당시 앤아버(Ann Arbor)는 더블랏이 아닌 이상 새 건물을 지을 수 없었다.[23] 그래서 치즘에게 "옆집을 매입할 수 있는지 알아봅시다"라고 말했다. 그리고 옆집을 매입했다. 그리고 나서 나는 "계속 진행합시다"라고 말했고 같은 블록에 있는 다른 집을 매입한 다음 또 다른 집을 매입했다.

나는 '피치맨'[24]이었다. 집집마다 방문하여 소파에 앉아 수십 장의 가족 사진첩을 뒤척이며, 집주인들에게 우리가 기숙사 주택을 지을 것이라고 설명했다. 그리고 집주인들은 남아서 밤에 시끄러운 음악과 잔디밭에 널

---

**22** 평방 피트(square feet) - 북미에서 사용되는 부동산의 면적 단위

**23** 더블랏(double lot) - 더블랏이란 도시가 정한 토지 사이즈의 최소 2배인 땅을 말한다. 예를 들어서 도시가 정한 주거용 토지 사이즈 평방 피트가 40×100 (4,000sq ft)이라고 할 때 더블랏은 그 두 배인 80×100 (8,000sq ft)를 말하는 것이다. 더블랏인 토지를 매입하는 것은 쉽게 말해서 두 토지를 병합하는 일이기 때문에 두 개의 부동산 권리가 포함된 다중 계약을 말하는 것이다.

**24** 피치맨(pitchman) - 사업 아이디어를 제안하고 세일즈하는 사람을 속된 말로 피치맨이라고 한다.

브러진 맥주 캔들을 참고 지내거나 아니면 앤아버의 반대편으로 이사할 수도 있다고 말했다. 내가 한 말이 효과가 있었다. 나는 계속 집을 샀고 결국 한 블록의 땅을 얻었다. 모두 현금 거래였는데 부동산을 예약하기 위해 집마다 1,000달러의 보증금을 내야 했고 디퍼드 클로징에 20,000달러가 들었다.[25]

그 과정에서 사람들에 대해 결코 잊지 못할 것을 배웠다. 옆에 있는 집들을 연달아 매입하려고 하는데 집주인들은 "당신이 방금 옆집을 18,000달러를 구입하고 우리에게 18,000달러만 제시하는데 우리 집이 훨씬 좋아요"라고 말했다.

나는 "하지만 전 단지 땅을 사는 거예요. 그것은 개발을 위한 집합체입니다. 전 집을 철거할 것이기 때문에 좋은 것은 중요하지 않아요"라고 말했다.

"하지만 우리 집은 훨씬 더 가치가 있어요. 당신은 우리에게 더 많은 돈을 지불해야 합니다"라고 그들은 주장했다. 나는 "내가 돈을 더 주면 옆집 사람들도 와서 돈을 더 달라고 할 겁니다"라고 대답했다.

그러자 그들은 "우리한테 더 많은 돈을 주면 아무 말도 안 할게요"라고 말했다.

나는 그 말에 아연실색했다. 내가 순진하지는 않았지만 그것은 인간의 본성에 대한 교훈이 되었다. 내가 자라 온 방식과는 완전히 이질적인 것이었기 때문이다. 이 사람들은 25년 동안 친구이자 이웃이었지만 1,000달러를 위해 기꺼이 그들의 이웃을 희생양으로 삼을 수 있었다. 결국 내가 제시한 원래 가격을 그들에게 지불했다. 그들은 이웃을 속일 수 있지

---

**25** 디퍼드 클로징(deferred closing) - 동시 서명(simultaneous sign and close)과는 다르게 계약 조항들에 대해서 당사자 간의 합의가 일어난 후 계약 마무리 서명을 하는 것을 말한다.

만 나는 그럴 생각이 없었다. 내가 옆집 사람들에게 거짓말을 해야 한다는 생각, 난 절대 그런 일을 하지 않을 것이다. 그 경험을 결코 잊은 적이 없다.

  1965년, 우리가 게데스 가에 있는 건물들을 인수하려고 노력하던 중 치즘은 여름에 주 방위군에 소집되었다. 그가 돌아왔을 때 8채의 주택에 각각 1,000달러씩 계약금을 지불한 상태였다. 하지만 우리는 계약을 클로징[26]할 돈이 없었다. 우리는 160,000달러가 필요했고, 그중 60,000달러는 자기 자본이었다. 자본이 필요했던 나는 아버지를 앤아버로 초대했다. 수년 동안 아버지는 부동산 투자로 성공한 투자자가 되었고, 나는 내가 하는 일에 대해 아버지에게 계속 알려 주었다.

  아버지는 운전해서 앤아버로 왔고 나는 아버지에게 부동산을 보여 줬다. 그러고 나서 아버지를 데리고 치즘을 만나러 갔는데, 치즘은 아버지에게 3분의 1의 지분을 매입해 달라고 말했다. 아버지는 거절했다. 아버지는 50 대 50의 거래를 원했고 그것이 아버지의 조건이었다. 치즘은 생각해 보겠다고 말했고 우리는 자리에서 일어났다. 아버지의 호텔로 돌아가고 있을때 뒤따라오는 차 한 대가 보였다. 우리가 차를 세웠을 때 차가 우리 뒤로 다가왔고 치즘이 차에서 뛰쳐나왔다. 치즘은 손을 내밀며 아버지에게 다가가 악수를 청했다. "젤 씨, 50%입니다"라고 그가 말했다. 아버지를 이 투자에 초대할 수 있었던 것과 아버지가 기꺼이 참여해 준 것은 내게 큰 자신감을 심어 주었다. 여느 아이들과 마찬가지로 나는 아버지의 인정을 받고 싶었고 아버지가 나를 합법적인 사업가로 바라본다는 사실은 내게 있어서 큰 목표를 달성한 것과 같았다. 아버지는 구시대적인

---

[26] 클로징 (closing) - 부동산 계약을 마무리 짓는 일로서 대금을 결제하고 소유권 양도 계약서를 주고받는 절차를 말한다.

사고방식과 완고한 성격을 가진 남자였다. 그는 결코 내가 잘했다고 말하지 않았기 때문에 나는 그의 축복을 받았다는 작은 신호에 감사하는 법을 배웠다.

그 블록에서 내가 마지막으로 원했던 부동산은 더블랏이었다. 자체적인 개발이 가능한 땅이었기 때문에 그 지역의 모든 부동산 개발업자들은 그 부지를 매입하려고 했지만 방법을 찾지 못했다. 나는 불가능하다고 생각하지 않았다. 그것은 단순히 해결해야 할 문제일 뿐이며 사물을 다른 방식으로 바라보도록 초대하는 것이었다. 내게는 항상 재미가 시작되는 지점이다.

그 부동산은 55세의 D 부인과 '후버볼 앤 베어링 컴퍼니 (Hoover Ball and Bearing Company)'의 재고 관리인인 60세의 남편이 거주하고 있었다. 하지만 그 집은 시카고에 사는 D 부인의 부유한 삼촌이 소유하고 있었다. 그는 조카딸이 병든 어머니를 돌보았기 때문에 그곳에 살게 했다. 그의 어머니는 세상을 떠났고 건너편 묘시에 묻혀 있었다.

나는 D 부인을 방문해서 피칭을 했다. 나는 그 블록에 대규모 기숙사 주택 단지를 지을 예정이기 때문에 매각이 최선의 이익이라고 설명했다. 나는 시끌벅적한 파티 등을 상상하게 했고, 그녀가 살고 있던 부동산 가치로 마을 반대편에서 훨씬 더 좋은 집을 살 수 있다고 말했다. D 부인은 삼촌이 집을 소유하고 있으니 그와 이야기해 봐야 한다고 설명했다. D 부인의 삼촌은 대형 에너지 회사의 사장이었고 시카고에 거주했는데 위넷카(Winnetka)에서 최고급 주택가인 인디언 힐스(Indian Hills)에 살고 있었다. 이것은 이전에 부동산을 매입하려고 했던 다른 모든 개발업자들이 마주했던 장애물이었다.

그래서 D 부인의 삼촌에게 전화를 걸어 위넷카에 있는 그의 집에서 만나기로 약속을 잡았다. 나는 그에게 말했다. "보세요, 전 주변 땅을 모두 소유하고 있습니다. 우리는 아파트를 지을 건데 그곳은 학생들로 가득 찰 거예요. 당신의 조카딸은 55세이고 그녀의 남편은 60세입니다. 그 집은 100년쯤 되어서 낡고 허물어지고 있어요. 조카를 위해 마을 반대편에 있는 더 크고 좋은 집을 같은 값에 찾아서 세금 스왑[27]을 하시죠."

그는 고개를 끄덕였다. "내가 따로 돈을 넣지 않고 세금도 내지 않도록 해 준다면 그렇게 할게요. 한 가지 조건은 조카를 기쁘게 해 줘야 한다는 겁니다."

나는 거래가 성사되었다고 생각했고, 앤아버로 돌아가서 내가 지불할 토지 가격과 같은 32,000~34,000달러 가격대의 집 다섯 채를 찾아냈다. 이 다섯 채의 집은 모두 아름다웠다. D 부인이 살던 집보다 세 배 이상의 크기였다. 어느 날 나는 D 부인을 데리고 집들을 구경시켜 주었다. D 부인은 각 집을 둘러봤지만 아무 말도 하지 않았고, 나는 아무런 반응을 들을 수 없었다. 하루가 끝나고 나는 D 부인을 집으로 데려다주었다. 그녀의 집 근처 모퉁이에 다다랐을 때 한 남자가 가로등 기둥을 붙잡고 비틀거리고 있었다. 나는 그 사람이 누군지 물었고, D 부인은 말했다. "아, 저 사람은 제 동생이에요. 동생은 우리와 함께 살면서 매일 밤 술집에 갑니다. 우리가 보러 간 집들이 마음에 들지 않는 이유는 동생이 운전을 할 수 없기 때문이에요. 동생이 매일 밤 시내 술집에 가서 술에 취하면 집으로 걸어가기 때문에 시내 술집에서 최소한 8블록 이내에 있어야 합니다."

우리는 이런 일을 불확실한 주요 요인이라고 부른다.

"문제없어요." D 부인에게 처음으로 "문제없어요"라고 말했다.

---

27    세금 스왑(tax swap) - 자산에 자본 손실을 적용하여 다른 자산의 자본 이득을 상쇄시킴으로써 투자 수익에 대한 과세를 최소화하는 것을 말한다.

내가 이전에 검토했던 여러 목록을 다시 살펴본 후, 여섯 번째 집을 찾았고 마을에서 여덟 블록 떨어진 곳에 있어서 완벽하다고 생각했다. 그 집은 D 부인의 집과 같은 크기의 더블랏에 위치했으며, 새로운 난방과 전기 시스템이 있었고, 가격은 19,000달러밖에 되지 않았다. D 부인을 데려가 집을 보여 줬고 그녀가 마음에 들어 했기 때문에 우리는 그 집을 매입하기 위한 작업을 시작했다. 그러나 다음 날 D 부인이 전화를 걸어왔다. "젤 씨, 제 남편과 저는 이야기를 나누었고, 제 남동생이 더 이상 우리와 함께 집에서 살지 않기로 결정했어요."

"문제없어요"라고 내가 말했다. "2층에 아파트가 있습니다. 우리가 거기를 고치면 당신 동생 혼자 살 수 있어요."

"그건 안돼요"라고 그녀가 말했다. "그는 계단을 올라갈 수 없어요. 밤새 술을 마시러 나갔다가는 계단을 오를 수가 없어요."

"문제없어요"라고 내가 말했다.

그래서 시공업자와 상의했고 우리는 그 집의 지하실에 14피트 (4.27m) 높이의 천장이 있다는 것을 알아냈다. 우리는 D 부인의 동생을 위해 완벽한 원룸 아파트를 설계했다. 그는 다섯 계단만 내려가면 집에 올 수 있을 것이다. 보너스로 그녀는 추가 수입을 위해 차고 위의 아파트를 임대할 수도 있었다.

"좋아요." 그녀가 말했다.

우리는 설계를 끝내고 월요일 오전 7시에 시공업자가 공사를 시작하도록 스케줄을 잡았다. 일요일 밤 11시에 D 부인이 전화를 했다. "젤 씨, 남편과 이야기를 나눴는데 동생을 지하실에서 살게 할 수는 없어요. 그런 일은 옳지 않으며 우리는 죄책감을 느낄 거예요."

"문제없어요, 제가 내일 가서 해결해 보겠습니다"라고 내가 말했다.

매입 가격이 19,000달러에 불과했고 집이 더블랏에 있었기 때문에 우리에겐 많은 옵션이 있었다. 나는 집에 방 하나짜리 아파트를 나란히 증축하자고 제안했다. D의 남동생이 현관문을 열고 들어와서 계속 걸어가면 샤워를 할 수 있도록 아파트를 설계했다. D는 우리 아이디어를 좋아했다. 그리고 그 블록 전체를 소유하는 데 필요한 마지막 땅의 매입을 완료했다.

나는 이 일을 너무나도 선명하게 기억하고 있다. 내 커리어에서 끈기의 가치를 완전히 깨달은 시점이 바로 이때였기 때문이다. 어떠한 장애물이 있더라도 반드시 돌파할 방법이 있다고 생각하고 그 방법을 찾아내야 했다. 이것은 아마도 기업가 정신의 가장 근본적인 원칙이자 성공의 기본적인 원칙일 것이다.

그러나 D 부인과의 경험은 모든 협상의 핵심인 **경청의 가치**에 대한 것이기도 했다. 상대방이 말하는 10가지 중에서 진정으로 중요하게 여기는 것이 무엇인지 이해하는 것이다. D 부인은 동생을 돌봐야 했다. 그것이 그녀에게 가장 중요했다. 그 점에 집중했기에 거래가 성사된 것이다.

그 주 후반에 우리는 1960년대 스타일의 '프리아트(free art)'파티를 열었다. 우리는 매입한 집의 지하실에 있던 오래된 페인트 통을 모두 꺼내서 한 집으로 가져왔다. 약 30명의 사람들이 미친 듯이 벽에 페인트를 칠하여 집 크기의 잭슨 폴록[28] 스타일의 그림을 그렸다. 그것은 정말 재미있었으며 힘든 작업을 장난스럽고 불손하게 마무리하는 것이었다.

결국 우리는 인접해 있는 12채의 주택 전부를 소유하게 되었다. 캠퍼스 근처에서 한 소유주가 보유한 가장 큰 땅이었다. 우리는 이듬해에 그 부지를 12채의 주택을 매입하는 데 지불한 금액보다 훨씬 높은 가격에 매각했다. 매입자는 린덴(Linden)과 옥스포드(Oxford) 가 사이의 게데스

---

[28] 잭슨 폴록(Jackson pollock, 1912-1956) - 미국의 추상표현주의 화가

애비뉴(Geddes Avenue)에 대규모 아파트 단지를 지었고 그 건물은 오늘도 여전히 그곳에 있다. 이러한 일련의 인수와 자산의 후속 매각을 통해 나는 **규모의 이점**(benefits of the scale)을 처음으로 경험했다. 주택을 추가로 매입할 때마다 더 크고 효율적이며 경제적으로 실행 가능한 개발을 수용할 수 있도록 집합 부지의 능력을 확장시켰다. 조각을 모아서 전체를 더 가치 있게 만든 것이다. 이것은 의미 있는 교훈이었으며 규모의 기하급수적인 가치는 내 커리어 내내 부동산 안팎의 투자 기회를 평가하는 데 영향을 미쳤다.

로스쿨 마지막 학기가 끝날 무렵 나는 방학을 맞아 시카고로 돌아가서 아버지와 함께 앉아 아버지의 부동산 거래에 대해 이야기해 달라고 부탁했다. 그 무렵 아버지는 아버지 세대의 다른 사람들처럼 자본을 축적한 다음 신디케이션[29]을 통해 부동산에 투자하여 성공적인 사업가로 자리를 잡았다. 그는 아파트 투자와 순임대차 계약[30]으로부터 약 4%의 수익을 얻고 있었는데 이는 당시로서는 당연한 일이었다. 신디케이터[31]들이 매입한 자산들은 모두 뉴욕, LA, 샌프란시스코, 시카고 등 대도시에 있었으며 다른 지역에는 투자하지 않았다. 안전한 베팅이었지만 한계도 있었다. 앤아버와 같은 소도시의 경우 건축비가 훨씬 저렴했고, 더 중요한 것은 경쟁이 없었다는 점이다. 하지만 신디케이터들은 2티어 또는 3티어 등급의 도시들이 존재한다는 사실조차 몰랐다. 그런 소규모 시장에서 자산을

---

29   신디케이션(syndication) - 신디케이터에 의해 조직된 투자자 그룹이 이익을 위해서 부동산을 취득, 운영 및 매각하는 것을 말한다. 부동산 신디케이션은 '투자 계약(investment contract)'의 형태로 증권 거래를 수반하기 때문에 미국 증권 거래 위원회(SEC)나 다른 연방 정부 기관의 규제를 받는다.
30   순임대차계약(net lease) - 월세 외의 비용을 임차인이 부담하는 부동산 계약 방식
31   신디케이터(syndicator) - 자금과 전문 인력을 동원하여 공동으로 부동산 사업을 수행하는 복수의 개인 또는 법인을 말한다.

찾는 진짜 자본이 없었다. 경쟁이 없으니 내가 가격을 정할 수 있었고 시장도 정할 수 있었다.

그것이 나의 첫 번째 투자 논거였다. 내가 앤아버에서 했던 일을 다른 시장에서도 똑같이 할 수 있다면 상당한 업사이드(잠재적 수익)를 실현할 수 있을 거라고 생각했다. 나는 대학가를 중심으로 성장률이 높은 소규모 시장에서 자산 포트폴리오를 구축했다. 지금 생각하면 논리적으로 보이지만 당시에는 아무도 그런 일을 하지 않았다.

나는 1966년에 로스쿨을 졸업했고 당시 24살이었다. 은행 계좌에 250,000달러가 있었고, 그해에 약 150,000달러를 벌었다. (2016년 기준으로 약 1,100,000달러의 수입이다.) 나는 가족을 위한 탄탄한 기반을 마련했고 그해 아들 매튜가 태어났기 때문에 좋은 일이었다. 2년 후에는 딸 조앤이 태어났다.

나는 앤아버에 머물면서 하던 일을 계속해야 할지 아니면 새로운 도전을 해야 할지 고민했다. 만약 내가 앤아버에 머무른다면 작은 연못의 큰 물고기일 뿐이라고 결론을 내렸다. 내가 얼마나 능력이 있는지를 알아내야 했는데 대학가에서는 그럴 수가 없었다. 내 한계를 테스트하지 않으면 내가 무엇을 할 수 있는지 어떻게 알 수 있을까? 그래서 파트너와 나는 회사를 밥 루리에게 매각하고 시카고로 향했다.

# CHAPTER
# 3

## 나만의 규칙들
My Own Rules

# CHAPTER 3

**나는** 법률 분야의 "직업"을 갖기 위해 시카고로 갔다. 물론 내 계획은 부업으로 부동산 거래를 계속하는 것이었다. 좋은 로펌에 취직하는 데 문제가 없을 거라고 생각했지만, 43번째 거절을 당한 후 궁금해지기 시작했다. 뭐가 문제인지 알 수 없었다. 나는 훌륭한 학생은 아니었지만 미시간 대학 로스쿨을 상위 25%의 성적으로 졸업했으며 그곳은 평판이 아주 좋은 학교였다. 말이 되지 않았다. 마침내 시카고에 있는 베더 프라이스 카우프만(Veder, Price, Kaufman)의 설립자이자 선임 파트너인 찰스 카우프만을 만났다. 그곳에는 약 150명의 변호사들이 있었다. 그의 비서가 나를 그의 사무실로 안내했을 때, 그는 전화를 하고 있었고 내게 앉으라고 손짓했다. 그는 전화를 끝내고 일어나서 문을 닫고서는 내 맞은편에 앉았다. 그는 재미있다는 표정으로 날 쳐다보았다.

"자네가 한 부동산 거래들에 대해서 말해 봐"라고 그가 말했다.

"뭐라고요?" 깜짝 놀랐다. "전 일자리 때문에 왔어요."

그는 무시하듯 손을 흔들며 말했다. "아, 우린 자넬 절대 고용하지 않을 거야. 자넨 여길 3개월 정도 버티다가 다시 부동산 거래를 시작할 거니까."

이를 또 다른 거절로 여기려고 하자 그는 "이력서를 봤는데 이런 건 처음 봐. 자넨 변호사가 아니라 (부동산) 거래를 하는 남자가 될 거야. 만약 우리가 자넬 고용한다면 시간을 낭비하게 될 거야. 왜냐하면 우리가 자넬 트레이닝 시켜도 자넨 여기 머물지 않을 것이기 때문이니까."

그래서 나는 왜 계속 거절당했는지 알았다. 내 이력서는 법률 교육이 아닌 사업 경험에 초점이 맞춰져 있었다. 나는 로펌들이 내가 이룬 것에 깊은 인상을 받을 것이고 나의 거래 경험이 내게 유리하게 작용할 것이라고 생각했다. 그것들이 내가 로펌에서 결코 행복할 수 없다는 위험 신호라는 것을 이해하지 못했다. 물론 카우프만이 옳았지만 내가 이해하는 데는 시간이 좀 더 걸렸다.

결국 시카고에 있는 예이츠 앤 홀렙(Yates & Holleb)이라는 작은 회사에서 일하게 되었다. 그것은 내 커리어의 첫 번째이자 유일한 '직업'이었다. 나는 4일을 버텼다. 리넨 공급업체와 노던 일리노이 대학교 간의 계약에 시간을 보냈는데 그 일은 끔찍하고 견딜 수가 없었다. 5일째 되는 날 상사이자 주니어 파트너인 밥 마이클슨을 만나러 가서 법률 계약서를 작성하는 일은 24살짜리도 할 수 있으며 시간을 낭비하는 일이라고 그에게 말했다.

밥은 내 대담함으로부터 정신을 차린 후 "어떻게 할 건데?"라고 말했다.

"다시 거래를 할 거예요"라고 나는 대답했다.

그는 "그럼, 그냥 부동산 거래를 계속하는 게 어때? 우리가 투자하고 법률 업무를 할 것이고 자넨 여기에 사무실을 유지할 수 있어"라고 말했다.

좋은 생각인 것 같아서 나는 그에 동의했다. 내가 가져오는 모든 법률 업무의 50%를 수임료로 받는다는 조건이었다. 이것은 그들의 표준 커미션이었고, 젊은 변호사들이 새로운 사업을 회사에 유치하여 수익을 창출하도록 장려하기 위해 고안되었다. 하지만 새로운 업무를 대량으로 가져오기 위해 만들어진 것은 아니었다. 내게 지급되는 수임료가 놀라운 속도로 증가하자 그들은 금방 깨닫게 되었다. 내가 4주 만에 부동산 거래로부터 새로운 법률 업무를 너무 많이 가져오자 그들은 내 수임료를 35%로

낮췄다. 1년 안에 내 수임료는 25%로 줄었다.

입사한 지 18개월째 되는 날에 가까워지던 12월 어느 날 저녁 주니어 파트너가 나를 사무실로 불렀다. 그는 화가 난 것 같았다. "올해 자네가 얼마나 벌었는지 방금 알았어. 이봐, 내가 변호사 일을 관두고 브로커들과 전화만 하면 나도 그렇게 할 수 있을 거야"라고 말했다. 그때 그가 내가 하는 일을 전혀 모른다는 것을 깨달았다. 그는 내가 그냥 전화기에 앉아서 쉽게 거래를 한다고 생각했다. 그는 변호사로 일하며 일주일에 80시간씩 일하고 1년에 25,000달러를 벌고 있었는데 이 25살 먹은 어린 녀석은 그의 세 배 이상을 벌고 있었다. 그 대화는 내게 충격을 주었다. 그때까지만 해도 나는 내 커리어가 주류와 그렇게 근본적으로 다르다는 것을 인식하지 못했다. 그저 중심을 벗어났다고 생각했을 뿐 완전히 다른 길을 걷고 있다는 것을 깨닫지 못한 것이다. 하지만 그 파트너의 관점은 날 괴롭혔고 결국 난 로펌을 떠나야 한다는 것을 깨달았다.

로펌을 그만두고 집에 돌아왔을 때가 기억난다. 아내 사넷이 임신 중이었다. "그만뒀어?"라고 그녀가 놀라서 물었다. "이제 어떻게 할 건데?"

"그냥 내가 하던 일을 할 거야"라고 대답했다. 내 대답은 그녀에게 그다지 위안이 되지 않았고, 그것을 명확하게 말로서 표현할 수 없었지만 무슨 뜻인지 정확히 알고 있었다. '아웃라이어'가 되고자 하는 나의 성향이 내 미래를 결정할 것이었다. 나는 내가 좋아하는 일을 할 것이고 다른 사람들의 규칙에 얽매이지 않을 것이었다. 그래서 예이츠 앤 홀렘을 떠나 사우스 라살 가 10번지(10 South LaSalle Street)에 있는 매형 로저의 로펌에서 남는 사무실을 구해 사업을 시작했다. 그것이 내가 지금도 여전히 운영하고 있는 투자 회사의 전신이다. 여전히 나의 투자 논거는 경쟁 자본이 없는 고성장 소도시가 타깃이었다. 나는 대학가에 있는 아파트를 계속 매입했다. 왜냐하면 그곳이 바로 기회가 있는 곳이었기 때문이다. 미국 내의 학교 수는 증가하고 있었다. 그리고 부동산의 가장 큰 고정 비용인 세금과 공과금이 티어 2등급 도시에서 더 낮았기 때문에 순이익률이 훨씬 더 높았다. 아버지와 그의 동료들 몇 명, 그리고 예이츠 앤 홀렙의 변호사 몇 명을 포함해 약 20명의 투자자가 내게 있었다.

1966년 나는 앤아버에 있을 때 작업을 시작했던 첫 번째 대규모 자산의 매입 거래를 마감(closing)했다. 그것은 오하이오의 톨레도 대학 길 건너편에 있는 100만 달러 상당의 99개 유닛 아파트 건물이었다. 유니버시티 파크 아파트는 내 경험과 딱 맞아떨어졌으며 거래 수익률이 19%가 될 것이라고 믿었다. 나는 이 기회를 아버지에게 말했고 아버지는 부동산 관리 담당자인 아서 몰(Arthur Mohl)에게 검토를 의뢰했다. 아서는 내가 계산한 모든 수치를 재검토한 결과 8%의 수익률을 얻을 수 있을 것이라고 결론을 내렸다. 당시에는 여전히 높은 수익률이었다. 그래서 아서는 아버지에게 투자를 권하고 자기 돈의 일부를 투자했다. 그 자산은 즉시 아서가 예상한 수준의 2배에 달하는 현금흐름을 창출했고 결국 20%의 수익률을 기록했다. 내가 두 번째 큰 규모의 거래를 하러 갔을 때 같은 투자자들과 그들이 데려온 친구들이 나와 함께 투자를 하기 위해 줄을 섰다. 그 후 줄은 땅 한 블록을 둘러쌀 만큼 길게 늘어났.

물론 내 거래는 훨씬 더 커지고 복잡해졌으며, 본질적으로 더 많은 위험을 감수해야 했다. 아버지는 예전 방식을 선호했기 때문에 결국 포기했다. 우리는 근본적으로 접근 방식이 달랐고 나는 아버지를 떠나 내 방식대로 일을 했다.

톨레도에서 우리는 올랜도의 템파와 플로리다의 잭슨빌, 텍사스의 알링턴, 그리고 네바다의 리노로 갔다. 앤아버의 공동 투자자였던 돈 치즘(Don Chisholm)은 내게 리노에서의 기회를 소개해 주었다. 그는 샌프란시스코에서 부동산 감정평가 수업을 듣다가 내게 전화를 했다. "샘, 어제

점심에 카슨 시티³²에서 온 남자와 대화를 나눴어. 미시간에서의 우리 거래에 대해 얘기하고 있었는데 그가 네바다주 리노³³에 160개 유닛 아파트 프로젝트가 있다고 하더군. 어떻게 생각해?"

나는 몰랐다…. 리노? 쉬운 이혼과 도박이 전부인 도시로 알았다. 그렇지 않은가? 하지만 난 항상 모든 기회를 탐색하는 것이 옳다고 믿었다. 그래서 치즘에게 "거기서 가까우니까 그쪽에 가서 확인해 보는 게 어때?"라고 말했다.

치즘은 리노로 가서 한 번 보고는 다시 전화를 걸어 왔다. "샘, 이곳은 정말 멋진 도시야. 미친 듯이 성장하고 있어. 건물이 꽉 찼고 19%의 현금투자수익(cash on cash return)을 올리고 있어."

현금투자수익, 투자한 현금으로부터 벌어들인 수익. 부동산 가격 상승에 의존하지 않고 오로지 현금에 의존한다. 그리고 우리는 미지의 시장에 대한 위험을 대가로 높은 수익률로 얻을 것이다. 우리는 그 거래를 성사시켰고 결국 리노에 있는 3~4채의 다른 건물들을 매입하게 되었다. 그런 다음 플로리다에서 같은 판매자와 몇 가지 거래를 더 했다.

나는 같은 사람들과 거래하는 것을 좋아한다. 서로를 알게 되고 상호 신뢰감을 쌓을 수 있기 때문이다. 오늘날 내가 하는 일의 대부분은 10년, 20년, 30년, 심지어 40년 전으로 거슬러 올라가는 관계에서 비롯된다. 어쨌든 리노 거래의 수익은 내가 예상했던 것 이상으로 성과를 거두었다.

**1969년** 어느 날 아침 7시, 사무실에 앉아 있었는데 뉴욕에서 알고 지내던 브로커인 스탠 와인가스트(Stan Weingast)로부터 전화를 받았다.

---

**32**  카슨 시티(Carson City) - 미국 서부 네바다주의 독립 시이자 주도
**33**  리노(Reno) - 네바다주의 북서쪽에 위치한 카지노 도시, 카슨 시티와 인접해 있다.

CHAPTER 3  나만의 규칙들

그는 방금 제이 프리츠커(Jay Pritzker)와 하루를 보냈고 제이는 그를 위해 일할 30세 미만의 부동산 사업가이자 변호사를 찾고 있다고 말했다. 스탠은 즉시 나를 생각했다.

모두가 프리츠커 가문을 알고 있었다. 그들은 시카고에서 가장 저명한 기업 가문 중 하나였고 하얏트 호텔 체인을 창업했다. 제이 프리츠커는 투자 업계에서 전설적인 인물이었다. 그는 엄청난 제국을 건설하여 지배하고 있었다. 제이는 하룻밤 사이에 거액을 투자하기로 결정할 수 있는 몇 안 되는 사람 중 한 명이었다. 그의 유동성과 자금 조달 인맥 덕분에 그는 당대 최고의 투자자가 되었다.

제이 프리츠커를 만난다는 생각은 흥미로웠지만 누군가를 위해 일하고 싶진 않았다. 스탠 와인가스트가 내게 제이를 만나기를 권했을 때, 나는 "만약 내가 성공적인 부동산 사업가이자 변호사인 요건을 충족한다면, 왜 내가 프리츠커나 다른 사람을 위해 일하고 싶겠어요?"라고 말했다.

스탠이 말했다. "이봐, 제이는 정말 특별한 사람이야. 자넨 그를 꼭 만나야 해."

그래서 다음 날 아침에 제이를 만나러 갔다. 아침 9시쯤 그곳에 도착했고 그날 오후 4시 30분까지 떠나지 않았다.

그의 아버지인 아브라함 니콜라스 프리츠커(A. N. Pritzker)가 나를 약한 시간 동안 심문한 후 전화를 받는 동안 나는 제이의 사무실에 앉아 다양한 거래에 대해 논의했다. 그의 이야기를 듣는 것은 흥미로웠다. 점심 식사 때 그는 날 고용하기 위해 설득하려고 했다. "여기에 있는 것들, 우리가 가진 자원들을 봐. 자네가 여기 와서 거래를 하면 5%의 수익을 얻게 될 것이야." 5%! 나는 웃으며 말했다, "오, 그건 프리츠커식 거래군요!" 그는 웃지 않았다.

하지만 남아서 계속 이야기를 나눴다. 사실 제이와 나는 바로 마음이 맞았으며 그곳에 앉아 제이를 알아 가면서 즐거운 시간을 보내고 있었다. 여전히 내가 그 일을 맡지 않을 것을 알면서도 말이다.

마침내 하루가 끝날 무렵 "제이, 저는 당신이나 다른 누구를 위해 일하지 않을 거예요. 그러니 그냥 함께 (부동산) 거래를 하는 게 어때요?"

그리고 그는 "좋네"라고 말했다.

"레이크 타호[34]에 있는 부동산에 대출을 받았어요. 부지를 매입하고 개발할 수 있는 절호의 기회가 있다고 생각합니다."

제이는 주저하지 않았다. "좋아. 같이 해 보지."

나는 나가서 엘리베이터를 탔다. 1층에서 문이 열렸을 때 아브라함 프리츠커가 서 있었다. 그는 나를 보고 놀란 표정이었다. "자네 지금까지 내 아들과 함께 있었나?"

나는 "예"라고 말했다.

그는 말했다. "지금쯤이면 자넨 빌딩 한 채를 지을 수 있었을 거야!"

제이와의 만남은 아버지와 밥 루리와의 관계를 제외하고 내 커리어에서 가장 영향력 있는 관계의 시작이었다. 제이는 내가 만난 사람 중 가장 똑똑한 금융 전문가였다. 그는 거래를 보는 방법과 거래를 성사시키거나 망칠 수 있는 것에 집중하는 법을 가르쳐 주었고 새로운 시각으로 기회와 거래를 보는 법을 소개해 주었다. 제이는 나의 멘토이자 친구가 되었다. 우리는 생각하는 게 너무 비슷한 나머지 우리가 친자 관계일 수도 있다고 생각했다. 사실 19살 연상이었던 제이는 내 나이 때 여러 여자들을 만났고 내가 그가 한 경솔한 행동의 결과물이 틀림없다고 농담을 하곤 했다.

레이크 타호 프로젝트는 내가 처음부터 개발한 단 2개의 프로젝트 중

---

**34** 레이크 타호(Lake Tahoe) - 북부 캘리포니아주와 네바다주 경계에 있는 북미 최대의 산정 호수

두 번째 프로젝트였다. 4일간의 변호사 생활을 그만두고 나서 나는 기존 부동산을 매입하는 것 외에 디벨로퍼가 되기로 결심했다. 주택 산업의 제너럴 모터스를 만든다는 게 내 생각이었다.

타호 프로젝트는 산기슭의 아름다운 땅에 위치했다. 그곳의 건축 시즌[35]은 짧았기 때문에 다른 곳에서 프리팹[36] 유닛을 지은 다음 공사하기 좋은 날씨에 가져와서 세우자는 생각이 들었다. 건물이 대부분 올라간 후 공사 현장을 둘러보기 위해 현장에 방문했다. 1층은 좋아 보였는데 2층에 올라가 보니 정말 어두웠다. 나는 시공업체가 처마를 너무 길게 만든 실수를 깨달았다. 처마가 창문 너머까지 뻗어 있었기 때문에 창문은 아름다운 산의 경치 대신 지붕 안쪽을 향하고 있었던 것이다. 우리는 전망을 보존하기 위해 지붕에 '창문'을 만들어 문제를 해결했다. 하지만 그것은 재앙이었고 켄터키주 렉싱턴에서 첫 번째 아파트 단지 개발 프로젝트 직후에 이 문제가 터졌다. 그 프로젝트의 건축 계획에서도 끔찍한 실수를 저질렀다. 프로젝트가 80% 정도 완공되었을 때 건물들을 둘러보고는 당혹감을 감추지 못했다. 건물의 한쪽은 유닛 크기가 엄청나게 작았던 반면 다른 쪽 유닛 크기가 엄청나게 컸다. 건물 도면을 살펴보니 건물 중앙에 배수관이 있는 것을 발견했다. 하지만 실제로 설치된 배수관은 중앙에 있는 것이 아니라 약 20% 정도 떨어져 있었다. 건설업자가 잘못된 시방서[37]로 시공한 것이었다. 이를 바로잡기에는 너무 늦었기 때문에 결국 작은 유닛은 더 저렴하게, 큰 유닛은 더 비싸게 임대하게 되었다. 결국 프로젝트는 비교적 잘 진행되었지만 우리가 기대했던 것과는 전혀 달랐다.

---

35   건축 시즌 (building season) - 공사를 할 수 있는 계절
36   프리팹 (prefab) - 미리 공장에서 부품을 조립한 후 현장에서 설치만 하는 건축 공법
37   시방서 (specification) - 공사에 필요한 재료나 제품의 종류, 시공 방법, 납기, 준공 기일 등 도면으로 나타내기 어려운 사항들을 기록한 계약 문서

이 두 프로젝트를 모두 끝냈을 때 부동산 개발이 생각보다 훨씬 복잡하고 위험하다는 것을 깨달았다. 설계 문제 외에도 도시 규제 당국이 새로운 수수료와 비용을 부과하여 프로젝트 도중에 판도를 바꿀 수 있고, 건물을 짓는 데 걸리는 시간 동안 경기가 나빠져 세입자 수요가 증발할 수 있으며 은행이 대출을 중단하는 등 여러 가지 문제가 발생할 수 있다.

결과적으로 나는 디벨로퍼가 되고 싶은 마음에서 벗어나게 되었다. 대부분의 디벨로퍼들이 개발 사업을 계속하려면 수익의 50%를 실제 현금 흐름에서 나머지 50%는 남근 같은 상징물이 땅에서 솟아오르는 것을 지켜보는 무형적인 이익에서 얻어야 한다고 생각한다. 그렇지 않으면 보상을 볼 수 없기 때문이다.

내가 얻은 교훈은 단순함을 추구하는 것이 중요하다는 새로운 인식을 갖게 된 것이다. 개발에는 여러 단계가 필요했고 모든 단계는 무언가 잘못될 가능성이 있음을 의미했다.

몇 년 후 제이와 내가 타호 투자를 청산했을 때 우리가 중요한 것을 잊어버렸다는 사실을 깨닫고 제이에게 전화를 걸었다. "거래는 성사되었지만 우리 둘 사이에 공식적인 파트너십 계약서를 작성하지 않았다는 사실을 방금 깨달았어요. IRS(미국 국세청)에서 이 문제를 검토하고 계약서가 없으면 우린 바보처럼 보일 거예요."

"그래, 그래." 그는 별로 관심이 없는 듯이 말했다. 제이는 그런 사람이었다. 신뢰는 그의 변함없는 원칙 중 하나였다. 그는 항상 거래보다 사람에게 더 많은 것을 걸었다. 제이는 내가 정직하고 똑똑하다고 판단하여 거래에 동참했다. 그는 내게 전화해서 일을 확인하지 않았고 투자 진행 상황에 대해 의문을 제기한 적도 없었다. 부동산 소유권은 내 명의로 되어 있었다. 그리고 언제든 일이 잘못되어도 제이가 내 뒤를 봐줄 거라는 믿음이 있었다.

제이는 내게 단순함을 추구하는 것을 전략으로 사용하라고 가르쳤다. 제이는 극도로 복잡한 상황을 파악하고 즉시 약점을 찾아내는 놀라운 능력을 지니고 있었다. 그는 항상 거래에 12단계가 있다면 그중 하나에 모든 것이 달려 있고 나머지는 저절로 해결되거나 중요하지 않다고 말했다. 그는 위험에 집중했다. 아버지는 내게 **어떤 사람이 되어야 하는지**를, 로스쿨은 내게 **생각하는 방법**을, 제이는 내게 **위험을 이해하는 방법**을 가르쳐 줬다고 말하고 싶다.

우리는 타호 거래 이후에도 여러 건의 거래를 성사시켰다. 그중 하나가 1970년 LA의 브로드웨이 플라자(Broadway Plaza)였다. 브로드웨이 플라자는 700,000평방 피트의 사무실 공간, 400,000평방 피트의 소매점, 500개 객실의 하얏트 호텔이 있는 복합 용도 단지(mixed-use complex)였고 카터 홀리 헤일(Carter Hawley Hale, 줄여서 CHH)과 오그든 코퍼레이션(Ogden Corporation)이 합작 투자하여 개발 중이었다. (여담이지만 몇 년 후 두 회사를 모두 소유하게 되었다.) 협상을 시작했는데 그 협상은 상상 이상으로 복잡했고 전에는 한 번도 해 본 적 없는 구조와 조건들을 만들어야 했다. 나는 제이에게 가서 이 엄청나게 복잡한 거래를 단계별로 설명했다. 그런데 제이가 나를 쳐다보더니, "샘, 하지만 이 모든 일의 진짜 핵심은 그냥 오피스 공간을 임대하는 것 아냐?"라고 말했을 때 정말 충격을 받았다. 그리고 당연히 거래 전체의 밑바탕은 바로 사무실 공간 임대였던 것이다.

제이의 지적 수준은 나를 정말 매료시켰다. 문제를 여러 조각으로 나누면 복잡한 문제의 핵심을 바로 꿰뚫어 볼 수 있다는 사실을 바로 깨달았다. 단지 내 생각을 정리하는 문제였고 훈련이 필요했다. 7학년(중학교 1학년) 사회 시간에서 개요를 작성하는 방법을 배웠는데 핵심 개념은 같지만 좀 더 복잡한 수준에서 적용하는 것이었다. 나는 지금도 여전히 이를 적용하고 있다.

다른 거래와 마찬가지로 브로드웨이 플라자도 세금 문제로 연말까지 거래를 마감해야 했다. 그리고 거래 막판까지 판매자들은 다른 인수 후보자들에게 계속 추파를 던졌다. 그래서 정말 짧은 기간 내에 거래를 성사시켜야 했다. 12월 29일 화요일, 나는 변호사들과 회의실에 앉아 48시간이 넘도록 자리를 뜨지 않았다. 그 일은 강렬했고 날 지치게 만들었다. 어느 순간 나는 정신을 잃었고, 테이블 아래로 미끄러져 들어가 잠이 들었는데 두 변호사는 내 위에서 계속 이야기를 주고받았다. 한 시간 반 동안 잠을 잤고, 두 변호사의 대화 도중에 다시 일어나 논의를 계속했다.

목요일 오후 2시 30분, 협상이 끝난 것이 분명했다. 합의 사항들이 마무리되는 동안 나는 오후 5시 클로징(거래 마감) 전에 샤워를 하고 이발을 하기 위해 호텔로 돌아갔다.

클로징에 얼마나 많은 현금이 필요할지 정확히 알 수가 없었다. 800~1,000만 달러 사이가 될 거라는 건 알았지만 정확한 액수는 몰랐다. 그래서 제이에게 보증 수표(certified check)를 여러 장 보내 달라고 부탁했고, 그에 따라 처리하기로 했다.

이발소 의자에 앉아 있는데 배달부가 들어와 봉투를 건네주었다. 나는 궁금해서 봉투를 열고 1,000만 달러가 있는지 확인하기 위해 돈을 세기 시작했다. 이발사가 내 어깨 너머로 보고 있었는데 내 귀를 잘랐다고 맹세한다! 웃긴 건 내 꼴이 엉망이었다는 것이다. 나는 이틀 동안 밤을 샜고 청바지를 입고 있었다. 이발사는 아마도 내가 머리를 깎을 수 있는 준비가 되어 있는지 궁금했을 것이다.

어쨌든 제이로 돌아가자. 그는 경쟁심이 매우 강했다. 놀랄 일이 아니지만 나도 마찬가지다. 하지만 제이는 항상 나를 이겼다. 라켓볼을 치면 그가 이겼고, 테니스에서도 그가 이겼고, 진 러미[38] 게임에서도 마찬가지였다. 나는 내가 세계 최고의 평균 이상의 운동선수라고 말하곤 했다. 실제로 어떤 종목이든 평균 이상의 실력이 있었다. 하지만 제이는 모든 면에서 나를 압도했다. 내가 그를 이길 수 있는 유일한 종목은 스키였다. 스키는 내가 정말 뛰어나게 잘하는 스포츠이다. 나는 턴 없이 아래로 직활강하며 스키를 타는 편이다. 코스에 상관없이 스키 팁(스키 맨 앞부분)을 아래로 향하게 하고 그냥 내려간다. 그래서 제이를 슬로프에 데리고 갈 기회를 초조하게 기다리고 있었다.

1971년 1월, 브로드웨이 플라자 거래를 끝낸 후, 우리는 유타에 있는 스노우버드로 가기로 결정했다. 정말 신이 났다. 제이가 얼마나 스키를 잘 타는지는 몰랐지만 내 실력을 믿었고, 제이가 나보다 더 잘 탈 가능성은 희박하다고 생각했다.

우리가 그곳에서 보낸 첫날 우리는 첫 번째 케이블카에 올라탔다. 정상에서 그를 보고 미소를 지으며, "준비됐나요? 출발!"이라고 소리쳤고 내려가기 시작했다. 산 아래로 빠르게 내려오다가 중간쯤에 뒤돌아보니 제이가 보이지 않았다. 그가 다른 길로 가서 나를 바보로 만들려고 하는 것 같았다. 제이는 그런 행동을 자주 하는 사람이었다. 그래서 속도를 높여서 마지막까지 두 배의 속도로 내려갔다. 맨 아래에는 제이가 없었다. 약 10분 후에 그가 나타나자 곧바로 그를 놀리기 시작했다. 나는 너무 행복했다.

그는 "몸이 좋지 않아"라고 말했다. "핫초콜릿을 마시고 싶어."

나는 오로지 친한 친구가 할 수 있는 화법으로 응대했다. "핫초콜릿은

---

[38] 진 러미(Gin Rummy) - 카드 게임의 종류로 원카드처럼 손에 든 카드를 전부 털어 내는 사람이 승리한다.

개뿔! 그냥 다시 지고 싶지 않으니까 그런 거겠죠." 나는 계속해서 말을 했지만 제이가 제정신이 아니라는 걸 끝내 알아차렸다. 평소처럼 그에게서 주고받는 게 없어서 뭔가 이상하다고 느꼈다. 그래서 마침내 멈춰 서서 말했다. "좋아요. 제이. 핫초콜릿 마시러 가요."

우리가 카페에 앉아 있을 때, 그는 배가 아파서 펩토비스몰[39]을 사러 가야 한다고 말하고는 돌아오지 않았다. 20분 후에 그가 어디 있는지 확인하기 위해 의무실로 내려가 보니, 제이는 웃통을 벗고 산소마스크를 얼굴에 쓰고 있었다. 그에게 심장마비가 온 거였다! 나는 완전히 경악했다. 29살의 내가 제이 프리츠커와 함께 산에 올라갔는데, 그가 심장마비를 일으키고 있었으니까 말이다. 갑자기 이 중요한 사람이 내 책임이 된 것이다. 어떻게 해야 할까?

나는 제이의 의사와 프리츠커 재단에 있는 모든 사람들에게 전화를 걸기 시작했다. 제이가 받고 있는 치료의 수준을 알지 못한 채, 동네 의사가 그를 진찰하는 것을 속수무책으로 시켜봤다. 시카고에 있는 그의 의사에게 당장 스노우버드로 와야 한다고 말했다. 그가 "오늘 밤 거기에 어떻게 갑니까?"라고 말했고, 나는 그에게 "당신이 비행기를 전세 내야 한다면 상관하지 말고 그리 하세요"라고 말했다. 그는 "좋아요. 제가 다시 전화할게요"라고 말했다. 15분 후 그는 내게 다시 전화를 걸어 시카고 대학 병원의 프리츠커 의과대학(Pritzker School of Medicine)에서 비행기에 산소 발생기와 기타 물품을 싣고 그날 밤 그곳에 도착할 거라고 말했다. 계획은 제이를 집으로 데려가서 최상의 치료를 받을 수 있도록 하는 것이었다.

나는 안도의 한숨을 쉬었고 제이에게 돌아가서 말했다. "제이, 방금 에디와 이야기를 나눴는데, 전세기로 9시에 여기로 올 거예요." 제이는 매

---

[39] 펩토비스몰(Pepto Bismol) - 미국의 대표적인 소화제

우 창백하고 심각한 얼굴로 산소마스크를 천천히 떼고는 나를 올려다보며 말했다. "그냥 상용기로 오면 안 돼?"

결국 제이는 유타에 머물며 훌륭한 치료를 받고서 회복했다. 두 달 후 그는 다시 사업을 시작했고 우리는 계속해서 많은 거래를 함께했다.

제이는 개인적으로나 직업적으로 내게 깊은 영향을 끼쳤으며, 내게 그의 지원, 지혜, 신뢰 등 값을 매길 수 없는 선물을 주었다. 그가 1999년 76세에 심장병으로 세상을 떠났을 때 나와 그를 잘 아는 모든 사람들에게는 너무나 큰 손실이었다.

제이와 많은 시간을 보낼 무렵 《Zeckendorf: The Autobiography of the Man who Played a Real-Life Game of Monopoly and Won the Largest Real Estate Empire in History(제켄도프: 실제 독점 게임을 하고 역사상 가장 큰 부동산 제국을 차지한 남자의 자서전)》란 책을 읽었다. 이 책은 부분을 통해 전체를 보는 접근 방식을 다루지만, 제켄도르프의 전략은 부동산이 아닌 다른 산업에서도 내게 도움이 되었다. 윌리엄 제켄도프(William Zeckendorf)는 아마도 현 시대의 가장 위대한 부동산 개발업자 중 한 명일 것이다. 그는 맨해튼 스카이라인의 주요 빌딩들과 시카고의 메그니피센트 마일(Magnificent Mile)의 대규모 지역을 개발했다. 그가 개발한 다른 상징적인 건물들은 그는 뉴욕의 UN빌딩, LA의 센추리 시티(Century City), 몬트리올의 빌 마리 광장(Place Ville-Marie)이 있다. 제켄도프의 자서전은 다채로운 이야기로 가득 차 있었지만 내가 가장 매료된 것은 그의 전략이었다. 제켄도프는 자산을 부분의 합으로 보았기 때문에 전체의 가치를 높일 수 있었다. 다양한 부분들이 다른 구매자들에게 더 가치가 있었기 때문에 제켄도프는 사실상 1+1=3을 만들어 전체 자산의 가치를 극대화할 수 있었다. 예를 들어, 시장에서 1,000만 달러로 평가되었던 맨해튼의 원 파크 애비뉴는 결국 제켄도프의 손에서 1,500만 달러의 가치가 있었다. 그는 건물의 소유권, 토지, 임대차 계약, 개별 담보 대출 등 모든 것을 별도로 계산했다. 나는 이것이 훌륭하다고 생각했으며 부동산 거래와 후일 부동산 업계 외의 일들에 이 접근 방식을 채택했다.

이 무렵 밥 루리가 내 파트너였다. 사실 그는 가장 가까운 친구이자 유일한 사업 파트너였다. 1966년에 앤아버를 떠나기 전, 나는 24세의 거만한 태도로 밥에게 말했다. "여기서 빈둥거리는 것에 지쳐서 거물들과 놀고 싶으면, 나한테 전화해." 그리고 1969년에 그는 내게 전화했다.

"자네가 마지막으로 내게 했던 말을 기억해?" 그는 물었다. 그 무렵 밥은 기계 공학 석사 학위를 마쳤고, 우리가 그에게 매각한 사업체는 학생들의 기숙사 임대료 파업에서 간신히 살아남은 상태였다. 그는 미시간을 떠날 준비가 되어 있었다.

"그래"라고 나는 대답했다.

"준비됐어."

"어서 와!" 나는 주저하지 않고 말했다.

그래서 밥은 앤아버에서 운영하던 아파트 관리 사업을 청산하고 시카고로 왔다. 우리 둘 다 우리의 파트너십이 얼마나 풍요롭고 보람찬 것이 될지 상상하지 못했다.

처음부터 나는 밥에게 그가 직원이 되는 것을 원하지 않는다고 말했다. 나는 그가 내 파트너가 되기를 원했다. 우리는 궁극적으로 동등한 파트너십에 도달한다는 전제하에 비정형적인 계약을 맺었다. 그때부터 우리는 각 거래의 수익을 균등하게 나누었고 밥의 회사 지분은 그가 참여한 거래들과 기여도와 함께 증가했다. 처음에는 85/15였다. 1974년에는 66/33, 1976년에는 60/40이 되었다. 그리고 1978년에는 50/50

이 되었다. 그것은 각자의 기여에 대한 상호 간의 감사를 바탕으로 한 공정한 거래였다.

**파트너와 여러분이 둘 다 동일한 위험을 공유하지 않는 이상 어떻게 진정한 파트너가 될 수 있는지 모르겠다.** 밥과 나는 처음에는 아니었지만 대부분의 커리어에서 함께 일을 했을 때 동등한 위험을 감수했다. 밥이 "이 거래를 같이해 보자"라고 말했을 때, 그는 그가 나만큼 많은 걸 걸고 있다는 것을 알았고, 그 반대의 경우도 마찬가지였다. 의심의 여지 없이 우리는 서로를 100% 신뢰했다. 우리는 서면으로 파트너십 계약을 한 적이 없으며 같은 수표를 쓰고 생활했다. 그가 가족을 위해 새집을 지을 때 그는 우리 회사 공동 자금에서 돈을 인출했다. 내가 가족을 위해 새집을 짓는 경우에도 마찬가지였다. 우리는 각자 지출한 돈에 대해 서로에게 설명할 필요가 없었다.

밥과 나는 둘 다 비즈니스를 해결해야 할 퍼즐로 보았고 만족할 줄 모르는 지적 호기심을 가지고 있었다. 우리는 전혀 다른 방법을 사용하여 문제에 접근하는 묘한 방식을 가졌다. 밥이 분석적이고, 모든 것이 균형을 이루는 각도에서 접근한다면, 나는 본능적이고 직감적인 각도에서 접근했다. 그러나 우리는 항상 같은 결론에 도달했다. 밥은 문제를 다룰 때, 정보를 소화하고 흔들어서 완전히 다른 방식으로 다시 조합했으며 그것을 지켜보는 것은 놀라웠다. 루빅 큐브(Rubik's Cube)[40]가 나왔고 밥이 10분 만에 문제를 풀었을 때 아무도 놀라지 않았다.

밥은 예리하고 내성적이며 자기 비하적 유머 감각을 지닌 기발한 사람이었다. 그는 다소 조용한 편이었지만 다른 사람들이 한 문단으로 말해야

---

[40] 루빅 큐브(Rubik's Cube) - 여러 색깔이 칠해진 사각형으로 구성된 정육면체의 각 면을 동일한 색깔로 맞추는 퍼즐 장난감

하는 것을 한 문장으로 표현할 수 있었다.

밥은 파트너십의 첫 2년 동안 리노에서 근무하며 그곳에서 자산을 관리했다. 밥이 그곳에 있는 동안 엔지니어 노조가 우리 건물 중 한 곳을 노조화하려고 시도했다. 그 건물에는 13명의 직원이 있었고 밥은 그의 성격답게 직원 한 명 한 명을 개인적으로 알고 있었다. 노조 투표는 어느 날 오후 3시에 예정되어 있었다. 밥은 1시에 내게 전화를 걸어 투표가 '기정사실(fait accompli)'[41]이라고 말했다. 직원 중 아무도 노조에 투표하지 않을 예정이었다. 두 시간 후 밥이 다시 전화를 걸어 우리가 만장일치로 투표에서 패배했다고 말했다. 그 일은 우리 둘에게 결코 잊지 못할 교훈이 되었으며 이후 그 일에 대해서 자주 언급했다. **거래는 완전히 끝날 때까지 끝난 게 아니다.**

1971년 밥이 시카고로 돌아왔을 때, 우리는 사우스 라살 10번가(10 South LaSalle)에 있는 더 큰 사무실로 이사했다. 그때가 우리 투자 회사인 에쿼티 그룹 인베스트먼트(Equity Group Investment, 줄여서 EGI)의 실질적인 성장이 시작된 때였다. 그리고 EGI는 훗날 우리가 개발하게 될 더 광범위한 '에쿼티(Equity)' 브랜드의 기반이 되었다. 오늘날 에쿼티 브랜드는 각각 수십억 달러의 자산을 운용하는 6개 회사에 적용된다. 1970년대 초반에는 직원이 10여 명에 불과했다. 그 중심에 나와 밥, 회계사인 아트 그린버그(Art Greenberg) 그리고 내부 감사인 게리 스펙터(Gerry Spector)가 있었다.

처음부터 밥과 나는 성과주의 문화를 만들어야 한다고 믿었다. EGI는 투명성, 진취성, 창의성, 신뢰 및 이해관계의 조율을 바탕으로 기업가적

---

**41** 기정사실(fait accompli) - 앞으로 예상되는 일을 이미 결정되었거나 확정된 일로 간주하는 것을 말한다.

성격을 가지고 있다. 우리는 직원들에게 편히 살 수 있을 만큼 충분한 급여를 지급했지만 모든 수익은 투자 참여에서 발생했다. 직원들이 실제로 버는 돈은 급여가 아니라 각 거래에서 벌어들인 이익의 일정 비율인 거래 잔여금으로부터 나왔다. 우리는 프로젝트를 가리지 않았으며, 보상은 거래당 할당된 투자 금액이 아닌 각 해의 성과가 기준이었다. 사실상 팀원 모두가 다른 사람들 거래에 한 몫씩 참여했기 때문에 내부적으로 건전한 수준의 가벼운 경쟁이 있었지만 모두가 다른 사람들의 거래가 성공할 수 있도록 최선을 다했다. 이 기본 원칙은 수십 년 동안 변한 적이 없다.

밥과 나는 우리 회사의 트레이드마크가 된 EGI의 독특한 문화를 만들었다. 우리는 모든 가식을 버리고 1970년대에 경직된 금융 세계에서는 전례가 없었던 캐주얼 복장 근무 정책을 수립했다. 우리는 비즈니스 캐주얼을 발명했다. 우리는 우스꽝스럽게 옷을 입고 일을 잘하면 괴짜라고 생각했다. 하지만 우스꽝스럽게 옷을 입고 일을 그저 그렇게 한다면 얼간이인 것이다. 우리는 규칙을 따르지 않고도 뛰어날 수 있다는 것을 모두에게 보여 주기로 결심했다.

밥은 나만큼이나 인습 타파적이었다. 그는 길고 미친 듯이 물결치는 곱슬거리는 빨간 머리에, 이마가 훤히 드러나는 헤어라인, 긴 구레나룻, 덥수룩한 핸들바 콧수염과 턱수염을 기르고 있었다. 마치 손가락을 전등 소켓에 꽂은 것처럼 보였다. 그는 거의 매일 같은 리바이스 청바지, 큰 은색 마리화나 잎 벨트 버클이 달린 벨트, 같은 체크 셔츠, 같은 치페와(Chippewa) 부츠를 신었다. 겨울에는 플란넬 셔츠, 여름에는 면 셔츠를 입는 것이 유일한 변화였다. 밥은 실제로 한 번에 이 옷들을 5개에서 10개씩 대량으로 구입했는데, 그중 하나가 단종될까 봐 걱정했기 때문이다. 그리고 각 옷의 라벨에 검은색 세탁용 펜으로 구입 날짜를 기록했다. 밥의 아들 제시가 5살쯤 되었을 때 반에서 단어를 배우고 있었는데 선생님이 정장 차림의 남자 사진을 들어 보이자 제시가 그게 뭔지 몰랐다고 말하곤 했다. 물론 내가 입은 옷도 전통적이지 않았다. 나는 청바지와 폴리에스테르 소재의 거칠고 대담한 색상 패턴의 버튼다운 디스코 셔츠를 좋아했고 전체 컬렉션을 가지고 있었다. 특별한 날에는 빨간색 가죽 점프슈트를 입기도 했다.

당시에는 우리에 대해 들어 본 사람이 거의 없었다. 1973년 휴스턴에서 대형 아파트 프로젝트를 인수했을 때 밥은 직접 휴스턴으로 가서 100만 달러 송금을 받고 거래를 성사시켜야 했다. 나는 시카고의 은행원에게 전화를 걸어 말했다. "우리 회사 계좌로 송금하고 루리가 돈을 찾을 거예요. 휴스턴에 있는 은행원에게 해야 될 일을 미리 알려 주는 것이 좋을 겁니다. 만약 그 은행원이 준비가 되지 않은 상태에서 밥이 나타나면 이 거래는 성사되지 않을 거예요. 은행의 그 누구도 그가 합법적으로 100만 달러를 받으러 왔다고 믿지 않을 겁니다. 밥이 격자무늬 셔츠에 청바지를 입고, 부츠를 신고 있을 것이며 머리는 매우 거칠고 붉은색이라고 말해 주세요."

시카고의 은행원은 휴스턴에 있는 거래처에 전화를 걸었고 100만 달러를 송금했다. 밥이 휴스턴 은행에 걸어 들어갔을 때 부사장은 바로 달려와 "안녕하세요, 루리 씨!"라고 인사했다.

당황한 밥은 그를 쳐다보며 "내가 누군지 어떻게 알았죠?"라고 물었다.

은행원은 "글쎄요. 조가 전화해서 당신이 컬러풀한 캐릭터라고 말하는데, 당신이 여기에 들어온 첫 번째 컬러풀한 캐릭터예요!"라고 대답했다.

우리는 우리 복장이나 거래만큼이나 사무실 공간을 파격적으로 디자인했다. 메인 공간 벽에는 엄청나게 밝은 노란색과 다른 색상의 뮐러 벽지를 사용했다. 내 사무실은 밝은 빨간색이었다. 내 변호사 중 한 명이자 오랜 친구인 하워드 워커가 사무실에 방문했을 때 마치 과즙이 많은 과

일 포장지 안으로 걸어 들어가는 것 같다고 말한 적이 있다. 파트너와 투자자들은 우리 사무실을 '와일드 웨스트'라고 불렀다. 두 자릿수 또는 세 자릿수 수익률을 달성했던 것과는 상반되는 재미있고 색다른 분위기 때문에 그들은 우리 사무실에서 만나는 것을 좋아했다.

우리 책상은 모두 서로 가까이 붙어 있었고 아무도 문을 닫지 않았다. 그리고 항상 롤링 스톤즈, 비틀스, 마마스 앤 파파스, 피프스 디멘션의 음악이 흘러나왔다. (오늘도 우리 사무실로 전화하면, 통화 연결음으로 비틀스의 음악을 들을 수 있다.) 누군가가 필요할 때 그냥 소리를 지르곤 했다. "그린버그, 들어와!" 또는 "스펙터!" 또는 누구든지 말이다. 직원들은 사무실에 앉아 대화를 이어 가면서 옆방에서 들려오는 반대 의견에 대해 말해야 할 때면 불안해하곤 했다. 하지만 이것이 사무실의 분위기가 어떤지를 보여 주었다.

회사에서 밥은 보통 이성적인 의견을 냈다. 그는 '미스터 인사이드', 내부 운영자였고, 나는 '미스터 아웃사이드', 세일즈맨이었다. 나는 낙천주의자였고 밥은 비관론자였는데 물론 내가 비관주의자가 되면 그는 천성적으로 반대 입장을 취할 수밖에 없었다.

그는 "내 직업이 여기에서 무엇인지 알아? 'No'라고 말하는 거야"라고 말하곤 했다. 강조하자면 그의 사무실 벽에는 물결 모양의 화살표가 한 지점으로 내려오는 재스퍼 존스 석판화[42]가 걸려 있었고 그 아래에는 "No"라는 글귀가 적혀 있었다. 때때로 내가 새로운 기회에 열광하고 뛰어들 준비가 된 채로 밥의 사무실로 달려가면 밥은 풍선에 큰 핀을 꽂아 터트렸다. 그러면 나는 그냥 다음 아이디어로 넘어갔다. 직원들은 밥을 우리 가족의 어머니 같고 나는 아버지 같다고 말하곤 했다.

밥은 냅킨과 낙서장에 거래 구조와 기타 메모를 적는 것으로 유명했다.

---

[42] 재스퍼 존스(Jasper Johns) - 팝아트로 유명한 미국의 화가, 판화가

누군가가 질문을 하면 그 종이를 모두 꺼내서 뒤적거리며 답을 읽어 내려가곤 했다. 그는 어떻게든 항상 그것들을 함께 보관했고, 자신이 찾고자 하는 것을 어디서 찾는지 알고 있었다.

밥은 극도로 검소했으며, 우리 사업의 모든 부분을 동전 한 닢도 빠지지 않고 세심하게 살폈다. 밥은 재사용할 수 있는 모든 것을 끊임없이 찾아다녔다. 그는 누군가의 사무실에 들어가 이야기를 나누다가도 아무렇지도 않게 그 사람의 쓰레기통을 뒤지곤 했다. 그는 아무렇지도 않은 듯 대화를 계속하면서 종이 클립이 붙어 있는 서류 더미를 꺼내곤 했다. 그리고 종이 클립을 뽑아서 직원에게 다시 건네주고 대화를 마친 후 밖으로 나갔다.

밥은 또한 아주 아주 유머 감각이 뛰어나고 웃음이 많은 사람이었다. 그에게 세상은 그저 행복한 곳이었다. 그의 키는 5피트 7인치(170cm)였고 우리는 누가 더 키가 큰지에 대해 농담을 하곤 했다. 한번은 대규모 합병이 진행 중일 때, 계약서에 "이 문제는 키가 너 큰 사람이 해결한다"라는 문구를 추가했다. 거래에 참여한 그 누구도 그것을 눈치채지 못했다. 물론 나도 몰랐다. 어디를 살펴봐야 하는지도 전혀 몰랐다. 사실 나는 한 번도 계약서를 제대로 읽어 본 적이 없다. 반면에 밥은 모든 서류와 단어 하나하나를 꼼꼼히 읽었다.

밥은 자주 사무실에서 장난을 치기도 했다. 그가 가장 좋아하는 대상 중 한 명은 젊은 회계사인 아트 그린버그였다. 아트는 매우 진지하고 엄격한 사람이었기 때문에 그를 놀리는 것은 재미있었다. 어느 해 우리가 직원들에게 보너스를 나눠 줄 때, 아트에게 5,000달러의 현금 보너스를 주었다. 밥은 그 돈을 모두 잠긴 서류 가방에 넣어서 그에게 건네주었다. 비밀번호도 없이 말이다.

한 번씩 우리는 장난을 사무실 안에만 가둬 둘 수 없었다. 우리의 첫 직원 중 한 명은 에일린 블롬퀴스트(Eileen Blomquist)였다. 여러 재주를 가진 그녀는 실제 크기로 사람 모양의 인형을 만드는 예술가였다. 그녀는 밥의 더미 인형을 만들었고 우리는 밥이 오랫동안 자리를 비웠을 때 사무실 의자에 밥의 인형을 놓곤 했다. 내 요청에 따라 그녀는 1970년대에 우리가 한 많은 거래의 주요 대출기관이었던 콘티넨탈 은행의 수석 은행가 짐 하퍼의 더미 인형도 만들었다. 어느 해 짐의 생일에 우리는 그를 사무실 밖으로 내보내고, 그의 인형을 의자에 놓았다. 나는 짐이 돌아왔을 때 그의 반응을 볼 계획이었는데 내가 늦어서 그의 사무실로 들어갔을 때, 그의 더미 인형은 거기에 앉아 펜을 들고 책상 위의 종이에 몸을 기대고 있었다. 자세히 보기 위해 책상 쪽으로 걸어갔고 종이 위에는 "pay up(갚아라)"이라는 두 글자가 쓰여 있었다. 그렇게 짐은 마지막 승자가 되었다.

처음에 우리는 거의 모든 수익을 거래 잔여금에서 가져갔고 수수료도 거의 부과하지 않았다. 결국 남은 자본은 현금으로 전환되었고 우리는 그 돈을 사업에 재투자했다. 결과적으로 우리는 돈이 전혀 없었다. 정말 하나도 없었다. 자산은 풍부했지만 현금이 부족했다. 우리는 빈털터리로 회사를 운영했다. 어느 해에 우리는 마지막 자산을 팔아서 30,000달러의 횡재를 얻었고 곧바로 사무실용 스테레오 시스템을 구입했다.

우리는 70년대에 많은 부동산을 매입했는데 그중 많은 건물이 뉴욕의 알렌 리얼티(Arlen Realty)의 CEO인 아서 코헨(Arthur Cohen) 소유였다. 나는 1974년에 아서를 소개받았다. 4년 전, 아서는 세계 최대 부동산 회사의 CEO로서 《포춘(Fortune)》지 표지를 장식한 바 있었다. 그는 믿을 수 없을 정도로 똑똑하고 숫자에 집중했으며 뛰어난 거래자였지만 운영에는 전혀 관심이 없었다. 그 결과 그가 엄청난 거래들을 성사시키고 나면, 그 후에 그가 한 거래들은 필연적으로 망가졌다. 아서는 항상 보유 자산의 수익률 이상으로 레버리지(부채)를 활용했다. 그는 이 사실을 이해했지만 다음 시장 위기에서 대출을 재협상할 기회가 있을 때까지, 효과적으로 시간을 계속 벌고 있었던 것 같다. 알렌 리얼티는 역외(해외) 부동산 뮤추얼 펀드(offshore real estate mutual fund)를 인수했는데, 투자자들에게 일일 상환(daily redemption)을 제공하면서 장기 자산에 투자하는 고전적이면서도 수수께끼 같은 펀드였다. 시장이 불가피하게 약세를 보였을 때 이러한 상환으로 인해 알렌 리얼티는 현금에 대한 엄청난 압박을 받게 되었다.

아서를 만났을 때 나는 그의 복잡한 세계에 놀랐다. 나는 그렇게나 많은 거래를 에너지와 기교로 처리하는 사람을 본 적이 없다. 하지만 그는 한 거래에서 다음 거래로 그저 급한 불을 끄는 것처럼 보였다. 아서에게 현금에 대한 필요성은 중요하면서도 시급했다. 밥과 내가 '총알(현금)'이 풍부하고 신속한 결정을 내릴 수 있었기 때문에 아서와 거래를 성사시키는 데 유리한 위치에 있었다. 아서와의 거래를 통해 나는 속도와 확실성의 가치를 알게 되었고 결국 우리는 이 강력한 조합을 바탕으로 거래를 성사시키며 명성을 얻게 되었다. 심지어 최고가를 제시하지 않을 때에도 말이다.

그래서 밥과 나는 알렌 부동산의 포트폴리오에 있는 많은 건물들의 구조조정과 인수에 참여했고, 그 과정에서 다른 건물들에 대한 조언도 제공했다. 약 4년 동안 나는 거의 매주 화요일 아침 뉴욕 올림피아 센터에 있는 아서의 아파트에서 아침 식사를 하며, 우리가 발굴하고 매입하려는 거래들을 검토했다. 이 경험은 이후 수년 동안 내가 부동산에 대해 생각하는 방식을 형성하는 데 큰 도움이 되었다. 가장 중요한 교훈 중 하나는 '**선택성의 가치**(value of optionality)'였다. 아서는 선택의 왕이었다. 아서가 결정을 미루는 시간이 길수록 선택의 자유를 더 오래 유지할 수 있는 경우가 많았다.

**내 사업은** 아주 잘되고 있었다. 1976년까지는 말이다. 그로부터 몇 년 전 우리는 리노에 있는 고층 호텔과 아파트 단지를 인수했다. 1년 넘게 협상이 진행되었는데 내가 지불하려는 가격과 소유주가 세후 기준으로 매각하려는 가격에 상당한 차이가 있다는 점이 걸림돌이었다. 그는 "내가 계산해 봤는데 세금이 너무 많이 나와서 팔 마음이 없어요"라고 말했다.

나는 어떻게든 거래를 성사시킬 방법을 찾아야겠다고 결심했고 매형인 로저가 대표로 있는 로펌에 거래를 맡겼다. 하버드 출신 변호사인 로저는 흠잡을 데 없는 명성을 가졌고 세금 관련 부동산 거래에 대해서 내가 항상 찾게 되는 사람이었다. 로저의 동료 중 한 명인 또 다른 파트너 변호사가 복잡한 세금 구조를 만들어 냈고, 로저는 그에 따라 계약서를 작성하는 서기 역할을 했다. 나는 그 거래가 현명하다고 생각했고 합법적이지 않을 수 있다는 생각은 전혀 들지 않았다. 우리는 거래를 성사시켰고 모두가 만족했다.

그러고 나서 몇 년 후 나도 모르는 사이에 로저의 로펌이 리노 거래로 인해 IRS의 광범위한 조사 대상이 되었다. 내 거래는 IRS가 로펌을 대상으로 조사하는 관련 없는 일들에 휘말리게 되었다. 조사(inquiry)는 1년 반 동안 계속되었고 1976년에 수사(investigation)로 바뀌었다. 나는 리노에 '초대'되었고 IRS에서 대배심이 소집되었다는 말을 들었다.

리노에서 만난 IRS 조사관은 대배심에서 무슨 말을 할 것인지 물어봤다. 나는 그에게 거래가 어떻게 진행되었는지 설명했다. 그는 나를 딱딱한 표정으로 쳐다보고는 이렇게 말했다. "이 사람[로저의 파트너]을 매장하는 것을 도와주지 않는다면 우리는 당신에게 무혐의 처분을 내리지 않을 겁니다."

나는 그곳에 앉아 있던 시간을 절대 잊지 못할 것이다. 밤 5시쯤 되었고 어두워지고 있었다. 매우 외로운 느낌이 들었다. 하지만 IRS 조사관에게 말했다. "이봐요. 전 사실대로 말했어요. 나는 거짓말을 하거나 당신을 위해 이야기를 만들어 내지 않을 겁니다. 나는 그저 세무 변호사에게 의지한 거래 당사자일 뿐입니다."

그는 "그럼 당신을 기소할 겁니다"라고 대답했다. 그리고 IRS는 나와 로저를 포함한 로펌 소속 변호사 3명을 기소했다.

나는 직접 변호사를 고용했고, 리노에서 IRS가 젊은 부동산업자가 아니라 내 변호사를 상대하게 되자 IRS의 압박이 달라졌다. 그들은 이렇게 말했다. "당신이 증인석에 서서 진실을 말하면 재판이 끝난 후 당신을 기각할 것입니다." 그리고 실제로 그렇게 되었다.

나는 로저를 지지하기 위해 법정에 앉았다. 재판이 어떻게 진행될지는 몰랐지만 증거가 제시될 때 배심원들의 얼굴이 기억난다. 배심원들은 정부 편을 드는 것 같았고 누군가에게 대가를 치르게 할 것이라는 확신이 점점 더 커졌다. 문제는 누가 그리고 얼마나 대가를 치러야 하느냐는 것이었다. 나는 개인적으로 곤경에서 벗어났다는 사실에 안도했지만 가족과 나는 로저에 대해 걱정이 많았다. 평결이 내려졌을 때 그것은 최악의 소식이었다. IRS가 원래 쫓던 변호사(거래의 설계자)는 무죄를 선고받았지만 서류를 작성한 로저는 유죄 판결을 받았다. 그 일은 정의롭지 않다고 느껴졌다. 우리는 함께 힘을 합쳐 극복하고 그 시기를 넘겼으며 로저와 나는 지금도 여전히 돈독한 관계를 유지하고 있다. 하지만 내게 그 시기는 암울했다.

그 일은 내게 여전히 일부 영향이 있었다. 내가 무혐의 처분을 받았다는 것은 중요하지 않았다. 내 기록에는 내가 기소되었다는 오점이 남아 있었다. 그 문제가 처음으로 다시 나타난 것은 1960년대에 나의 첫 번째 기관투자자 파트너였던 노스웨스턴 뮤추얼 라이프 인슈런스 컴퍼니

(Northwestern Mutual Life Insurance Company)에서 자금을 제공받을 때였다. 우리는 훌륭한 관계를 맺고 있었지만 그들에게는 몇 가지 우려 사항이 있었다. 그들은 내 변호사와 나를 초대하여 상황을 설명해 달라고 요청했다. 내 변호사가 기소에 대해 설명할 때 사용한 정확한 비유가 기억난다. "샘은 기차역에서 서서 기차를 기다리고 있었습니다. 기차가 들어와서 멈추지 않고 모든 사람을 선로 아래로 빨아들였죠." 노스웨스턴은 이를 확인한 후 거래를 진행했다.

다음 문제는 그해 말 은행으로부터 부실 자산을 매입하려던 또 다른 거래에서 발생했다. 은행은 기소 사실 때문에 내게 자금을 지원하고 자산을 매각할 수 없다고 말했다. 그래서 내 초기 투자자 중 한 명인 어빙 해리스(Irving Harris)가 나서서 거래를 보증했다. 그런 의리와 신뢰는 내게 매우 의미 있는 일이었고, 지인들이 나를 어떻게 평가하는지 보여 주는 기준이 되었다. **홈런을 치는 사람을 지원하는 것은 쉽다. 하지만 자신의 평판을 위험에 빠뜨리며 어떤 부정적인 일에 연루된 사람을 공개적으로 신뢰한다고 말하는 것은 그리 쉬운 일이 아니다.** 나는 과거에 나와 거래했던 사람들로부터 그런 지원을 여러 번 받았다. 그들은 나를 알고 내가 어떻게 일하는지를 알고 있었다. 이 모든 일은 아버지의 말을 빌리면 '셈 토브(shem tov)'의 남자, 즉 좋은 평판을 지닌 남자가 되는 것이 얼마나 중요한지를 다시금 깨우치게 했다.

우리의 사업 범위가 넓어짐에 따라 우리의 모든 문제를 감독하기 위해 완전히 신뢰할 수 있는 사내 변호사를 고용해야 한다는 것을 깨달았다. 나는 화이트 슈 로펌[43]에서 파트너로 이름을 날리던 젊은 여자 변호사 셸

---

**43** 화이트 슈 로펌(white shoe law firm) - 아이비리그 대학을 졸업한 상류층 엘리트로 구성되고 오랜 역사와 전통을 가진 로펌을 말한다. 흰색 더비 구두를 즐겨 신고 사회적으로 야심 있는 백인 남성들이 일한다는 이미지가 강해서 '화이트 슈'라고 불린다.

리 로젠버그를 목표로 삼았다. 셸리는 법률 부분에서 최고의 위치에 오른 최초의 여성들 중 한 명이었다. 그녀는 꽤 터프한 것이 틀림없었다. 하지만 내가 격식 있는 그녀의 사무실에 라임 그린 색깔의 점프 슈트를 입고 갔을 때, 셸리는 공포를 감추지 못했다. 그녀는 나를 딱 잘라 거절했다. 그녀의 남편이 그녀를 고용하는 것에 반대하는 것도 도움이 되지 않았다. 우리 사무실은 소란스럽기로 유명했다. 우리는 우스꽝스럽게 옷을 입었고 록 음악이 흘러나오고 있었고 느슨한 환경이었다. 남편은 셸리의 명성을 걱정했다.

그래도 포기하지 않았다. 셸리를 설득하는 데 8개월이 걸렸고 그 후 그녀는 20년 동안 우리 회사에서 일했다. 셸리는 전형적인 변호사가 아니었다. 알고 보니 그녀도 거래하는 것을 좋아했다. 셸리는 에너지와 위험을 감수하는 것을 사랑했으며 우리와 아주 잘 맞았다. 그녀는 똑똑했을 뿐만 아니라 성실하고 명예 있는 사람이었다. 셸리는 사무실의 어머니가 되었고 직원들의 멘토가 뇌었다. 사람들이 문제가 생기면 셸리를 찾았다. 여러 면에서 셸리는 사무실의 윤리강령을 유지하는 사람이 되었다.

궁극적으로 우리는 법률 업무의 속도와 효율성을 더 잘 컨트롤할 수 있는 사내 법무팀을 만들었고 결국 이 부서는 30명 이상의 변호사로 커졌다. 그러나 1990년대 들어 여러 기업공개(IPO)를 통해 사모 자산 포트폴리오를 수익화하기 시작했을 때, 이해관계 충돌 가능성이 제기되어 사내 법무팀을 해체하기로 결정했다.

밥이 세상을 떠나고, 셸리가 입사한 지 약 10년 후, 나는 그녀를 CEO로 임명했다. 당시 금융권에서 여성 CEO들이 몇 명이나 있었는지는 모르겠지만 그리 많지는 않았을 것이다.

**청렴함은 단순히 법을 준수하는 것만이 아니다. 사람들을 대하는 태도, 공정하고 투명하게 업무를 처리하는 것, 그리고 당연히 약속을 지키는 것이다.** 나는 약자를 괴롭히는 사람들, 모욕적이고 비겁한 사람들 또는 수동적 공격성이 있는 사람들을 참을 수 없다. 그리고 내가 그런 사람들을 만나면 대개 결과가 따른다. 어느 날 콘티넨탈 은행으로부터 우리에게 대출을 해 주기로 한 새로운 약속에 대한 전화를 받았다. 그들은 우리가 신규 대출을 받을 경우 한 대출자(법인)가 받을 수 있는 법적 대출 한도를 초과할 것이라는 사실을 알게 되었고 우리가 받은 기존 대출 중 하나를 다른 은행에 맡길 수 있는지 물었다. 나는 케미컬 뱅크의 대출 담당자 팀 캘러핸(Tim Callahan)에게 전화를 걸었고 그는 우리가 보유한 다른 자산 중 하나에 대한 자금을 제공하기로 동의했다. 팀은 케미컬 뱅크의 외부 변호사에게 나와 콘티넨탈 간의 다른 거래가 지연되지 않도록 최대한 빨리 거래를 클로징(마감)해야 한다고 당부했다.

우리가 거래 절차를 시작하자마자 케미컬 뱅크의 변호사는 난동을 부리기 시작했다. 그의 행동은 터무니없었다. 그는 오만하고 비타협적이며 응답이 느렸고 셸리와 우리 직원들 그리고 나에게 욕설을 퍼부었다. 그는 실제로 거래를 마감시키는 것보다 자신의 수임료를 높이는 데 더 관심이 있는 것 같았다.

그 변호사가 개입하기 전 케미컬 뱅크가 인수하려고 했던 대출은 불과 60일 전에 콘티넨탈 은행과 체결이 완료된 상태였다. 우리는 모든 소유권 이전 등기 작업과 기타 사항들을 검토했고 팀은 승인했다. 하지만 새 변호사는 모든 서류를 다시 작성할 것을 요구했다. 누구든 감당할 수 있었던 셸리도 내게 와서 "이 사람은 도저히 안 되겠어요"라고 말했다. 유감스럽게도 내 대답은 우리가 거래를 마감해야 했기 때문에 그의 학대를 받아들여야 한다는 것이었다.

마침내 모든 서류를 완료했을 때 변호사로부터 마감 전에 그의 수임료를 지불하라는 요구를 받았다. 본질적으로 그는 클로징을 인질로 잡고 있었던 것이다. 도가 지나친 요구였기 때문에 우리는 그것을 거절했다. 어쨌든 거래는 마감되었다.

3주 후에 대출 서류를 검토하던 내부 회계 담당자로부터 전화를 받았다. 그는 복잡한 공식으로 이자율을 계산하고 있었는데 계약서에 명시된 금리는 우리가 케미컬 뱅크에 지불하기로 합의한 금리인 우대금리보다 1포인트(1%) 높은 이자율이 아닌 우대금리와 동등한 이자율이라고 말했다.[44][45]

그래서 팀에게 전화를 걸어 "서류에 오류가 있으니 수정하고 싶어요. 저는 우대금리보다 1포인트 높은 이자율에 동의했고 그 이자율을 지불할 겁니다. 하지만 다음 시나리오를 상상해 보세요. 두 당사자가 거래에 합의하고 계약서를 작성합니다. A 측은 이미 승인된 문서를 다시 작성해야 한다고 주장하는 변호사를 고용하고 B 측에게 힘든 상황을 유발하며 욕설을 퍼붓고 오만하게 굴며 클로징을 방해하죠. 그러자 B 측은 이 골치 아픈 변호사가 자신의 고객에게 불리한 언어로 작성되어 재작성을 요구한 서류를 엉망으로 만든 사실을 알게 됩니다. 물론 B 측은 옳은 일을 하고 거래 파트너인 A 측에게 이 사실을 알리고 이전에 합의한 이자율을 재확인합니다. 하지만 이제 그 대가로 당신의 도움을 받고 싶습니다."

나는 팀에게 그 변호사에게 전화를 걸어 케미컬 뱅크에서 실수를 발견했으며 최대한 빨리 그것을 수정해야 한다고 전해 달라고 요청했다. 그러자 변호사는 셸리에게 전화해서 계약서에 오자로 인해 약간의 문제가 발생했고 내가 서명할 수 있도록 수정본을 보내겠다고 말했다.

---

[44] 우대금리(prime rate) - 은행이 가장 안전한 기업 대출자에게 부과하는 금리
[45] 은행업에서 포인트는 모기지 대출 또는 그 외 대출과 우대금리의 퍼센트 차이를 나타낸다. 예를 들어 은행이 제공하는 대출의 금리가 우대금리보다 3포인트 높은 금리로 약정서에 명시된 경우, 현재 우대금리가 3.5%라면 대출 금리는 6.5%인 것이다.

변호사가 전화를 걸어올 거라 예상한 셸리는 "잘 모르겠어요. 샘은 당신이 거래를 처리하는 방식과 사람들을 대하는 태도에 대해 화가 났어요. 샘이 서명할지는 모르겠지만 노력해 보겠습니다"라고 말했다.

변호사는 분노했다. "말도 안 되는 소리! 당연히 그는 서명할 겁니다."

그는 수정 계약서를 보냈고 우리는 아무것도 하지 않았다.

일주일 후 변호사는 셸리에게 전화했다.

그녀는 "내가 노력해 봤지만 샘이 화가 머리끝까지 났어요. 사인하지 않겠다고 하더군요"라고 말했다.

변호사는 그 말을 믿을 수 없었다. "말도 안 되는군요. 그에게 서명해야 한다고 전해요."

그러고 나서 나는 케미컬 뱅크의 팀에게 전화를 걸어 변호사에게 전화해서 수정 계약서가 어떻게 되어 가는지 문의해 달라고 부탁했다. 그리고 팀은 그렇게 했다. 그러자 변호사는 셸리에게 다시 전화를 걸었다. 갑자기 그의 태도는 회유적으로 바뀌었다. 그는 직업적 예의를 표하고 협조를 구하기 시작했다.

일주일이 더 지나고 나서 팀은 내게 전화를 걸어 가상의 질문을 했다. "올가미에 머리가 묶인 채 비계 위에 있는 남자가 있다고 칩시다. 뚜껑이 열린 후 얼마나 빨리 밧줄을 자를 수 있습니까?"

나는 웃고 그의 말뜻을 이해했다. 변호사가 발버둥 치는 것을 멈춰야 할 때였다. 나는 "알았어요. 하지만 한 가지 더 하고 싶은 게 있어요"라고 말했다.

셸리는 변호사에게 전화를 걸어 "샘이 두 가지 요구 사항을 조건으로 수정 계약서에 서명하기로 동의했습니다. 변호사 수임료 면제와 당신의 행동에 대한 로펌의 사과 편지입니다." 변호사는 마지못해 이를 수락하고 서명했다.

3주 후 그 변호사가 속한 로펌의 선임 파트너가 나와의 만남을 요청했다. 우리는 아침 식사를 하면서 그는 자신의 직원이 권한 없이 수임료 면제 조항을 작성했으며 그런 종류의 과실은 로펌에서 있을 수 없는 일이라고 말했다.

나는 그 편지 사본을 공유하지 않겠다고 약속했고 그 후로 누구와도 그 편지를 공유하지 않았다. 하지만 그것은 내게 좋은 이야깃거리를 남겼다.

# CHAPTER 4

## 그레이브 댄서
The Grave Dancer

CHAPTER 4

**우리는** 사업을 즐겁게 정말 잘하고 있었다. 사업의 기본은 간단하다는 것을 깨달았다. 그것은 주로 위험에 관한 것이다. 만약 업사이드(잠재적 수익)가 크고 다운사이드(잠재적 손실)가 작다면 거래를 해야 한다. 항상 감수하는 위험에 대한 보상을 받고 있는지 확인하고, 잃어선 안 되는 것을 절대로 위험에 빠뜨리지 말아야 한다. 단순하게 유지해라. 한 단계가 아닌 네 단계를 거치는 시나리오는 실패할 기회가 세 번 더 있다는 것을 뜻한다.

나는 가끔 '경제학원론: 수요와 공급' 수업 시간에 처음 들어갔을 때 칠판에 적혀 있던 내용으로 되돌아가곤 했다. 그리고 지금도 그렇다. 사실 내 커리어의 대부분은 부동산, 석유 및 가스, 제조업 또는 그 밖의 모든 분야에서 이 기본 원칙을 이해하고 행동하는 것이었다. 기회는 종종 수요와 공급의 불균형 속에 내재되어 있다. 그것은 공급의 정체 또는 감소로 인한 수요의 증가 혹은 수요의 정체로 인한 공급의 감소일 수 있다.

불균형이 있을 때는 두 선이 교차하는 곳을 보고 나서 매입 비용이 저렴한지 또는 건설 비용이 더 저렴한지를 결정한다. 일반적으로 답은 개발에 내재된 많은 위험을 제거하는 인수에 있다. 나는 대체원가[46] 이하로

---

**46** 대체원가(replacement cost) - 개인이나 기업에 필요한 특정 자산을 유사 자산으로 대체하기 위해 지출해야 하는 비용을 말한다. 투자의 맥락에서 대체원가는 투자의 잠재적 이익 또는 손실을 평가하는 데에도 사용된다. 자산을 매입한 후 대체원가가 증가하였다면 매입한 자산의 가치가 상승하여 매각 시 수익으로 이어질 수 있음을 뜻한다. 반대로 대체원가가 감소했다면 자산의 가치가 하락하여 매각 시 손실이 발생할 수 있음을 나타낸다.

투자를 함으로써 경쟁 우위를 창출하는 것을 좋아한다.

수요와 공급의 기본 원칙에 대한 나의 헌신은 내 별명인 '그레이브 댄서(Grave Dancer)'로 의도치 않게 이어졌다. 그 배경에 대해서 설명하겠다.

1970년대 초 고성장과 소도시들에 초점을 맞춘 내 투자 논거는 자연스럽게 사라졌다. 투자 커뮤니티 전체가 이 아이디어를 파악하고 있었고, 이 도시들은 새로운 경쟁 자본을 끌어들여 캡레이트[47]를 낮추고 부동산 가격을 더욱 비싸게 만들었다. 이에 대한 단기적인 대응책으로 나는 기존 자산의 매입에서 신규 부동산 개발에 필요한 자금 지원으로 사업 방향을 전환했다. 디벨로퍼로서 프로젝트의 모든 위험을 감수하는 것과 달리, 측정 가능한 이정표[48]를 바탕으로 단계적으로 자본금을 제공했다.

나는 디벨로퍼가 삽을 땅에 놓기 전에 그의 파트너가 되었다. 공사가 완료된 후, 담보 대출에서 추가로 약정된 금액을 디벨로퍼에게 지급하여 자산을 컨트롤(지분을 취득)했다. 나는 공사가 시작했을 때 그리고 공사 완료 후 일정 금액을 각각 지불했고, 디벨로퍼가 대략 80%의 입주율[49]을 달성했을 때 나머지를 지불했다. 나는 세금 혜택이 최대한 생성되도록 거래를 구성한 다음, 자산의 잔여 지분에 자금을 조달받아 안정적인 수익을 얻었다.

1973년 상업용 부동산의 수요와 공급 균형이 깨지고 있다는 사실을 깨닫기 시작했다. 그 전조가 된 것은 플로리다 올랜도의 우리 아파트 건물인 카피스트라노(Capistrano)였다. 그 건물은 정말 아름다운 호숫가 프

---

[47] 캡레이트(Cap Rate) - 부동산 기대 소득에 근거한 수익률, 즉 부동산 임대소득을 해당 부동산 자산의 매입 가격으로 나눈 수익률을 말한다.
[48] 이정표 또는 마일스톤(milestone) - 프로젝트 성공을 위해 반드시 거쳐야 하는 중요한 지점을 말한다.
[49] 입주율(occupancy rate) - 이용 가능한 전체 공간 대비 임대되고 있는 공간을 뜻한다.

로젝트였다. 우리는 1971년에 아파트 건물을 완공했고 1년 안에 완전히 입주가 완료되었다. 그러나 1973년 중반까지 그 부지 주변에 건설 중인 아파트 건물이 무려 6채나 있었다. 디즈니월드는 확장을 계획하고 있었으며, 이 지역에서 다가구 주택의 성장 전망은 천문학적이었다. 그때 나는 우리가 최고의 프로젝트를 가지고 있는지는 중요하지 않다는 것을 깨달았다. 공급이 너무 많았기 때문이다. 공간과 임대료에 대한 대폭적인 할인은 불가피했고 우리는 다른 모두와 함께 고통을 겪을 수밖에 없었다. 나는 이 논리를 테스트하기 위해 다른 지역으로 눈을 돌렸고, 아니나 다를까 미국 전역에서 동일한 시나리오가 벌어지고 있음을 확인했다. 부동산 업계는 건축 광풍에 휩싸였으며, 가격은 천정부지였다. 끝이 좋지 않을 것 같았다.

시장은 1970년대 초기 부동산 업계에 유입된 막대한 양의 신규 자금의 영향을 보여 주기 시작했다. 첫 번째로 부동산 전담 대출기관들이 있다. 각 은행이나 보험 회사는 정해진 금액, 예를 들어 50억 달러를 대출 자본으로 하여 한 해를 시작한다. 은행이나 보험 회사 지점은 채권에 일정 금액, 주식에 일정 금액 그리고 부동산에 일정 금액을 할당했다. 그리고 연말에 각 부서가 할당 금액을 모두 투자하지 않을 경우, 남은 자본금을 모기업에 반환해야 한다는 규칙이 있었다. 당연히 해당 부서들은 아무 것도 반환하지 않았다. 따라서 1970년대의 대출기관들은 인플레이션보다 훨씬 낮은 액면 금리로 대출을 제공하는 경우가 많았다. 그들은 시장 점유율과 직원 유지를 이유로 이를 정당화했다. 전형적인 제도적, 관료적 사고방식이었다.

초기 부동산 투자 신탁(REITs, 리츠)에서도 새로운 자금이 업계에 쏟아졌다. 1969년 짐 하퍼(Jim Harper)는 단기 상업용 건설 대출(short-term commercial construction loan)의 대안으로 리츠 구조를 활용하여 자금을 조달하는 아이디어를 생각해 냈다. 이로 인해 건설 리츠 산업은 3년 만에 10억 달러에서 210억 달러로 급격히 성장하며 대규모 부동산 개발에 박차를 가했다. 기관들은 미친 듯이 리츠를 발행했다. 이 모든 돈은 위험을 전혀 고려하지 않은 '이지머니'[50]였는데, 부동산 업계는 이에 대응하기는커녕, 수요를 창출할 수 있다는 전제에 매달렸다. 결과는 뻔했다. 과잉 공급은 손실로 이어졌고, 210억 달러 리츠시장은 불과 2년 만에 110억 달러로 폭락했다.

미국 부동산에 항상 존재해 왔던 치명적인 결함 중 하나는 개발 규모가 수요가 아닌 자금 가용성과 관련이 있다는 점이다.

건설 크레인이 모든 대도시의 지평선에 점령하고 있을 때 미국은 막 경기 침체로 접어들기 시작했다. 공급은 증가했는데 수요 전망은 좋지 않았다. 나는 우리가 엄청난 공급 과잉으로 향하고 있고 붕괴가 임박했다고 확신했다.

그때가 내가 '그만'이라고 말했을 때이다. 난 할 만큼 했다.

나는 자산 매입을 중단하고 자본을 축적하기 시작했고 지금껏 내 커리어에서 가장 큰 매수 기회가 될 것이라고 확신하며 다가올 일에 대해 준비했다. 나의 투자 논거는 향후 5년 동안 부실 부동산을 인수하여 큰돈을 벌 수 있는 기회를 갖게 된다는 생각이었다. 그래서 부실 자산에 집중하기 위해 부동산 관리 회사인 FPM(First Property Management Company)을 설립했다.

모두들 내가 제정신이 아니라고 생각했다. 입주율은 여전히 90% 이상

---

**50** 이지머니(easy money) - 금융 기관들이 막대한 유동성을 풀면서 금융비용이 낮아진 자금, 또는 속된 말로 아무런 경험이나 분석 없이 시장에 참여하는 시장 참여자들 또는 시장에 유입되는 투기성 자금을 '이지머니'라고 한다.

이었기 때문이다. 흡수율[51]이 높았고 회사들도 채용을 하고 있었다. 이 시기는 사람들로부터 이해할 수 없다는 말을 많이 들었던 시기 중 하나였다.

나는 듣지 않았다. 음악이 계속 흘러나오는 동안 그냥 옆으로 비켜섰다. 그것은 지금까지 내 커리어에서 감수한 위험 중 가장 큰 모험이었다. 그 당시에 많은 투자자들을 보유하고 있었기 때문이다. 만약 내가 포기하고 끝이 오지 않는다면 투자자들은 어떻게 생각을 할까? 그것은 내가 그들의 많은 업사이드(잠재적 수익)를 포기한다는 것을 의미할 것이다. 그것은 내 확신에 대한 진정한 시험이었다. 하지만 나는 수요와 공급의 논리를 따라야 했다.

결과적으로 내가 옳았다는 것이 밝혀졌다. 1년이 채 지나지 않은 1974년, 시장은 붕괴되었다. 정말 심하게 말이다. 하룻밤 사이에 우리는 자산을 달러당 50센트에 매입하고 있었다. 그 당시에는 금융 기관들이 시가 평가(mark to market)를 할 필요가 없었던 것이다. 즉 자산의 장부가액을 실제로 판매될 수 있는 시장가로 조정할 필요가 없었다. 만약 당신이 보험 회사를 운영하고, 자산을 시가로 평가하는 대신, 거래를 재구성함으로써 5년 내에 액면가 수준으로 회복할 수 있다고 생각한다면 장부에 손실을 입는 것을 피할 수 있을 것이다. 그래서 그들의 문제에 대한 해결책을 제시했다. 내게 그것은 기업가의 본질이다. **즉 문제를 인식하는 것뿐만 아니라 해결책을 제시하는 것이다.**

나는 각 부동산을 살펴보고 기존 현금흐름을 바탕으로 얼마나 많은 부

---

[51] 흡수율(absorption rate) - 부동산에서 흡수율이란 1년 또는 일정 기간 동안 시장에서 거래된 부동산 매물 거래량을 백분율로 나타낸 값을 말한다. 전통적으로 흡수율이 20% 또는 그 이상이면 빠른 시일에 주택이 매각되는 셀러스 마켓(Seller's market)으로 간주되며 반대로 흡수율이 15% 또는 그 이하인 경우 매각이 더딘 바이어스 마켓(Buyer's market)으로 간주된다. 셀러스 마켓은 집을 파는 사람이 주도권을 가지며 바이어스 마켓은 집을 사는 사람이 주도권을 갖는다.

채 상환을 감당할 수 있는지 계산했다. 금리를 낮춰 부채를 재구성하고, 부동산에 현금흐름의 제한보증[52]과 함께 1달러를 보증금으로 예치하여, 기관이 시장이 회복되기를 기다리는 동안 디폴트(채무불이행)에 빠지지 않도록 보증한 것이다.

예를 들어, 10년 만기 7% 이자의 대출이 있는 아파트 건물이 4% 이자로만 부채를 상환할 수 있다면 나는 새로 재구성된 대출이 정해진 기간 동안 채무불이행이 되지 않을 것을 대출기관에 보증했다. 시장의 수요 공급 균형이 회복되는 데 걸리는 시간은 3년이라고 생각했기 때문에, 3년 동안 발생할 수 있는 대손(대출손실)을 충당하여 대출을 유지할 것이라는 제한보증만 제공했으며, 사실상 자본을 투입하지 않았다. 대출기관들의 유일한 대안은 자산을 회수하는 것이었기 때문에 효과가 있었다. 그리고 이 일은 대출기관이 원치 않았던 경영권 인수를 의미했는데 그 이유는 대출기관이 모든 건물들을 관리할 수 있는 구조가 없었기 때문이다. 이 일을 우리가 한 것이다. 우린 준비되어 있었다. 공급과 매입 기회가 너무 많은 나머지 우리는 아파트에서 소매점과 오피스 빌딩으로 매입을 확장했다. 1974년과 1977년 사이에 우리는 1달러의 보증금과 희망증서[53]로 약 40억 달러의 자산을 사들였다.

일반적으로 내가 선택한 건물들은 몇 가지 공통분모가 있었다. 첫째, 대체원가보다 저렴하게 구입할 수 있어야 했다. 만약 내가 유닛당 매입가

---

[52] 제한보증 또는 제한부 보증장(limited guarantee) - 기업 인수에서 제한보증은 거래 당사자가 특정 의무를 이행할 것을 약속하는 법적 계약을 말하며 계약 위반이 발생할 경우를 대비하여 청구 기간, 손실에 대한 보상 금액 등을 정하여 인수자에게 일정 수준의 보호를 제공한다. 제한보증의 목적은 거래 대상 자산 또는 사업과 관련된 위험을 인수자와 매각자가 균등하게 부담하여 상호 간의 이익이 되도록 공정하게 거래를 협상하는 것이다.

[53] 희망증서(hope certificate) - 여기서 말하는 '희망증서'는 젤이 디폴트 위험이 있는 모기지 대출에 대해 제한보증을 제공한 것을 공식화한 대출 계약서를 말한다.

10,000달러를 기준으로 임대료를 책정할 수 있고, 신규 개발에 드는 매몰비용[54]이 유닛당 20,000달러라면, 새 건물은 시장에서 가격이 매겨질 것이다.

둘째로, 그 건물들은 전반적인 경기 사이클 동안, 대체로 시장보다 더 나은 수익을 가져다주는 좋은 입지에 있는 우량 부동산이어야 했다. 세입자는 경기가 호황일 때 머물고 경기가 불황이고 임대료가 하락하면 더 나은 공간으로 업그레이드하는 경향이 있다. 그래서 더 좋은 자산들은 우리에게 더욱 안정적인 현금흐름과 하방 보호(downside protection)를 제공했다.

내가 선택한 부동산 중 유지보수가 지연된 곳이 많았다. 구조는 양호했지만 수리와 업그레이드가 소홀한 상태였다. 따라서 더 많은 공간을 더 높은 임대료로 임대할 수 있도록 개선이 필요했고 이를 통해 자산 가치를 높일 수 있었다.

수많은 자산을 효과적으로 관리하고 그 가치를 보호하고 향상시키는 데 필요한 주의를 기울이려면 사내에서 관리해야 한다는 것을 알았다. 그래서 새로 설립한 부실 부동산 관리 회사인 FPM에서 그 일을 맡았다. 우리는 아파트, 오피스 빌딩, 쇼핑센터, 호텔 등 40억 달러 규모의 자산을 인수한 다음 FPM으로 가져왔다.

1970년도는 우리에게 재앙이 될 수도 있었다. 부동산 업계에 있는 많은 사람들이 불행을 겪게 되었지만 우리에겐 훌륭한 기회였다. 우리 회사는 거대하고 다양한 자산 포트폴리오로 1970년대를 마감했으며 그중 일부는 나중에 부동산 업계에서 가장 큰 두 개의 리츠를 탄생시켰다.

몇 년 후 사람들은 내게 "언제 뭘 사야 하는지 어떻게 알았습니까?"라

---

54  매몰비용(sunk cost) - 이미 지출되어 회수가 불가능한 비용을 말한다.

고 묻곤 했다. 하지만 기본적으로 내가 한 일은 대규모 차익거래를 만드는 것뿐이었다. 즉 인플레이션 환경에서 고정 금리 상품을 만드는 것이다. 본질적으로 인플레이션이 9% 이상인 환경에서 평균 6%의 금리로 40억 달러의 비소구 부채[55]를 떠안았다. 즉 우리는 자산에 아무것도 하지 않고 거래가 마감된 순간에 이미 3%의 수익을 올린다는 것을 의미했다. 물론 우리가 훌륭한 부동산을 골랐지만 모든 부동산이 A급일 필요는 없었다. 전반적으로 엄청난 양의 비소구 고정금리 부채를 인플레이션보다 낮은 금리(경우에 따라 300~400bps 또는 3-4%)로 발행했던 것이다. 우리가 이 일을 시작했을 때 내 예상은 5년 내 5,000만 달러(오늘날 약 2억 5,000만 달러)를 벌 수 있다는 것이었다. 내가 예상하지 못한 것은 미국이 지미 카터를 대통령으로 선출했던 것이다. 결과적으로 그가 한 모든 일은 인플레이션을 일으켰다. 그래서 우린 더 많은 돈을 벌었다.

이 시기에 나는 《리얼 에스테이트 리뷰(Real Estate Review)》지에 '그레이브 댄서(The Grave Dancer)'라는 제목의 기사를 썼다. 기사 제목에 쓴 별명은 다소 우스꽝스러웠으며 내가 의도한 바가 아니었다. 나는 죽은 사람을 되살리고 있었기 때문에 무덤에서 그렇게 춤을 추지는 않았다. 내가 쓴 기사는 다음과 같다.

현재 베스트셀러 소설 리스트를 검토하면 써야 할 한 편의 소설이 있음을 알 수 있다. '그레이브 댄서'라는 제목의 이 소설은 미국 역사상 가장 폭발적인 부동산 대출과 건설 광풍으로 만들어진 부동산 시체들을 되살

---

55  비소구 부채(non-recourse debt) - 비소구 부채는 부동산 담보대출의 종류이며 대출기관은 채무불이행(디폴트)를 사유로 채무자의 담보물을 압류할 수 있지만 담보물이 채무불이행 금액의 전액을 충당하지 않는 경우 더 이상의 보상을 요구할 수 없다. 비소구 부채는 채무자에게 대출에 대한 개인적인 책임을 묻지 않는다.

리는 데 몰두한 한 개인 또는 조직의 스토리이다. 아서 헤일리와 해롤드 로빈스는 그들의 다른 소설처럼 재미와 흥분이 넘치는 베스트셀러가 될 수 있는 이 훌륭한 아이디어를 놓쳤다.[56] [57]

이 과장된 이야기는 매우 중요한 사실을 드러낸다. 한마디로 말해서 그레이브 댄싱은 새 출발이 필요한 자산을 부활시키는 기회였다. 그것은 턴어라운드를 시킬 수 있는지 내 능력에 베팅하는 것이었다. 그리고 낮은 진입 비용으로 위험을 감수할 수 있었다.

그레이브 댄싱은 자신감, 낙관주의, 신념 그리고 적지 않은 용기를 필요로 한다. 세상의 모든 기회는 실제로 방아쇠를 당기지 않는 이상 아무 의미가 없다.

내가 가장 좋아하는 비유 중 하나는 모이쉬라는 남자에 관한 것이다. 그는 브루클린에서 가전제품 가게를 운영하는 사려 깊은 유대인이었다. 몇 년 동안 사업은 매우 성공적이었지만 그 후 사람들은 마을을 떠나기 시작했고 곧 그의 사업은 어려움을 겪었다. 그래서 어느 토요일, 모이쉬는 사원에서 도움을 구하는 기도를 했다. "하느님, 저는 당신에게 어떤 것도 요구한 적이 없고 항상 믿음이 깊었습니다. 그런데 문제가 생겼어요. 내 사업은 죽어 가고 있어요. 하느님 전 복권에 당첨되어야 해요."

다음 날 아침, 모이쉬는 신문에서 복권 결과를 확인했고 그가 당첨되지 않은 것을 확인했다. 그다음 주 토요일에 그는 다시 사원에 갔다. 상황은

---

[56] 아서 헤일리(Arthur Haley) - 영국계 캐나다 베스트셀러 작가, 재난영화의 시초가 된 《Airport》《The Money Changer》 등이 39개 언어로 1억 6,000만 부 이상 팔렸으며, 《Hotel》은 TV 시리즈로 방영되었다.
[57] 해롤드 로빈스(Harold Robbins) - 《The Carpetbaggers》《The Adventurers》로 유명한 미국의 베스트셀러 작가

그 어느 때보다 심각했고 그는 훨씬 더 열심히 기도했다. "하느님, 상황이 나빠지고 있습니다. 채권자들이 매일 전화를 하고 있어요. 제발, 전에 당신에게 어떤 것도 요구한 적이 없지만 전 복권에 꼭 당첨되어야 해요."

그다음 날 아침, 모이쉬는 다시 신문에서 복권 결과를 확인했지만 또다시 당첨되지 않았다. 세 번째 토요일이 되자 그는 절망했다. 사원에서 그는 다시 기도했다. "하느님, 복권에 당첨되어야 해요." 그러자 높은 곳에서 하느님의 음성이 들려왔다. "모이쉬, 복권부터 사!!" 물론 이야기의 교훈은 타석에 나서지 않으면 안타를 칠 수 없다는 것이다.

**1970년대** 중반까지 우리는 매년 말에 우리와 거래했거나 거래하기를 원하는 사람들로부터 받는 선물이 넘쳐 날 정도로 충분한 명성을 얻었으며 달력, 펜, 엄청나게 많은 열쇠 고리를 받았다. 답례를 해야 한다고 느꼈지만 그런 일회용품들에 우리 이름을 붙이는 것이 마음에 들지 않았다. 대신 우리가 무슨 생각을 하고, 어떻게 시장을 보는지 알려 주는 좀 더 깊이 있는 무언가를 보내고 싶었다. 그래서 "우리는 숫자를 알기 때문에 고통받습니다(We Suffer From Knowing the Numbers)"라고 새겨진 아크릴 소재의 간단한 투명 블록을 만들었다. 그것은 우리가 직면한 근본적인 진실에 대한 좌절감을 전달했다. 우리는 거래하는 것을 좋아했지만 거래 중독자는 아니었다. 우리가 가장 중시하는 규율은 항상 우리 자신의 돈을 투자하는 것이었다. 만약 숫자가 다른 방향을 말하면 우리는 숫자에서 산출된 결과를 희생하면서까지 투자를 하지 않았다. 1970년대 전반기의 건축 붐은 매혹적이었지만 우리는 파티에서 떠나 있었다. 그러나 "숫자를 안다"라는 것은 그것이 원하는 것을 말해 주지 않더라도 귀를 기울일 줄 아는 규율을 갖는 것을 의미한다. 물론 최고의 거래 중 일부는 거래를 하지 않는 것이다.

나는 1976년의 기사, "The Grave Dancer(그레이브 댄서)"에서 다음과 같은 중요한 경고로 글을 마쳤다. "Grave dancing(그레이브 댄싱)은 잠재적인 이점이 많은 예술입니다. 그러나 주위를 뛰어다니는 동안 열린 구덩이에 빠져서 시체와 섞이지 않도록 조심해야 합니다. 춤추는 사람과 춤을 추는 대상 사이에는 얇은 선이 있는 경우가 많습니다."

1980년대가 증명하듯이 경계심은 필수적이다. 그 기사가 나간 지 8년 후인, 1984년에 같은 출판물에 "The Return of the Grave Dancer(그레이브 댄서의 귀환)"라는 제목의 논평을 썼다. 시간이 많이 흘렀다. 내가 쓴 것은 다음과 같다. "《립 밴 윙클》[58]처럼 그레이브 댄서는 한 부동산 사이클에서 다음 사이클로 동면합니다."

아니나 다를까 1980년대 중반 우리는 10년 전에 마주쳤던 것보다 부동산 시장에 훨씬 더 광범위하고 위협적인 무분별한 개발이 보이기 시작했다. 다시 한번 넘치는 자본은 수요를 완전히 무시하고 공급 과잉을 초래하였다. 초기의 인센티브는 상대적으로 부동산을 더 매력적으로 만들었지만 업계의 규율 부족으로 시장은 다시 몰락할 것이었다.

그리고 다시 한번 우리는 시장의 몰락이 다가오는 것을 예상했고 우리의 선견지명은 게임 체인저가 될 것이었다. 1980년 어느 날, 밥과 나는 앉아서 부동산 시장의 향방이 마음에 들지 않는 이유를 나열했다. 첫째, 우리의 이전 성공의 핵심은 비효율적인 시장이었다. 당시 부동산 산업은 분할되어 있었고 밸류에이션과 예측들이 크게 달랐다. 부동산 업계는 휴렛 패커드의 재무계산기의 등장과 함께 빠르게 변화하기 시작했다.

---

58 립 밴 윙클(Rip Van Winkle) - 미국의 작가 워싱턴 어빙이 쓴 단편소설로 게으름뱅이이고 공처가인 주인공 립 밴 윙클이 어느 날 산속에서 길을 헤매다 낯선 사람들을 만나 술을 얻어 마신 후 취해 잠들었는데 깨어나니 20년이란 시간이 흘렀고 세상이 바뀌어 있었다는 이야기이다.

부동산 오너(소유주)라면 누구나 재무계산기를 갖춘 MBA를 고용하여, 경기 침체나 임대료 하락을 전혀 고려하지 않은 채 10년간의 현금흐름을 계산하여, 투자에 대해서 복잡하고 정교한 사례를 만들어 낼 수 있었고, 열성적인 투자자들은 부동산 물건을 확인하기 위해 나타났다. 그것은 우리가 경쟁하고 싶었던 분야가 아니었다. 두 번째로 그때까지 대출기관들은 장기 고정금리 비소구 대출(non-recourse loan)을 제공했다. 그러나 1970년대 인플레이션으로 인해 겁을 먹고 단기 변동금리 대출로 전환했다. 대출의 가치를 하락시키고 채무자의 위치를 높이는 인플레이션 상황에서 우리는 부동산의 진정한 돈은 장기 고정금리 부채로부터 나온다고 믿었다. 마지막으로 우리는 항상 부동산의 세금 혜택을 유동성 부족에 대한 보상으로 생각했다. 그런데 갑자기 판매자들은 세금 혜택의 가치를 포함하여 자산 가격을 책정하기 시작했다.

그래서 우리는 말했다. "만약 우리가 지금처럼 부동산에서 성공했다면 우린 정말로 좋은 사업가가 아닐까? 그리고 우리가 훌륭한 사업가라면 부동산을 매입하는 데 적용되는 동일한 원칙이 다른 거래에 적용되지 못할 이유는 뭐야?" 우리는 부동산에서 우리의 결정들을 좌우하는 기준인 수요와 공급, 진입 장벽, 세금 혜택들을 확인했지만 차이점을 보지 못했다. 따라서 우리는 1990년까지 부동산 자산 비중이 50%, 비부동산 자산 비중이 50%로 투자 포트폴리오로 다각화한다는 목표를 세웠다.

우리는 부동산과 비슷한 투자 논거로 재무 상태는 나쁘지만 좋은 자산을 보유한 자산집약적 기업을 대상으로 범위를 좁혔다. 우리는 자산집약적인 투자를 좋아했다. 세상이 끝나더라도 청산할 무언가가 남기 때문이다. 단순 기술 제조업과 농화학은 우리에게 딱 맞는 산업이었다. 기술 제조업은 엔지니어링에 대한 전문 지식과 기계에 대한 열정을 가진 밥이 주도했다.

그것은 큰 변화였으며 1979년 6월 샤론과 두 번째 결혼이라는 내 인생의 또 다른 새로운 모험과 동시에 일어났다. 자넷과 나는 그로부터 4년 전에 이혼했지만 아이들을 함께 키우며 관계를 유지했다.

나는 친구이자 사업 동료의 소개로 소개팅에서 샤론을 만났다. 그는 우리가 서로 잘 어울릴 거라고 확신했다. 샤론은 루이지애나 출신 미스 USA였다. 우리는 즉시 서로에게 호감을 느꼈다. 저녁 식사 자리에서 우리 둘 다 십자말풀이 게임을 좋아한다는 알게 된 나는 내 호텔 방에 뉴욕 타임즈 일요일 자 신문 십자말풀이 퍼즐이 있다고 말했고 같이 퍼즐 게임을 하고 싶지 않냐고 물었다. 그녀는 내 말의 뜻을 오해했지만, 그게 바로 내 진심이었다. 그래서 우리는 그날 밤 11시에 호텔 야외 수영장에서 십자말풀이 게임을 했다. 우리는 진지하게 사귀기 시작했고 몇 년 후에 결혼했다. 나는 샤론이 전 남편과 낳은 11살 난 딸 켈리의 마음을 얻기 위해 열심히 노력했고 샤론과 켈리가 시카고로 이사한 후 켈리를 오토바이에 태우고 학교에 데려가 주곤 했다. 나는 켈리의 18번째 생일에 그녀를 입양하는 영광을 누렸다.

다시 사업 이야기로 돌아가서, 미국 경제의 악화는 밥과 내가 부동산에서 '기업' 투자로 확장하는 결정을 앞당겼으며 경기 침체로 인한 혼란은 기회주의적 투자자인 우리에겐 완벽했다. 경기 침체는 부실기업을 낳고 부채가 과도한 기업들은 구조조정을 해야 할 것이기 때문에 상당한 기회가 있을 거라 예상했다. 그들이 매력적인 가격에 포기할 자산들은 우리에게 기회의 대상이었다. 가장 큰 타격을 입은 산업은 제조업, 건설업, 자동차 산업이었다.

비슷한 시기에 의회는 경제회복조세법(the Economic Recovery Tax Act)[59]을 통과시켰다. 무엇보다도 이 법은 순영업손실이연(net operating

---

[59] 경제회복조세법(the Economic Recovery Tax Act) - 1981년에 빠른 경제회복을 목적으로 레이건 행정부가 실시한 법으로 개인과 기업의 소득세율을 낮추고 자산의 감가상각 제도를 완화한 법안

loss carry-forwards, 줄여서 NOL)의 수명을 7년에서 15년으로 연장했다. NOL은 기업의 현재 회계연도의 과세 소득을 과거 손실로 상쇄할 수 있게 하여 현재 세금 부채를 줄일 수 있게 한다. 이 법의 목적은 어려움을 겪고 있는 기업들의 회생을 돕고 해당 기업 주주들이 이전 손실로부터 혜택을 받을 수 있도록 하는 것이었다.

우리는 대규모의 NOL이 있는 상장 회사들을 살펴본 결과 놀라운 사실을 발견했다. 새 법안의 결과로 인해 이들 기업은 사실상 주가 변동이 없었다. 시장은 NOL의 수명 연장을 통한 상당한 부가가치를 간과하고 있었던 것이다. 이 법안은 이러한 NOL을 컨트롤하고 (세금으로부터) 이익을 보호받을 수 있는 지주 회사를 만들 수 있는 엄청난 기회를 제공했다. 만약 어떤 회사의 주가가 주당 3달러이고 총 4,500만 달러의 기업가치(Enterprise Value)와 3억 5,000만 달러의 NOL을 보유한다면 우리는 비과세 이익을 창출하고 (0으로 평가된) NOL을 시간이 지남에 따라 대략 1억 달러의 현금(또는 달러 당 25센트)으로 전환할 수 있다. 그리고 그것이 바로 우리가 한 일이다. 우리의 전략은 다음과 같았다. NOL을 찾고 수익성이 높은 사업을 운영하는 자회사를 추가하고 궁극적으로 애초에 아무것도 지불하지 않은 자산의 가치를 극대화하는 것이었다. 또한 NOL은 투자 위험을 감소시켰다. 그러나 우리의 목표는 단순히 NOL만 수익화하는 것이 아니라 NOL의 이점을 기업을 설립하는 데 활용하는 것이었다. NOL은 막대한 자본 이득을 얻을 수 있는 기회를 만들었고 '그레이브 댄싱'에 새로운 변화를 가져왔다.

아이러니하게도 우리가 제조업 인수를 위해 지주 회사로 설립한 첫 번째 NOL 회사는 부동산에 그 기원을 두고 있었다. 그레이트 아메리칸 매니지먼트 앤 인베스먼트 코퍼레이션(Great American Management and Investment Corp, 줄여서 GAMI)는 한때 미국에서 6번째로 큰 리츠(REITs)

였다. GAMI는 모기지를 담보로 건설 대출을 제공해 왔지만 1973년의 경기 침체 기간에는 과도한 차입으로 인해 막대한 부채가 있었다.

GAMI는 1억 3000만 달러의 NOL이 장부에 있었으며 압류된 호텔과 아파트도 상당수 보유하고 있었다. 우리는 이러한 자산들을 매각하고 매각 가격을 극대화하기 위해 매입자에게 융자를 제공했다. 이것은 또한 우리에게 상당한 양의 대출채권(loan receivable)을 제공했으며 우리는 이를 수익성 있는 회사의 인수 자금을 조달하기 위한 담보로 사용했다.

당시 은행은 담보로 받는 주식이 제한되어 있었기 때문에 높은 수준의 준비금(reserves)을 확보하고 있어야 했다. 따라서 우리 대차대조표의 주식 장부가액은 매우 적은 차입 기반을 제공했다. 반면에 우리가 은행에 대출채권을 담보로 제공했을 경우, 은행이 우리에게 빌려줄 자본금을 크게 늘릴 수 있었다. 대규모 자본을 소비하는 입장에서 나는 항상 대출기관들의 동기와 그들의 신용 구조에 대한 방법론을 이해하는 것을 항상 목표로 삼았다.

GAMI 산하에 있는 가장 큰 자회사는 이글 인더스트리였는데 이 회사는 에어컨 제조업체와 같은 (첨단 기술이 아닌) 단순 제조업체들의 집합체였다. 우리는 규모를 키우면서 한 번에 하나씩 회사들을 인수했다. 그리고 이익을 세금으로부터 보호하기 위해 NOL을 활용하고 GAMI를 다각화된 지주 회사로 전환했다.

만약 다른 사람들이 같은 전략을 따르고 있었는지 궁금하다면 그에 대한 대답은 'No'이다. NOL은 매우 까다롭고 복잡하고 난해한 규칙을 따라야 했기 때문에 반드시 숙지하고 있어야 했다. 이는 단순함을 추구하는 내 신념과 상반되는 것처럼 보일 수 있지만, 경쟁을 없애는 역할을 했다. 본질적으로 NOL은 진입 장벽 역할을 했던 것이다. NOL 규정을 따르는 것은 매우 엄격하고 어려웠기 때문에 다른 구매자들은 거의 없었다.

솔직히 제한된 경쟁을 대체할 수 있는 것은 없다. 당신이 아무리 천재라도 경쟁이 치열하면 소용이 없다. 나는 내 커리어에서 경쟁의 파괴적인 결과를 피하기 위해 노력해 왔다. 경쟁은 사람들의 평가를 왜곡시킨다. 구매자들의 경쟁이 치열해지면 자산에 대한 수요가 부풀려지고 가격은 이성을 넘어선다.

나는 농담 삼아 사람들에게 경쟁은 좋은 것이라고 말한다. 나라면 차라리 자연 독점을 하고 싶고 독점을 할 수 없다면 과점을 택할 것이다.

우리는 GAMI에 참여한 지 얼마 되지 않아 1967년 컴퓨터 리스 회사인 복합 기업(그룹) 아이텔(Itel)에서 또 다른 NOL 기회를 발견했다. 아이텔은 항공기, 철도 차량, 선박 컨테이너 임대 사업으로 사업을 확장했다. 1970년대에 아이텔은 거대하고 화려한 회사였으며 방만한 경영으로 악명이 높았다. 경영진은 호화로운 파티를 열고 본사의 식수대를 페리에로 가득 채우고 임원실에 페르시아 카펫을 설치하고 고위 임원들에게 거액의 보너스를 지급했다. 회사가 어려움을 겪고 있을 때에도 영업 직원들을 150만 달러 상당의 카리브해 크루즈 여행에 보냈다.

1981년 아이텔은 미국 역사상 가장 큰 규모의 파산을 겪었다. 1983년 아이텔은 컨테이너 임대와 철도 차량 임대 사업을 중심으로 4억 5,000만 달러의 NOL과 손익분기점 수준의 현금흐름을 기록하며 챕터 11 파산 절차에서 벗어났다.

우리가 관심을 갖게 된 건 그때부터였다. 우리는 주당 3달러에 아이텔의 주식을 매수하기 시작했다. 회사 지분 5%를 확보했을 때, 이사회를 만나러 가서 이사회 임원 자리를 요청했지만 그들은 정중히 거절했다. 거절이 익숙한 나는 우호적으로 헤어진 후 계속 주식을 매입하여 지분을 22%까지 늘렸다. 이는 이사회의 재고로 이어졌고, 1985년 4월 나는 회장 겸 CEO로 선출되었다. 내가 회장 자리에 오르기 전까지 회사는 파산 당시의 수탁자가 운영해 왔는데 그는 80세 정도의 나이에 일주일에 이

틀 정도만 일했고 회사 일에 몰입하지 않았다. 그는 연례 주주총회에서 내게 경영권을 전달했다. 나는 약 300명의 사람들이 참석한 주주 총회의 붐빈 방을 둘러보며, 분위기가 적대적이라는 것을 알아차렸다. 주주들은 많은 사람들로부터 회사의 성장 가능성에 대한 약속과 과장을 너무 많이 들은 나머지 화가 나 있고 의심스러워하는 것 같았다. 그래서 일어나서 우리가 회사를 변화시킬 것이며, NOL을 활용한 인수를 통해 회사가 성장할 것이라고 말했다.

군중 속에서 한 남자가 불쑥 나타났다. 그는 "실례지만 이전 경영진은 계속해서 인수에 대해 이야기했고 그들은 아무 조치도 취하지 않았습니다. 당신은 실제로 무언가를 하는 데 얼마나 가깝습니까?"라고 물었다.

뭐라고 대답하냐고? 물론 차이점은 내가 단순한 매니저가 아니라 오너(소유주)이고, 적극적인 오너라는 것이다. 그러나 그가 한 질문의 어조에서 방 안의 억눌린 좌절감을 모두 들을 수 있었다. 비록 거래에서 합의가 끝났지만 아직 나는 구체적인 것에 대해 말할 준비가 되어 있지 않았다. 하지만 이것이 예전과 똑같은 반복적인 일이 아니라는 것을 그들에게 알리는 것이 중요했다. 그래서 나는 내 요점을 전달하기 위해 은유법을 써서 다음과 같이 말했다. "다음 장면을 상상해 보셨으면 합니다. 당신은 하얀 식탁보와 촛불이 있는 멋진 레스토랑의 테이블에 앉아 있습니다. 맞은편에 아름다운 여자가 앉아 있어요. 당신은 방금 훌륭한 와인과 함께 멋진 저녁 식사를 마치고 포트 와인 한 잔을 홀짝이고 있어요. 배경에는 음악이 잔잔하게 흘러나오고 있습니다. 두 사람은 서로의 눈을 깊이 들여다봅니다. 그리고 내가 묻고 싶은 것은 '당신은 얼마나 가까워졌나요?'라는 겁니다."[60]

방은 순간 웃음이 터져 나왔고 모든 긴장감이 그곳에서 사라졌다. 비록 나의 대답이 그들의 신뢰를 얻는데 충분하진 못했지만 그들의 분노를 가까스로 누그러뜨렸다. 하지만 이를 뒷받침하려면 빨리 행동해야 한다는 것을 알았다.

아이텔은 화물 컨테이너, 철도 차량, 기타의 세 개의 사업부가 있었다. 기타 카테고리는 생산업체가 불분명한 장비와 리스 계약이 뒤섞여 있었다. 우리는 자본이 필요했기 때문에, 첫 번째 목표는 모든 잡다한 것들을 청산하는 것이었다. 우리는 그 자산들을 약 5,000만 달러에 팔았다.

해상 화물 컨테이너 임대 산업은 약 7개 공급업체들이 과점하고 있었다. 아이텔은 4위였다. 우리는 3위인 회사를 인수한 후 7위인 회사를 인수해서 1위가 되었다. 우리의 전략은 간단했다. 아이텔의 매출이 1억 달러이고 비용이 5,000만 달러라고 가정해 보자. 그리고 3위의 매출은 1억 달러, 비용은 5,000달러였다. 각 회사는 각 도시에 별도의 시설과 컴퓨터 시스템 등 광범위한 자체 운영 및 물류 시스템을 보유하고 있었다. 우리는 중복을 제거하여 마진(이익률)을 20% 늘렸다.

합병으로 인한 엄청난 "시너지"에 대한 제안을 들은 것은 이번이 처음이었다. 투자자이자 위험을 감수하는 사람으로서 나는 달성 가능한 구체적인 목표에 초점을 맞춰야 했다. 크로스셀링(cross-selling)[61]이나 다른 무형적인 이익을 목표로 회사를 인수하는 것은 일반적으로 내가 정당하다고 생각하는 것보다 훨씬 더 높은 위험이 따른다. 그래서 나는 중복을

---

**60** 젤은 레스토랑에서 로맨틱한 장면을 비유하여 오너가 더 깊은 수준의 헌신과 참여가 필요하다는 점을 질문자에게 전달하고자 했다.
**61** 크로스셀링 또는 교차판매(cross-selling) - 금융 기관이 다른 자산을 끼워서 매각하는 방식을 말한다.

없애는 데 집중하여 사업 운영에 필요한 자본을 크게 줄였다. 이 깨달음은 나중에 약국, 라디오 방송국, 슈퍼마켓 등과 같은 다양한 산업에도 동일하게 적용되었다. 가치를 추가하는 데 있어서 중복은 이론적인 기회들보다 훨씬 예측 가능하고 투명하다. 나의 포커스는 항상 다운사이드(잠재적 손실)에 있다. 지나치게 낙관적인 가정은 기업 인수의 무덤으로 이어진다.

마지막으로 우리는 철도 차량 사업을 살펴보고 이 사업이 어디로 향하고 있는지 이해하려고 노력했다. 당시만 해도 철도 차량을 소유하는 것이 최악의 일로 여겨졌다. 나는 "숫자를 살펴봅시다"라고 말했다. 그렇게 숫자를 살펴봤더니 내 짐작대로 수요와 공급을 바탕으로 한 기회가 있었다.

1979년 한 해 동안 철도 업계는 100,000대 이상의 철도 차량들을 생산했다. 10년 전의 부동산과 마찬가지로 철도 차량 산업은 건설을 위한 '이지머니'와 세금 인센티브에 쉽게 유혹되었고 수요의 현실을 무시했다. 1981년에 버블이 터지고 그 후 5년 동안 철도 업계는 총 20,000대의 철도 차량만을 생산했다. 이 기간 동안 미국 내 기존 철도 차량의 65%가 폐차되었다. 수요 측면에서 볼 때 적하량은 보합세였지만 안정적이었다.

다음 두 가지 선을 이해하기 위해 MIT 학위가 필요하다고 생각하지 않는다. 수요는 제자리걸음이고 공급은 감소하고 있었다. 언젠가 이 두 선은 교차할 것이고 두 선이 교차할 때 철도 차량을 소유한 사람은 누구나 큰돈을 벌게 될 것이다. 동시에 수요 부족으로 인해 아이틀 차량들의 평균 가동률은 32%에 불과했다. 업계 전반에 걸쳐 노후 차량의 평균 가동률은 훨씬 낮았기 때문에 폐차율이 증가하고 있었다. 나는 미국의 모든 중고 철도 차량을 사들이는 것이 논리적인 전략이라고 생각했다. 그렇게 우리는 중고 철도 차량을 매입하기 시작했다.

1980년대 중반에 철도 차량을 사는 것은 1970년대 중반에 아파트를 사는 것과 같았다. 철도 차량은 제조원가(대체원가)의 절반 이하로 구입할 수 있었기 때문이다. 합병에 대한 논거는 수요 공급선이 교차할 뿐만 아니라 경쟁사 철도 차량 원가의 절반 수준의 비용에 차량들을 소유함으로써 경쟁 우위를 확보하고 더 나은 성과를 낼 수 있다는 것이었다. 모두들 우리가 미쳤다고 생각했다. 하지만 우리는 그 일을 성공시켰다. 왜 아무도 그 기회를 보지 못했는지 모르겠다. 우리는 시장을 바라보는 관점에 확신이 있었고, 실제 돈을 투자할 만큼 충분히 믿었을 뿐이다.

1988년 아이텔 거래 중 하나는 미국에서 가장 큰 곡물 및 탱크 철도 차량 집합체인 풀만 컴퍼니(Pullman Company)를 포함했다. 우리는 거래를 성사시키기 위해서 매각자가 보유한 산타페 서던퍼시픽 주식회사(Santa Fe Southern Pacific Corporation) 지분 17%를 인수해야 했고 그 일은 내가 그 회사 이사회의 한 자리를 차지했음을 의미했다.

1983년 산타페와 서던퍼시픽의 합병을 통해 재구성된 이사회에 나 같은 사람이 추가되는 것은 상상하기 어려운 일이었다. 30명의 이사회 임원들이 있었다. 무려 30명씩이나! 당시만 해도 이런 이사회에는 전성기가 지났지만 좋은 이력서를 가진 사람들로 채워지는 경우가 많았다. 어두운 색깔의 정장을 입은 나이 든 보수적 백인 남자들이 줄지어서 앉아 있는 모습을 상상해 봐라. 내가 오토바이 헬멧을 겨드랑이에 끼고 이사회에 나타났을 때 회사 분위기와는 사뭇 대조적이었다.

산타페의 첫 이사회 회의는 끔찍했다. 첫 미팅에서 나는 새로 온 사람답게 조용히 하겠다고 스스로에게 다짐을 했고 그 목표를 달성하긴 했지만 매우 고통스러운 일이었다. 첫 번째 업무 순서는 임원이 사망하는 비극적인 사태에 대비하여 승계 계획을 요약한 책자를 인사 책임자가 전달하는 임원 세션이었다. 이상하게도 각 임원직의 후계자로 동일한 인물이 지명되었다. 다음 순서는 CEO가 30분간 혼자 이야기하는 것이었는데 아무도 질문을 하지 않았다. 그사이 다른 12명의 회사 임원들은 벽을 따라 앉아 각자 10분간의 발언을 준비했다. 세 번째 임원이 중얼거리기 시작했을 때 이사회 임원들 중 두 명이 곤히 잠들었고 여전히 방 안에는 아무도 질문하는 사람이 없었다. 대부분의 이사들이 회사에서 무슨 일이 일어나고 있는지에 대한 관심보다 이틀간의 행사에서 제공되는 점심과 저녁 메뉴에 더 관심이 있다는 사실이 놀라웠다. 정말 우울했다.

그 첫 회의 이후 나는 목소리를 높였다. 사소한 것들이나 회사와 관련 없는 보고가 계속되는 가운데 전략에 대해 혼자 발언을 하는 경우가 많았다. 대표적인 예는 한 회의에서 철도 사업부의 책임자가 예측을 검토한 후 마지막 항목으로 다음 해 자본 지출 예산이 2억 5,000만 달러라고 언급했을 때였다. CEO는 다음 사업부의 책임자에게 발언권을 넘기려고 했다.

"실례합니다. 잠깐만 뒤로 돌아갈 수 있을까요? 질문이 있습니다. 그 2억 5,000만 달러의 자본적 지출[62]에 대한 기대수익률은 얼마입니까?"

그는 당황한 표정으로 나를 쳐다보았다. "무슨 질문인지 모르겠습니다"라고 그는 질문받는 데 익숙하지 않은 태도로 말했다. "우리는 철도를 운영해야 합니다. 선로를 고쳐야 하고 그러려면 비용이 들 겁니다."

나는 "하지만 자본적 지출은 수익성과 투자 수익률(Return on Investment, ROI)과 관련이 있어야 합니다. 수익성이 없는 선로에 비용을 지출하는 것은 좋은 사업 결정이 아닙니다."

철도 사업부 책임자와 CEO는 이 기본적인 개념을 이해하지 못한 채 마치 내가 머리가 두 개 달린 양 나를 쳐다보고만 있었다. 그러고는 내 질문에 대답하지 않고 넘어갔다.

---

[62] 자본적 지출(capital expenditure, 줄여서 CapEx) - 고정자산의 가치를 창출하거나 수명을 연장시키는 데 필요한 투자성 지출

그 경험은 충격적이었다. 나는 그때 편파와 무능력으로 가득 찬 이사회의 위험성을 깨달았다. 마치 이사회에 임명되는 것이 특혜, 퇴직금, 골프 모임 친구에게 주는 조건 없는 선물처럼 여겨지는 것 말이다. 이사회 구성과 문화에 대한 나의 철학은 산타페 이사회에서 본 것과 정반대이다. 상장 회사의 회장으로서 나는 이사회 멤버를 쓸모없는 화분 같은 존재가 아닌 회사의 값싼 컨설턴트라는 가정하에 항상 선발해 왔으며 회사의 목표를 달성하기 위해 이사회를 활용하거나 경영진이 이사회를 활용하도록 하는 데 주저한 적이 없다. 또한 이사회 자료는 회의 전에 모든 관련 정보와 함께 준비된다. 이사회 멤버들은 사전에 자료를 읽어야 하며 회의의 진정한 목적은 활발한 토론을 유도하는 것이다. 우리 회사의 이사회 회의는 자주 중단되며, 질문과 논평으로 소란스럽다. 결과적으로 우리 회사는 항상 이사들의 지혜가 합쳐진 덕을 보았다.

산타페에 대한 나의 경험은 회사에 참여도가 높은 오너들이 절대적으로 필요하다는 인식을 높였다. 장기적인 이익을 위해 단기적 이익을 기꺼이 포기하는 오너, 비전을 가지고 회사를 운영하고 경영진을 이끄는 오너를 말한다. 그리고 회사와 경영진의 성공을 돕기 위해 추가 자본, 전문 금융 지식, 은행 관계 등 필요한 모든 리소스를 가져오는 것이 오너가 하는 일이다.

나의 관심사는 항상 내가 회장을 맡고 있는 회사의 주주들과 직접적으로 일치해 왔고 앞으로도 그럴 것이다. 나도 지분이 있고 이해관계가 있다. EGI에서 우리가 하는 투자에 내 사람들이 참여하는 것처럼 말이다.

이사회든 경영진이든 나는 이것부터 시작한다. 사람들의 동기를 이해하고 나의 이해관계가 사람들의 이해관계와 일치한다는 확신이 없다면 그들에게 의존하지 말라는 것이다. 오너가 되고 오너처럼 행동하고, 투자에 관해서는 모든 사람들의 뜻이 일치하도록 최선을 다해야 한다.

경영진 보상 문제, 회계 스캔들, 옵션 백데이팅, 서브프라임 모기지 혼란 등 월스트리트의 골칫거리 중 상당수는 이해관계가 없는 외부인에게 지나치게 의존할 때 발생하고 이해관계의 불일치에서 비롯된 것일 수 있다. 마찬가지로 많은 사람들이 월스트리트 애널리스트, 헤지펀드 매니저 또는 로컬 주식 컨설턴트에 의존하다가 손실을 입는다. 많은 사람들은 자신이 받고 있는 조언이 진정성 있는 오너가 아니라 수수료를 받는 전문가가 제공한 것이라는 사실을 금방 알게 된다. 결국 그것은 그들의 돈이 아니기 때문이다.

**내가** 어떤 일을 할 때, 예전에 한 번도 해 본 적이 없다고 해서, 그 일을 할 수 없다고 생각한 적은 없다. 내가 가장 좋아하는 사례 중 하나는 1987년 아이텔이 배선 및 케이블 유통 회사인 애닉스터(Anixter)를 인수한 일이다.

그전까지만 해도 투자 결정은 부실 회사들을 대체원가보다 저렴한 가격에 사들인 다음 새로운 회사를 설립하는 방식이었다. 애닉스터는 이러한 논거와는 완전히 반대였다. 애닉스터는 성장을 중시하는 회사였고, 가격도 저렴하지 않았다.

1986년 11월, 나는 메릴린치로부터 앨런 애닉스터(Alan Anixter)가 자신의 회사인 애닉스터 브라더스를 회사 장부가의 두 배인 주당 14달러의 고정가격에 매각하고 싶어 한다는 전화를 받았다.

우리가 면밀히 검토한 결과 애닉스터의 장부 가치는 전적으로 경질자산[63]에만 근거한 것이고 공급업체들이 소규모 구매자들에게 다가갈 수 있게 해 주는 상당한 판매 및 유통 파이프라인이 장부에 반영되지 않았다는 결론에 도달했다. 파이프라인은 애닉스터의 가장 가치 있는 성장 자산이었지만 대차대조표에는 그 가치가 나타나지 않았다. 회사에 필요한 것은 자본과 위험에 대한 욕구뿐이었다.

알렌은 예정된 자본 소득세 인상을 피하기 위해 연말 전에 거래를 종료하기를 원했다. 우리가 참여할지 결정하는 데 2주가 걸렸다. 우리는 민첩하고 빠른 결정과 신속하게 일을 실행할 수 있는 능력으로 명성이 자자했다. 그래서 나는 "해 보자"라고 말했다.

애닉스터에 대한 우리의 질문은 "이 파이프라인을 어떻게 활용할 것인가?"였다. 아이텔은 애닉스터를 인수할 수 있는 유니크한 회사였다. 아이텔의 철도 차량과 컨테이너는 막대한 양의 현금흐름과 감가상각비를 발생시켰기 때문에 우리는 아이텔의 잉여현금흐름을 확보하여 애닉스터를 전 세계로 빠르게 확장할 수 있었다. 그래서 1991년에 우리는 이 소규모 자회사를 중심으로 아이텔의 사업에 집중하기로 결정했다. 우리는 유럽, 아시아, 중남미 등 다양한 국가의 스타트업 거점들에 투자하는 장기적인 투자 지평을 적용하였고 해외 네트워크 구축에 드는 초기 창업비용과 영업손실을 감수했다. 위험에 대한 욕구가 커졌고 아이텔이 복합 기업이었기 때문에 애닉스터가 가족 기업이었을 때보다 훨씬 더 큰 규모로 사업 기반을 확장하기 시작했다. 인수 당시 애닉스터의 매출은 6억 5,000만 달러였다. 현재 애닉스터의 매출은 60억 달러가 넘고 세계에서 가장 큰 통신 케이블 제품 유통업체 중 하나이다. 그리고 나는 여전히 이사회의

---

[63] 경질자산(hard asset) - 내재가치가 있는 유형자산 또는 자원을 말하며 토지, 건물 및 그 외 부동산, 차량, 오일, 천연가스, 귀금속 등이 경질자산에 해당한다.

회장이자 회사의 주요 주주이다.

애닉스터의 폭발적인 확장은 아이텔을 성장 회사로 전환시켰고 우리는 지주 회사의 다른 자회사들을 모두 매각하기로 결정했다. 옳은 일이었지만 거기까지 가는 과정은 고통스러웠다. 1992년에 나는 GE 캐피탈 레일카 서비스(GE Capital Railcar Services)에 아이텔의 철도 차량 전체를 임대하자는 제안을 했다. 12년 임대 계약의 연간 임대료는 약 1억 5,000만 달러였으며 임대 기간이 끝날 때 추가로 5억 달러를 내고 차량들을 매입할 수 있는 옵션이 있었다. 그것은 아이텔과 GE가 공동으로 신탁을 통해 철도 차량을 보유하고, GE가 신탁 조건에 따라 아이텔에게 비용을 지불하는 매우 복잡한 계약이었다. 우리는 70,000대의 철도 차량을 다루고 있었는데 그중 상당수가 부채가 있었고 수백 개의 고객 리스 계약들도 처리해야 했다. 그 과정은 미로와 같았으며 내 커리어에서 가장 고통스러운 경험 중 하나였다.

GE는 매우 보수적이고 인내심 많은 거래 파트너였으며 결단력과 효율성을 중시하는 내 성격과는 정반대였다. 우리가 돌아설 때마다 또 다른 문제, 또 다른 지연, 이전에 제기하지 않았던 또 다른 문제나 요구 사항이 있었다. 9개월이 지나자 계약 마무리 단계에 접어들었다. 그러나 그 후 회계 담당자가 장부에서 2센트의 오차가 있는 것을 발견했다. 오류를 찾을 때까지 전체 거래를 다시 계산하는 동안 2주간 모든 업무가 벽에 부딪혔다. 고작 2센트 때문에 23억 달러 규모의 거래를 말이다.

결국 계약을 성사시켰고 모두에게 좋은 거래였다. 하지만 나는 이 거래를 지옥에서 온 거래라고 불렀는데 계약을 클로징하는 것이 단테의 지옥으로 내려가는 것 같았기 때문이다. 사실 그 일이 너무나 특별해서 그것을 기념하고 싶었다. 그래서 지난 1년 동안의 다양한 장면들과 함께 주요 참여자들과 그들의 역할을 묘사한 그림을 주문했다. 최종 결과물은 단테(또는 우리의 최고재무책임자인 짐 녹스)의 지옥 여행을 묘사한 6×5피트 크기의 유화였다. 작품 하단에는 "이곳에 들어오는 모든 자들은 희망을 버려라(Abandon hope all ye who enter here)"라는 불길한 경고 문구가 새겨져 있었다. 이 그림에는 펼쳐진 목록을 확인하는 대머리 남자, 위험에 맞서 방패를 휘두르는 GE 팀, 손으로 눈과 귀를 손으로 가린 채 종이에 익사당하는 변호사들, 그리고 IRS, 법무부, 증권거래위원회(SEC)의 대표 등 다양한 사람들이 뒤엉켜 있는 것을 특징으로 한다. 나는 라틴어로 '그레이브 댄서(grave dancer)'라는 뜻의 'saltator sepulcri'로 묘사되어 있는데, 나의 페르소나는 광대의 형태로 표현되었다. 이는 내 '11계명'인 "자신을 너무 심각히 여기지 말라(Thou shalt not take thyself too seriously)"라는 말과 함께 진지한 표정으로 하는 나의 유머와 빈정거림, 스토리텔링과 농담을 좋아하는 내 성격에 고개를 끄덕이게 했다. 거래에 대한 설명은 단테의 시 운율에 맞춰 작성되었는데 내 연례 선물의 공모자인 프랜시스 루이스가 재치 있고 수준 높은 언어를 사용하여 메시지를 전달했다.

거래에 참여한 모든 사람에게 이 그림의 사본을 보냈고, 이 그림은 지옥의 공포와 보다 '천국적인'(즉 보다 신중하고 상식적이고 실용적이고 비전 있는) 거래 방식을 추구하는 우리의 노력을 상기시키기 위해 EGI의 정문 현관 벽에 전시되어 있다.

**새로운** 산업 분야로 진출하여 NOL의 숨은 가치를 발견할 이 무렵, 첫 해외 오토바이 여행을 떠났다. 우리는 남아시아에 있는 네팔에 갔다. 카트만두에 도착했을 때 우리는 도착한 날이 국경일이라는 것을 알았고, 일하는 사람들이 거의 없었다. 우리는 오토바이를 빌렸고 주인은 산줄기 아래의 넓은 강을 따라 마을 외곽으로 약 12km를 안내했다. 우리는 담요 위에 앉아 있는 약 20명의 사람들 옆에 오토바이를 세우고 점심을 먹었다. 그들 중 대부분은 베트남 전쟁 중에 시민권을 포기하고 네팔에 머무르는 양심적 병역 거부자들인 미국인들로 밝혀졌다. 그들은 우리와 함께 앉기를 권했다. 우리가 와인과 샌드위치를 먹으며 화창한 날을 즐기고 있을 때 쇼핑백을 들고 가장 가까운 산을 내려가던 노파가 우리 쪽으로 걸어왔다. 쇼핑백은 고급 대마초들로 가득 차 있었고 노파는 우리에게 대마초를 10달러에 팔겠다고 제안했다. 그래서 우리는 그것들을 사서 새 친구들과 열성적으로 나눴다. 어느 순간 내 옆에 앉아 있던 남자가 내 쪽을 돌아보며 물었다. "당신은 무슨 일을 하나요?" 나는 "저는 프로 기회주의자(professional opportunist)입니다"라고 대답했다. 그 이후로 그것이 그 질문에 대한 나의 대답이 되었다.

# CHAPTER
# 5

## 화염 속으로
Into the Inferno

CHAPTER 5

나는 항상 주변 상황이 최악일 때 최고의 능력을 발휘한다고 믿어 왔다. 그리고 반복되는 위기와 엄청난 도전에 직면했던 1990년대 초만큼 시험을 많이 받은 적이 없다. 1990년의 첫 번째 위기는 최악의 위기였다. 나는 밥을 잃었다.

그때까지 밥과 나는 약 20년 동안 파트너로 일했다. 우리의 우정과 신뢰, 서로 다른 관점, 주고받는 농담과 웃음이 우리 사업을 정의했고 성공의 비결이었다. 밥을 잃는다는 것은 개인적으로나 직업적으로 상상할 수 없는 타격이었다. 밥의 죽음은 내게 온갖 질문을 던졌다. 우리는 엄청난 성공을 거두었다. 우리 성공의 상당 부분이 밥의 기여에 의한 것인가? 아니면 내 능력에 의한 것인가? 한동안 나는 이러한 질문들에 사로잡혀 있었다.

밥은 1987년 진행성 대장암 진단을 받았을 때 겨우 46세였다. 밥은 병에 대해 오랫동안 누구에게도 심지어 내게도 말하지 않았다. 그는 아내에게 "내가 죽기 전에 사람들이 나를 애도한다면 견딜 수 없을 것 같아"라고 말했다. 밥은 자신의 병세가 심각하다는 것을 알면서도 정말 쇠약해진 1989년 말까지 2년 동안 계속 사무실에 왔다.

나는 밥이 아픈 사실을 비이성적으로 부인했다는 것을 인정한다. 나는 그저 밥이 회복될 것이라고 생각했고, 그가 사무실에 없을 때 회복할 때까지 업무에 처리하는 데 집중했다. 우리는 하루에 두세 번 통화했지만 나는 밥을 만나러 가지 않았다. 우리에겐 그가 온전한 상태인 것처럼 소통하기를 원한다는 무언의 합의가 있었다. 밥의 신체적 악화를 본다면 우리의 정상적인 대화에 방해가 되었을 것이다. 물론 그의 정신은 그 어느 때보다 예리했다.

그러던 어느 토요일 밥이 출근을 멈추고 몇 달이 지난 어느 날 그는 내 사무실로 걸어 들어왔다. 나는 그의 모습에 아연실색했다. 의자에 몸을 낮추고 나와 대화를 나눠야 한다고 말하는 그의 허약한 모습에 나는 충격을 받았다. 밥은 내 눈을 똑바로 쳐다보며 말했다. "샘, 자넨 이해해야 해. 나는 죽을 거고 곧 죽을 거야."

처음으로 진실을 마주한 순간이었다. 나는 망연자실했다. 밥은 내가 부인하고 있다는 사실을 알았고 내 사무실을 방문한 것은 그 거품을 터뜨리기 위한 것이었다. 임박한 상실감은 견디기 힘들 정도였다. 나는 밥의 남은 마지막 몇 달 동안 최대한 많은 이야기를 나누었고 그가 세상을 떠날 때도 함께 있었다.

밥의 생일은 4월 21일이었고 그는 항상 421이라는 숫자에 대해 미신적이었다. 그 숫자는 이상한 방식으로 우리 삶에 주기적으로 나타났다. 밥의 마지막 밤, 밥의 아내 앤과 주치의 그리고 나는 함께 밤을 새웠고 모두 침묵을 지키며 함께 시계를 바라보다가 시계가 4시 21분을 가리키는 순간을 공유했다. 다음 날 아침 밥은 호스피스로 향했다. 그는 1990년 6월 20일에 사망했다. 지금까지도 내 비행기의 꼬리 번호는 421 SZ이다.

밥이 세상을 떠났을 때 내 인생에 큰 구멍이 생겼다. 어떻게 보면 그의 죽음이 지금까지 우리 사업에서 가장 어려운 시기와 맞물렸기 때문에 내게는 결정적인 순간이기도 했다. 불과 몇 주 후 경제는 본격적인 경기 침체로 접어들었다. 게다가 저축대부조합 위기와 기타 요인들은 부동산 전문 대출 기관들의 손실로 이어졌고 우리를 포함해서 레버리지가 높은 자산 소유주들을 위한 재융자도 이루어지지 않았다. 우리는 전국에 약 2,400명의 직원과 함께 대규모 부동산과 기업 자산 포트폴리오를 축적하고 관리하고 있었다.

우리는 자산이 풍부했지만 현금이 절실했고 자본에 대한 끝없는 욕구가 깨어 있는 시간을 지배했다. 수십억 달러 규모의 우리 회사가 급여를 지급할 수 있는 충분한 돈을 긁어모으기 위해 동분서주했던 몇 주가 있었다. 또한 당시 대출 계약서의 표준 관행에 따라 대출이 위험하다고 판단되면 은행이 대출을 회수할 수 있었다. 따라서 한 은행이 대출을 회수하면 도미노 효과가 일으켜 다른 은행도 대출을 회수할 가능성이 높았다. 그리고 이러한 현상이 부동산 업계 전반에서 일어나기 시작했다.

엄청난 슬픔과 불확실성의 시간이었다. 나는 공황 상태를 피하기 위해 20년 전에 있었던 경험을 떠올렸다. 내 커리어에서 진정으로 압도당했던 기억이 있는 처음이자 유일한 일이었다.

1969년 젊고 오만한 나는 당시 부동산 거래를 하고 있었다. 로펌에서 사무실을 빌려서 일하고 있었는데 선임 파트너 중 한 명이 내게 포드 모터 부동산 개발 회사(Ford Motor Land Development Corporation)의 한 사람을 소개해 주었다. 선임 파트너와 나는 200,000평방 피트 규모의 오피스/산업용 건물을 개발하는 데 협력하기로 합의했다. 나는 포드 측의 구두 약속에 따라 당시로써는 큰돈인 25,000달러의 보증금을 내고 산업용 건물의 거래를 마무리하려고 했다. (1969년에 내게는 큰돈이었다.) 그런데 거래 마감 직전에 포드 모터 부동산 개발 회사가 계약을 파기했다는 전화를 받았고 나와 25,000달러가 곤경에 처하게 되었다. 물론 계약금이 걱정되었지만 내가 한 약속을 지킬 수 있을지도 걱정이었다. 내게는 첫 번째 큰 위기였다.

CHAPTER 5 화염 속으로

나는 전화를 끊고 벌떡 일어나 로펌 복도를 가로질러 선임 파트너 사무실로 달려갔다. 정신이 혼미했고 말을 크게 하거나 빠르게 할 수 없었다.

파트너는 매우 신중하고 언제나 차분하고 부드럽게 말하는 사람이었으며, 한 번도 화를 내거나 이성을 잃는 것을 본 적이 없다. 그는 나를 앞혀 놓고 규칙적인 속도로 차분하고 조용하게 질문했다. 우리가 대안을 논의하고 모든 각도에서 이야기를 나누면서 혈압이 정상으로 돌아오는 것을 느꼈다. 그리고 나는 다른 사람과 거래를 성사시켰다. 그날 나는 그 변호사 덕분에 **리더가 감정에 휘둘려서는 안 된다는 것을 배웠다. 리더는 자신을 안정적으로 유지하는 방법이 있어야 한다.**

나는 밥에 대한 의존과 신뢰의 일부를 우리가 구축한 팀, 특히 회사의 강력한 핵심 임원진들에게로 옮기는 법을 배웠다. 우리는 힘든 시기를 함께 극복해 나가려고 노력했고 나는 혼란 속에서 회사를 이끄는 데 집중했다.

나는 목록을 많이 작성하는 편인데 1990년대 초반에 어려움이 많아질수록 목록을 작성하고 목록의 항목들을 체크하는 방식으로 문제를 해결해 나갔다. 내 큰 그림의 목표는 자산을 현금화하여 유동성을 창출하고, 미래의 기회를 위해 자금을 조달하고, 좋은 거래를 성사시키는 것이었다. 각각의 목표를 달성하기 위한 업무에 집중함으로써 직업적으로나 감정적으로 압도당하는 것을 피할 수 있었다.

내 최우선 순위는 현금이었다. 내가 필사적으로 팔아서 우리가 쌓아온 것을 위태롭게 할 수는 없었지만 현금 없이는 계속 나아갈 수 없었다. 당시에는 몰랐지만 내 커리어에서 이 시기가 앞으로 수십 년 동안 정기적으로 반복하게 될 만트라의 기원이 되었다. **"유동성은 가치와 같다(liquidity equals value)."**

그리고 유동성을 확보할 수 있는 유일한 통로는 자본 시장이었다. 그래서 1991년에 나는 동식물의 주요 영양소인 칼륨 화합물과 탄산칼륨을 생산하는 비료회사인 비고로(Vigoro)와 함께 첫 IPO(기업공개)를 했다. 1985년 비고로에 처음 투자했을 때 우리는 똥에 대해 쥐뿔도 몰랐지만 비고로는 모든 조건을 충족하는 회사였다. 그리고 비고로에 대한 직감도 있었다. 우리는 비고로의 관계자들이 마음에 들었고 그들의 우선순위가 우리와 일치한다고 느꼈다. 그들과 만난 후 하루도 채 지나지 않아 회사에 첫 1,000만 달러를 투자하기로 결정했다.

나는 기업 투자를 통해 자본 시장에 대해 잘 알고 있었다. 하지만 우리가 투자한 아이텔과 GAMI은 모두 이미 상장된 회사들이었고 IPO는 해 본 적이 없었다. 그래서 투자은행에 비고로 거래를 맡겼는데 답답해서 미칠 지경이었다. 나는 나 자신을 보호할 만큼 충분한 지식이 없다는 것을 깨달았고, 그것은 또 다른 위험을 불러일으킨다는 것을 의미했다. 게다가 자본의 영구적이고 거대한 소비자로서 공모 시장(public market)보다 더 일관된 자본 공급원이 없다는 사실을 알았다.

그래서 학교에 다니며 공모(offering)에 대한 모든 것을 배웠다. 결국 나는 IPO를 직접 맡을 수 있는 수준에 이르렀다. 나는 프로세스를 관리했고, 일부 거래에서는 마감일 새벽 3시까지 다양한 거래 참여자들에게 주식을 할당했다. 그러다 보니 모든 거래 참여자들이 누구인지 알아야 했다. 즉 어떤 참여자가 투기꾼이 아닌 실적이 있는 진정한 투자자인지 파악해야 했다. 나는 구매자들과 개인적인 관계를 형성하여 장기적인 오너(소유주)가 되겠다는 약속과 헌신을 보였다. 특히 로드쇼에서 능숙해져서 결국 전 세계의 여러 회사를 대상으로 수백 건의 IPO 프레젠테이션을 진행하게 되었다.

투자자들을 모으는 것은 과학만큼이나 예술적인 면도 있다. 우위를 점하기 위해서 나는 창의력을 발휘했다. 이 사람들은 하루에 10개의 프레젠테이션을 보고, 겉보기에는 투자를 해도 될 만큼 훌륭한 회사들이 넘쳐난다. 그들에게 나는 단지 연이은 또 다른 얼굴일 뿐이다. 내가 피칭을 하고, 질문에 답하고, 인상을 남기는 데 주어진 시간이 단지 45분이었기 때문에, 거래를 성사시키는 데 도움이 되는 맞춤형 티셔츠를 제작했다.

나는 IPO 로드쇼에서 기억할 만한 농담조나 홍보용 문구가 있는 티셔츠로 명성을 얻었고, 그것들은 우리 후원의 증표이다. 내가 비고로의 로드쇼에 직접 참여하지 않았지만 다음과 같은 문구가 들어간 초록색 티셔츠로 거래를 기념했다. "사람들이 그것을 쏘고, 퍼뜨리고, 던지고, 발을 들여놓고, 일어나게 놔둔다. 우리는 그것으로 돈을 번다(People Shoot It, Spread It, Sling It, Step in It and Let It Happen… We Make Money with It.)."

비고로는 성공적인 상장회사가 되었고 1996년에 우리가 엑싯[64]했을 때 비고로의 자산은 초기 자본 대비 900% 이상의 수익을 가져다주었다.

펀드 모금에서도 로드쇼에서 해 왔던 동일한 방식을 적용했고, 1990년에 이를 완전히 새로운 수준으로 끌어올렸다. 이미 언급했듯이 당시 나는 높은 부채의 부담을 안고 있는 우량 부동산 자산을 목표로 삼고 있었다. 나는 기업 세계에서 유사한 시나리오가 벌어지고 있음을 알게 되었고, 우리가 회사에 지분을 대가로 자본금을 할인된 가격에 제공하면, 시장이 다시 회복할 때를 대비하는 데 도움이 될 것이라는 생각이 들었다. 그래서 나는 칠마크 파트너스(Chilmark Partners)와 팀을 이루어 10억 달러의 부실 자산 기회 펀드를 만들었다. 칠마크(Chilmark)의 책임자인 데이빗 슐티(David Schulte)와 나는 7개월 동안 여러 국가에서 200건 이상의 전화 영업을 했다. 우리는 전 세계를 누비며 투자자들에게 우리 아이디어를 설명하고, 재무상태가 나쁜 우량 기업을 찾아, 그들이 어려움에서

---

**64**   엑싯(exit) - 투자 용어로 자금을 회수하는 것을 뜻한다.

벗어나 성장하도록 도움을 줄 수 있다고 피칭했다.

정말 힘든 여정이었다. 우리는 여행 한 번으로 아침에는 비엔나, 저녁에는 바젤, 다음 날 아침에는 파리에 있어야 했다. 우리는 상업 항공편으로는 그 일을 할 수 없었기 때문에, 전세기를 이용하기로 결정했다. 하지만 날씨 때문에 비행기가 이륙할 수 없어서 우리 둘은 한밤중에 바젤에서 파리로 가는 기차에 올라탔으며, 3인용 침대칸의 작은 2층 침대에서 잠을 청했다. 침대칸을 같이 쓰는 세 번째 남자가 걱정된 나머지 밤새 서류 가방을 움켜쥐고 잠을 자야만 했다.

미팅들은 구별이 잘 되지 않았다. 때로는 누구와 이야기하고 있는지, 같은 말을 반복하고 있는지 기억이 나지 않을 때도 있었다. 그 어느 때보다 힘든 로드쇼였다. 하지만 결국 우리는 10억 달러가 넘는 자금을 모았고, 당시로써는 그런 종류의 펀드 중 가장 큰 규모의 펀드였던 것 같다. 우리는 1980년대에 과도한 부채를 안고 있던 회사들을 턴어라운드 하는 데 초점을 맞췄다. 우리는 투자자들과 이해관계를 일치시키기 위해, 우리가 가진 돈을 투자했으며, 많은 차입매수(leveraged buyout)[65] 전문 사모펀드들처럼 각 인수마다 수수료를 부과하지 않았다. 대신 투자자와 위험을 분담하고 기회를 공유하는 데 투자금을 사용했다. 우리는 10~12년 동안 투자를 유지하는 것을 명시적인 목표로 삼았다. 1995년에 펀드의 거의 모든 자금을 투자했는데, 이는 거래 흐름이 정체되어 있던 당시에는 대단한 성과였다. 젤/칠마크는 결국 퀄리티 푸드 센터(Quality Food Centers), 카터 할리 헤일(Carter Hawley Hale), 씰리 코퍼레이션(Sealy Corporation), 슈윈 자전거 회사(Schwinn Bicycle Company) 등을 소유하

---

[65] 차입매수 또는 레버리지 바이아웃(Leveraged Buyout, 줄여서 LBO) - 인수자가 회사를 인수하는 데 드는 인수 비용을 충당하기 위해 상당한 양의 차입금(레버리지)을 조달하여 회사를 인수하는 것을 말한다.

게 되었다.

펀드의 초기 투자 중 하나는 레브코 할인 드러그 스토어(Revco Discount Drug Stores)였다. 우리는 파산 상태에서 벗어나고 있던 레브코에 자본금을 제공하기로 합의했다. 법원이 우리에게 투자 포지션을 부여한 시점부터 거래가 마감될 시점까지는 1~2개월의 시간이 있었고, 그 사이에 임시 CEO가 시카고에 있는 나를 만나러 왔다. 그는 나를 회사 지분의 40%를 소유한 사람이 아닌, 그저 다른 이사회 멤버로 여긴다는 것이 분명했다. 그는 정기적인 업데이트를 보내겠다고 말했지만 그 말이 전부였다. 나는 그에게 우리가 서로 이익이 되는 관계를 맺기 위해서는 그의 입장을 재고해야 한다고 설명했다.

몇 주 후 이 CEO는 전체 이사회에 완전히 새로운 규정과 조항들의 목록을 보내왔는데, 이는 사실상 이사회의 권한을 무력화시키고 회사의 지배권을 CEO에게 이전하도록 설계된 것이었다. 그중에는 터무니없는 수준에 이르는 새 임원 보수 패키지가 포함되었으며, 55세 이상이면 누구나 회사 혜택 플랜의 100%를 가져갈 수 있다는 조항이 있었다. 이 CEO는 57세였다. 당연히 이사회는 만장일치로 CEO의 직책을 변경하기로 결정했다. 이는 내가 산타페 이사회에서 깨달음을 얻은 지 약 6년이 지난 1994년에 일어난 일로 경영진뿐만 아니라 오너(소유주)가 자산에 대한 리더십을 발휘하는 것이 중요하다는 점을 다시 한번 강조한 사건이다. 오너식 접근법을 채택하지 않는 이사회는 실적이 좋지 않은 회사와 연루되어 있다.

내가 가장 기억에 남는 젤/칠마크 거래는 제이코(Jacor)였다. 제이코는 신시내티에 본사를 둔 라디오 방송국 소유주였으며, 잘 운영되던 회사였지만 재무 상태가 좋지 않았다. 1992년부터 1996년까지 우리는 약 7,900만 달러를 투자하여 제이코의 지분 90%를 취득했다. 회사는 과도

한 레버리지로 인해 파산 직전 상태였다. 우리는 제이코의 부채 축소와 회사의 재건을 위해 회사의 선순위 대출기관과 후순위 대출기관들, 그리고 우선주 주주들과 제이코의 복잡한 구조조정을 협상했다.

당시 FCC규정은 어떤 회사도 전국적으로 AM/FM 밴드 당 20개(또는 총 40개) 이상의 라디오 방송국을 소유할 수 없었다. 따라서 라디오 사업은 한도 내에서 최고의 라디오 방송국 20개를 확보하기 위해 카드 놀이처럼 덱을 섞는 것이 전부였다.

거래를 성사시키기 직전에 제이코를 운영하던 랜디 마이클스(Randy Michaels)와 테리 제이콥스(Terry Jacobs)가 덴버 방송국 인수에 필요한 자금을 지원받기 위해 나를 찾아왔다. 제이코는 이미 덴버에 있는 다른 FM 방송국 중 하나를 소유하고 있었고, 이 방송국은 적자를 내고 있었기 때문에 저렴한 가격에 매입이 가능했다. 그들은 세부 사항이 담긴 두툼한 책자를 들고 시카고에 찾아와 자신들의 계획에 대한 피칭을 준비했다.

"이건 정말 좋은 거래예요." 랜디가 내게 확신을 주었다. 그는 책자를 탁자 위에 두드리며 내게 설명할 준비를 했다.

나는 "잠깐만요. 거래의 범위를 이해하세요? 우리가 그것을 사야 하는 이유가 뭡니까?"라고 말했다.

"네. 자세한 내용은 모두 이 책에 있어요." 그는 자신과 테리가 밤낮으로 열심히 일해서 이 책을 준비했다고 덧붙였다.

나는 그 책자를 집어 들고 사무실 구석으로 던졌는데 거기에 쿵 하고 떨어졌다. 랜디와 테리는 눈을 크게 뜨고 나를 쳐다보았다. "당신들이 거래의 범위를 정말 이해한다면, 이 책은 필요 없어요. 종이 한 장에 넣어도 충분해요"라고 나는 말했다. 그들은 확신하지 못하는 표정을 지었다.

"이 책은 일이 모두 잘될 거라 이야기한다고 생각해요, 그렇죠?"

그들은 고개를 끄덕였다. "만약 그게 틀렸다면 어떻게 하죠? 어떻게 빠져나갑니까?"

"무슨 말인가요?" 랜디가 물었다.

"최악의 경우에 어떻게 되나요?"

그는 "글쎄요. 상황이 꽤 나빠서 우리가 고치지 못하면 당신은 운영 자금 일부를 잃게 될 수도 있어요. 하지만 저는 400만 달러 미만 가치의 방송국을 덴버에서 본 적이 없습니다. 건물과 송신기 등 물리적 자산만으로도 그만한 가치가 있습니다."

"좋아요, 잘될 가능성은 어떻게 되나요?"

대답은 한마디로 아주 좋다는 것이었다. 그래서 나는 "그러면 해 봐요"라고 말했다.

그리고 우리는 항상 20개 방송국 한도 내에서 일을 시작했다. 우리의 전략은 기본적으로 대도시 거점 운영(hub-and-spoke) 방식으로 성장하는 것이었다. 우리는 덴버나 탬파와 같은 고성장 지역의 방송국 그룹으로 포트폴리오를 재구성한 다음 같은 지역의 다른 방송국을 인수하여 관리와 프로그래밍을 공유하고 지역 광고 기반을 강화했다.

그리고 1996년 2월 의회는 통신법(Telecommunication Act)을 통과시켰다. 이 법안에는 밴드당 20개의 방송국 한도를 없애고 50%의 시장 점유율 상한선으로 대체하는 조항이 포함되어 있었다. 즉 회사는 특정 시장에서 50% 이상을 소유하지 않는 한 원하는 만큼 방송국을 인수할 수 있었다.

나는 그 법안을 읽고 바로 랜디에게 전화를 걸었다. 그리고는 그에게 "지금 당장 시카고행 비행기를 타요"라고 말했다. 그가 도착했을 때 나는 그를 앉히고 말했다. "랜디, 지금이 당신 커리어에서 가장 중요한 순간 중 하나예요. 나가서 미국에서 구할 수 있는 모든 라디오 방송국을 사세요. 당신이 그것들을 사면 내가 어떻게 자금을 조달할지 알아낼게요."

타이밍과 실행력이 모든 것을 변화시켰다. 우리는 처음 100개의 방송국(20번에서 118번 사이)을 사들여 대부분의 돈을 벌었다. 그 이후에 다른 라디오 회사들도 인수 행렬에 참여하면서 방송국에 대한 경쟁이 심화되고 가격이 상승했지만 우리는 느린 속도로 인수를 계속했다. 그 이유는 지리적으로 집중된 대규모 포트폴리오 내에서 중복을 제거하는 경제성을 얻을 수 있었으며 방송국당 평균 가격이 매우 낮게 유지되었기 때문이다. 하지만 '퍼스트 무버(선점 우위)'의 이점이 제이코를 '리드독(선두주자)'과 홈런으로 만들었으며, 3년 만에 우리가 보유한 방송국은 20개에서 243개로 늘어났다.

제이코는 아마도 내가 수십 년 동안 보유했을 자산이었을 것이다. 하지만 제이코는 정해진 기간 내 투자자들에게 원금 회수를 약속한 사모펀드 중 하나를 통해 투자한 것이었다. 그래서 1997년 말에 우리는 회사를 매각하려는 의중을 내비치기 시작했다. 우리는 부러울 만한 포트폴리오를 구축했고 러시 림보(Rush Limbaugh), 로라 슐레싱어 박사(Dr. Laura Schlessinger), 이자 기븐스(Leeza Gibbons), 마이클 레이건(Michael Reagan) 등 가장 인기 있는 라디오 스타들을 모았다. CBS와 클리어 채널(Clear Channel)을 포함한 거의 모든 방송사들이 관심을 표명했다.

클리어 채널은 여러 가지 이유로 제이코를 인수하기에 적합했다. 나는 회사 창업자이자 CEO인 로리 메이스(L. Lowry Mays)를 좋아했다. 그는 제이코의 경영진을 유지하겠다고 약속했고 포트폴리오 관점에서 볼 때 규제 당국이 제기할 문제는 거의 없을 것으로 보였다.

그래서 우리는 1999년 업계 최고의 호황기에 제이코를 클리어 채널에 44억 달러의 시가총액에 매각했다. 총 수익률은 1,237%에 달했다. 제이코는 재미있는 투자였다.

제이코의 스토리에서 무엇보다도 중요한 것은 거시적 이벤트에서 미시적 기회를 포착하는 것이었다. 제이코의 경우 거시적 사건은 1981년 경제회복조세법이 NOL에 미치는 영향과 유사한 법안이었다. 하지만 나는 세계 이벤트, 경제 뉴스, 대화 등 모든 곳에서 기회를 찾으며 항상 산업과 기업의 방향을 결정할 큰 그림의 영향력과 이상 현상을 주시해 왔다.

그러나 '퍼스트 무버'의 이점은 확신을 필요로 한다. 라디오 업계가 통신법이 무엇을 의미하고 어떻게 시행될 것인지, 좋은 변화인지 나쁜 변화인지에 대해 고민하는 동안, 우리는 먼저 움직여 모든 라디오 방송국을 사들였다.

젤/칠마크(Zell/Chilmark) 펀드는 1990년부터 2000년까지 식료품, 라디오, 침구, 스포츠 장비, 약국, 항공 사업 분야의 10개 회사에 투자하여 총 23.5%의 내부수익률[66]을 기록했으며, 투자 자본의 2.9배에 달하는 수익을 올렸다. 1998년 펀드의 마지막 투자가 끝난 후 사람들이 내게 전화를 걸어 "다음 펀드는 무엇인가요?"라고 물었다. 나는 "다음 펀드는 없습니다"라고 말했다. 시장 상황이 바뀌었고, 대체원가 대비 높은 할인율로 부실 자산을 찾을 수 있는 시기가 끝났기 때문이다. 나는 단지 돈을 모으는 일만 하고 싶지 않았다. 만약 내가 누군가에게 투자금을 요청한다면, 내게 구체적인 논거가 있어야만 했다. 내 목표는 최대한 많은 돈을 모으는 것이 아니었다. 대신에 나는 내 자본과 내가 초대하는 사람들을 위한 투자 기회를 찾는 데 집중했다.

---

[66] 내부수익률(Internal Rate of Return) - 상업용 부동산, 사모펀드 등에서 투자에 관한 의사결정을 내릴 때 사용되는 수익률이며 투자 기간 동안의 각 현금흐름을 현재가치로 환산하여 합한 값이 투자비용과 같아지도록 할인하는 이자율을 말한다.

1990년대에 우리는 제조업, 여행, 하드웨어 및 부동산 분야에서 총 약 20억 달러에 달하는 7개의 IPO를 주도했다. 우리는 젤/칠마크 펀드로 10억 달러, 젤/메릴 부동산 펀드로 20억 달러(Zell/Merrill real estate funds)를 모금했는데 이는 모두 자기자본(주식)이었다. 또한 1999년에는 다니엘슨 홀딩 코퍼레이션(Danielson Holding Corporation)과의 또 다른 중요한 NOL 거래(아이텔과 GAMI와 유사한 거래)를 성사시켰다. 결국 다니엘슨은 코반타라는 한 가지 투자에 집중하게 되었고, 회사 이름도 바꾸게 되었다. 코반타는 세계적인 폐기물 에너지 회사로 지금까지도 내가 회장직을 맡고 있다. 그리고 이머징 마켓(신흥 시장) 부동산에 중점을 둔 사모 펀드 회사인 에쿼티 인터내셔널(Equity International)을 설립했다. 많은 일이 벌어지고 있었고 기회의 규모는 우리 사업을 완전히 새로운 차원으로 끌어올렸다.

앞서 말했듯이 개인적으로 1990년대 초반은 험난했다. 1994년 두 번째 이혼은 내 상황을 더 나쁘게 만들었다. 샤론과 나는 별거 중이었다. 엄밀히 말하면 1983년부터 별거가 시작되었다. 샤론은 아이다호 주 선밸리에서 많은 시간을 보내며 그곳에서 삶을 꾸려 나갔고 내 삶은 시카고에 있었다. 수년 동안 나는 나와 같은 책임과 목표를 가진 사람은 엄청난 관심을 필요로 하기 때문에 어쩔 수 없이 타협을 해야 한다는 결론을 내렸다. 우리 둘 다 이별을 공식화해야 한다는 긴박감을 전혀 느끼지 못했다. 결국 우리는 친구로 남게 되었고 지금까지도 친구이다. 우리가 이혼할 때쯤 내 인생관이 바뀌기 시작했지만 이에 대해서는 나중에 더 자세히 설명할 것이다.

# CHAPTER
# 6

## 카산드라
Cassandra

CHAPTER 6

　**내가** 가장 좋아하는 명언 중 하나는 조지 산타야나(George Santayana)의 "과거를 기억하지 못하는 자는 과거를 반복할 운명이다(Those who cannot remember the past are condemned to repeat it)"라는 말이다. 1980년대 부동산 산업에 이보다 더 적합한 명언은 없었다. 소위 부동산 전문가라고 불리는 많은 사람들은 불과 10년 전에 불황을 겪었음에도 불구하고 자신이 무엇을 하고 있는지 전혀 알지 못했다. 다시 한번 많은 사람들이 '이지머니'의 열기와 도시를 천정부지로 건설할 수 있다는 인식에 휩쓸렸다.

　1987년 10월의 블랙 먼데이 주식 시장의 폭락은 새로운 경기 침체의 시장이었다. 사실 우리는 미래를 담보로 돈을 빌린 셈이었는데 이제 그 만기가 도래한 것이었다. 부동산은 일반 경제에 뒤처지는 경향이 있기 때문에 부동산 업계에 미치는 영향은 아직 몇 년이 지나야 했지만 1987년 말에는 이미 너무 늦었다는 것을 알았다. 또한 이번에는 단순한 경기 순환 이상의 문제라는 것을 알았다. 우리가 목격한 구조적 붕괴는 부동산 업계에 지속적이고 근본적인 변화를 일으킬 것이었다. 나는 사람들에게 이런 일이 닥칠 것이라고 말했지만 아무도 듣지 않았다. 안타깝게도 사람들은 버블 속에 살면 바늘을 쥐고 있는 사람을 외면하는 경향이 있다.

　그래서 나는 'From Cassandra, With Love(카산드라로부터, 사랑을 담애)'라는 제목의 기사를 썼고, 그 기사는 1988년 3월 《리얼 에스테이트 이슈스(Real Estate Issues)》지에 실렸다. 카산드라는 누구도 믿지 않는 일을 정확히 예측할 수 있는 능력으로 아폴로의 저주를 받은 그리스 신화에 등장하는 인물이다. 기사에서 나는 부동산 업계에 심각한 경고를 이야기했지만 당연히 아무도 심각하게 받아들이지 않았다.

나는 내가 목격했던 공황을 기사에 인용했다. 공황은 흩어져 있었지만 확산되고 있었고 경기 침체는 극도로 과소평가되고 있었다. 사람들은 경기 침체가 언제 끝날지 물었지만 그것은 잘못된 질문이었다.

내가 기사에서 지적했듯이 이번에는 일반적인 호황-불황 사이클의 최고점과 최저점보다 더 깊은 부동산의 구조적 변화가 있었다. 공급 과잉이 분명히 한 요인이었지만 시장에서 새롭게 나타난 현실로 인해 그 피해가 가중되었다.

나는 이 모호한 생각을 수술 후 회복실에서 깨어난 환자의 상황에 비유했다. 손상 정도와 치료법을 알기도 전에 환자의 첫 번째 반응은 최악의 상황을 겪었으니 모든 것이 잘될 거라 생각하는 것이다. 그러나 다리가 부러진 환자의 예후는 방금 다리를 절단한 환자와 근본적으로 다르다. 새로 깨어난 환자는 약효가 사라지고 자신이 처한 상황을 온전히 인식하기 전까지는 그 차이를 알 수 없다. 부동산 시나리오에서 그 약은 일본의 '이지머니'였으며 이는 과잉 건설과 과잉 투자로 이어졌고 동시에 부동산 업계의 거대한 영구적 변화를 위장했다.

여기에는 저축대부조합위기[67]와 극단적인 세제 개편으로 인해 부동산 전문 대출기관이 소멸한 것이 포함되었다. 저축대부조합(S&Ls)은 연방

---

**67** 저축대부조합위기(The Savings and Loan Crisis) - 1980년대에 발생한 미국의 금융 위기로 본문에서 젤이 이야기한 저축대부조합의 무분별한 자산 담보 대출로 인해 1986년부터 1995년까지 3,234개의 저축대부조합 중에서 1,043개가 도산하는 결과를 초래하였다.

정부가 보증하는 대출을 장기 고정 금리로 제공했다. 인플레이션이 상승하고 연준이 금리를 두 배로 올리자 S&L은 예금자를 유치할 수 있는 경쟁력을 잃었고 대부분의 사업을 단기금융시장(money market)에 빼앗기면서 은행의 자금이 고갈시켰다. 절망에 빠진 많은 S&L들은 위험한 투기성 대출을 제공했고 일부에서는 사기를 저질러 상황을 악화시켰다.

S&L이 생명을 유지하던 중 1986년 조세개혁법(TRA 86)은 부동산 투자의 주요 동기 중 하나인 자본 이득 및 기타 세금 혜택을 없애 부동산 업계에 또 다른 치명타를 입혔다. TRA 86 발표 전까지 부동산 투자자들은 대체로 소극적이었다. 투자자들로 구성된 신디케이트(대부분 의사, 변호사, 또는 아버지와 같은 사업가들)는 돈을 모아 부동산을 매입하고 관리 회사를 고용하여 운영했다. 그들은 부동산 감가상각을 다른 소득의 세금을 상쇄하기 위한 세금 감면 방안으로 활용했다. 감가상각을 통해 세금을 상쇄하는 것은 달콤한 거래였다. 그러나 TRA 86은 세금 혜택을 대폭 제한함으로씨 부동산의 투자 가치를 크게 떨어뜨렸다.

나는 '카산드라' 기사에서 이렇게 설명했다. "여기서의 예언은 소비적이고 마초적인 산업에 쓴 약을 뜻한다. 과거의 과잉 건설과 수요, 사용 및 경제성의 구조적 변화를 인식하고 구별하지 못한다면 트로이의 문을 열었던 사람들과 같은 역사적 비판을 받을 것이다."

나는 그 기사에 대해 많은 비난을 받았다. 어떤 사람들은 "샘이 이런 비관적인 기사를 계속 쓰는 이유는 모두 자신을 위해 좋은 거래를 찾으려 하기 때문이다"라고 말했다. 하지만 나는 비관적이지 않았고 현실적이었다. 그리고 무슨 일이 일어날지 완벽히 알고 있었다.

1980년대의 잠재적 기회는 1970년대와 비교해서 또 다른 큰 차이가 있었다. 1970년대에는 부동산 위기로 인해 매우 싼 가격에 자산을 매입할 수 있는 기회가 있었다. 판매자들은 자산을 시가로 평가할 필요가 없었기 때문에 자금 조달(분납 조건)을 제공했다. 1980년대에 소유주들은 자산을 감액 처리해야만 했다. 따라서 할인된 자산을 매입하기 위해서는 많은 현금이 필요했다.

그래서 메릴린치에 전화를 걸어 "투자자들의 현금을 모아 부실 부동산을 매입하는 파트너가 되는 기회 펀드를 만들고 싶군요"라고 말했다. 나를 포함해서 누구도 이런 종류의 펀드를 만든 적이 없었지만 그들은 훌륭한 아이디어라고 생각했다. 메릴린치는 첫 번째 펀드의 목표 금액인 5%를 투자하고 나머지 자본금을 늘리겠다고 말했다.

6개월이 지났지만 단 한 군데에서도 약속이 없었다. 그래서 나는 그 프로세스를 이어받아 1989년 5월 10일부터 6월 30일까지 직접 발로 뛰었다. 돈을 모으려면 내가 직접 해야 한다는 것을 깨달았다. 나는 52일 중 42일을 메릴린치의 투자은행가들과 함께 여러 도시를 돌며 하루에 3~4번씩 프레젠테이션을 했다. 지금 나를 아는 사람들은 내가 정장과 넥타이를 매는 것을 좋아하지 않는다는 것을 잘 알 것이다. 그래서 의전을 개발했다. 비행기가 착륙할 때 정장과 넥타이를 매고, 회의에 가서 발표를 하고, 다시 비행기에 올라 청바지와 스웨터로 갈아입었다. 우리가 다음 도시로 향하고 착륙하면 나는 다시 정장으로 갈아입는 식이었다. 나는 4억 달러(오늘날 약 7억 8,500만 달러)를 모았고, 클로징 만찬에서 메릴린치 팀은 셔츠와 넥타이가 꿰메어져 있고 지퍼가 달린 핀스트라이프 정장을 선물로 주었는데, 그냥 들어가서 지퍼를 끌어 올리기만 하면 바로 착용이 가능했다. 그 후 나는 몇 년 동안 그 정장을 사무실 옷걸이에 걸어 두었다.

어쨌든 로드쇼를 시작했을 때, 펀드 자금을 모으는 데 가장 어려웠던 점은 우리가 피칭했던 사람들이 위기를 인식하지 못하고 여전히 파티(강세장)에 빠져 있었던 것이었다. 그렇다면 그들은 어떻게 기회를 볼 수 있었을까?

다음 장면을 상상해 봐라. 내가 문을 열고 들어가서는 이렇게 말했다. "우리는 역사상 최악의 부동산 위기를 겪게 될 겁니다." 그러면 어떤 남자는 나를 쳐다보며 "무슨 소리예요? 올해 부동산 수익률은 12%입니다"라고 대답한다. 나는 기회에 대해 이야기하기 전에 실제로 무슨 일이 일어나고 있는지 그를 이해시켜야 했다. 공실률과 관련 지표들을 보여 주고 모든 조건들이 엄청난 하락에 맞춰져 있음을 증명했다. 그런 다음 우리가 하락 후에 상황을 수습하여(자산들을 싼 값에 매입하여) 엄청난 돈을 벌 것이라고 확신시켜야 했다.

아니나 다를까 그 후 몇 년 동안(1990년대 초반까지), 붕괴는 점점 더 분명해졌다. 대부분의 개인 부동산은 80~90%의 레버리지 비율을 보였고 입주율과 임대료가 하락했으며, 부채 상환은 지속 불가능해졌다. 수십 년 동안 업계를 지배했던 많은 대형 부동산 업체들 중 상당수가 도산했다. 대공황 이후 최악의 부동산 위기라고 불렸다.

나는 1990년 10월 부동산 업계 이벤트 기조연설에서 "95년까지 살아 계세요(Stay Alive 'til '95)"라는 문구를 만들었고 이 문구는 부동산 업계의 모토가 되었다. 내 요점은 아무리 똑똑해도 버틸 힘이 없거나 자산을 계속 붙잡을 수 없다면 아무 소용이 없다는 것이다. 4년 후 시장은 살아날 조짐을 보이기 시작했고 우리는 최악의 상황을 겪었다. 그래서 부동산 업계의 고군분투를 기리기 위해 비지스(Bee Geees)의 "살아남기(Stayin' Alive)" 가사를 다시 쓰고 가수들에게 노래를 녹음하게 했다. 나는 기울어져 가는 오피스 빌딩을 지탱하기 위해 필사적으로 노력하는 4명의 임원들을 묘사한 맞춤형 철제 조각품/뮤직 박스를 주문 제작했고 그중 수백 개를 부동산 업계의 리더들에게 보냈다.

여담으로 1970년대 이후로 내가 매년 만들어 온 선물들은 점점 더 정교해졌다. (한계를 시험하려는 성격의 단점이라고 할 수 있다.) 오늘날 그것들은 움직이는 기계식 뮤직박스 조각품들인 맞춤형 자동인형의 형태로 바뀌었다. 수령자 명단도 늘어나 600여 명의 친구, 동료, 사업 동료로 구성된 그룹이 이 선물을 받고 있다. 매년 선물이 배달될 때 사람들의 반응에 큰 보람을 느낀다. 이 선물들은 미국과 다른 국가 회사들 임원 사무실 선반에 진열되어 있으며 받는 사람들은 친구들을 위해 재생하고 가사에 대해 이야기한다. 이러한 선물들은 참신하고 우리 에쿼티 브랜드가 독특하다는 대화의 시작점이다.

아래는 비지스(Bee Geees)의 〈살아남기(Stayin' Alive)〉 가사 수정본이다.

Well you can tell by the way I've walked my talk
(내 말을 실천한 것을 보면 알 수 있어요)

I'm a real estate man, it's time to talk:
(나는 부동산 전문가예요. 이제 말할 시간입니다)

Market's been cold but it's getting warm
(시장은 차가웠지만 점점 따뜻해지고 있어요)

We've been kicked around since Tax Act Reform
(우리는 조세개혁법 이후로 이리저리 쫓겨 다녔어요)

But now it's all right, it's OK
(하지만 이제 괜찮아요, 괜찮아)

We've lived to see another day
(우리는 또 다른 날을 보기 위해 살았어요)

We set out to understand replacement cost and where it stands
(우리는 대체원가와 그것이 어디에 있는지 이해하기 시작했어요)

Whether you're a banker or whether you're an owner

(당신이 은행가이든 오너이든)

You're stayin' alive, 'til '95

(95년까지 살아 있어요)

Feel the winds a-blowin', occupancy's growing'

(바람이 부는 것을, 입주율 증가를 느껴 보세요)

And we're stayin' alive, 'til '95

(그리고 우리는 95년까지 살아 있어요)

Ah, ha, ha, ha, stayin' alive.

(아, 하, 하, 하, 95년까지 살아 있어요)

몇 년 후 회귀 분석 결과, 이 기간 동안 부동산 업계의 총 손실액은 800억 달러를 넘었고 상업용 부동산 가치는 최대 50%까지 하락한 것으로 추산되었다.

젤/머릴 펀드는 전국에 흩어져 있는 자산을 선별할 수 있는 완벽한 위치에 있었다. 하지만 자금을 모으는 것이 힘든 만큼 처음에는 투자하는 것도 어려웠다. 우리가 너무 일찍 시작한 나머지 매각자들은 부동산의 가치를 전혀 알지 못했기 때문에 계속 결정을 미뤘다. 마침내 시장과 가격이 안정되기 시작했고, 대출기관들은 장부에서 부동산을 없애기 위해 서둘렀다. 나는 유일한 구매자였다.

1995년 무렵, 우리는 인상적인 트로피 오피스 빌딩(trophy office building)[68]들을 모았고 이 포트폴리오를 리츠로 상장시키는 방안을 고려

---

[68] 트로피 빌딩(trophy building) - 부동산 용어로 트로피란 가장 유명하고 수요, 공급, 가치 측면에서 볼 때 부동산 시장에서 최고급 부동산 자산 등급을 가리키는 용어이다. 쉽게 말해서 트로피 오피스 빌딩이란 최고급 오피스 건물을 말한다. 예를 들어 뉴욕 엠파이어 스테이트 빌딩, 시카고의 윌리스 타워, 젤이 본문에서 언급하는 뉴욕의 록펠러 센터 등이 있다.

하기 시작했다. 그래서 맨하탄의 록펠러 센터가 매물로 나왔을 때, 우리가 회사를 상장한다면 록펠러 센터가 우리 오피스 포트폴리오를 상징하는 데 있어 최고의 장식이 될 것이라 생각하며 인수에 참여했다.

그것은 엄청난 자산을 놓고 벌인 치열한 싸움이었다. 나는 이 거래에 대한 영화 판권을 소유했으면 좋겠다고 농담을 하곤 했다. 일본의 거대 부동산 기업인 미쓰비시, 데이빗 록펠러, 아그넬리 가문, 골드만 삭스, 제너럴 일렉트릭, 월트 디즈니와 같은 거물들이 록펠러 센터의 인수에 참여하고 있었다. 믿기지 않는 캐스팅이었다.

1980년대 일본의 미국 부동산 투자가 절정에 달했을 때, 미쓰비시는 록펠러 센터를 소유한 파트너십 법인인 록펠러 그룹의 지분 80%를 매입했다. 이 거래의 배후에는 RCPI라는 신생 리츠가 보유한 13억 달러 모기지(주택담보대출)가 있었다. 1995년 5월, 시장 약세로 소유주가 부채를 상환할 수 없게 되자, 모기지는 디폴트가 되어 RCPI의 주요 수입원이 차단되었고 RCPI는 파산 신청을 했다. 우리는 완전한 소유권 확보를 궁극적인 목표로 2억 5,000만 달러를 투자하여 RCPI의 50% 지분을 인수하는 거래를 제안했다.

이것은 내가 협상의 모든 측면을 주도한 마지막 거래였을 것이다. 끊임없는 컨퍼런스 콜과 일대일 미팅 등 거래의 강도는 여태까지 경험한 것과는 비교할 수 없는 수준이었다. 또한 내 동기가 금전적인 것보다 자만 때문이라는 추측을 포함해서 원치 않는 주목을 많이 받았다. 하지만 나를 아는 사람이라면 누구나 이해하듯이 소문은 진실과는 거리가 멀었다. 결국 우리는 심연을 건널 수 없었고 록펠러 센터는 골드만 삭스, 티쉬먼 스피어, 데이빗 록펠러로 구성된 합작 투자 법인에 넘어갔다.

협상 과정에서 많은 난관이 있었지만 시카고 출신의 남자가 뉴욕시의 아이콘을 할인된 가격에 매입하는 데 열성적이지 않았다는 사실은 협상 과정 내내 의심의 여지가 없었다. 나는 지역 이해관계에 유독 취약한 자산들이 있다고 생각하는데 록펠러 센터도 그중 하나였다.

1989년부터 1996년까지 우리는 4개의 젤/머릴 펀드(Zell/Merrill Fund)를 조성하여 총 21억 달러를 모았다. 우리는 다양한 자산군을 매입했지만 주요 목표는 우량 오피스 빌딩을 대체원가보다 크게 할인된 가격에 매입하는 것이었다.

20년 후인 2008년에 시장이 다시 붕괴되었을 때 내 전화는 나와 함께 그레이브 댄싱의 매수 행렬에 동참하기를 열망하는 사람들로 바쁘게 울렸다. 그 후 몇 년 동안 나는 이것이 완전히 다른 불황이라고 반복해서 설명해야 했다. 상업용 부동산에 그레이브 댄싱 기회가 없었기 때문에 나는 펀드를 모금하지 않을 것이었다. 저금리 또는 제로 금리인 상황에서는 대출기관들이 장부에 자산을 계속 포함시키는 데 비용이 들지 않는다.[69] 이제 부동산 대출 업계의 모토는 "연장하고 가장해라(Extend and Pretend)"[70]이다. 만기가 재연장되는 대출은 손실이 없다. 즉 높은 부채가 있는 (레버리지 비율이 높은) 부동산의 소유주는 상황이 좋아질 때까지 만기가 도래하는 대출을 연장할 수 있다. 강제로 매각해야 하는 상황이 없기 때문에 싼 물건들이 넘쳐 나지 않는다.

---

**69** 자산을 장부에 계속 포함시킨다는 말은 쉽게 말해서 자산을 계속 보유한다는 뜻이며 소유주가 자산을 보유하는 기간 동안 매 회계 연도마다 자산의 장부가액을 대차대조표에 계속 기록하는 것을 말한다.

**70** "연장하고 가장해라(extend and pretend)" - 대출 기관이 대출을 상환하지 못하는 채무자들에게 대출을 상환할 시간을 더 주고, 해당 부실 대출에 문제가 없는 것처럼 가장하는 전략을 말한다. 이 전략은 은행이나 다른 대출 기관이 대출 손실을 피하기 위해 사용되며 대출자가 재정적으로 다시 회복할 수 있는 시간을 버는 방법이 될 수 있지만 시간이 지날수록 대출자의 부채 부담이 증가하여 상환이 더욱 어려워지는 상황도 발생할 수 있다.

1990년대 초 부동산 소유주들은 자본이 절실했고 의지할 곳은 자본 시장뿐이었다. 메릴 린치의 리처드 솔츠먼(Richard Saltzman)은 금융 혁신과 업계의 잠재력에 대한 통찰력을 갖춘 현대 리츠 시대의 든든한 조력자였다.

나는 1993년에 나의 첫 부동산 회사를 상장시켰다. 젤/메릴 펀드 외에도 우리는 지난 20년 동안 다른 자산군에서 막대한 포트폴리오를 축적해 왔다. 우리는 47개의 조립식 주택 커뮤니티를 보유한 매뉴팩쳐드 홈 커뮤니티스(Manufactured Home Communities, 줄여서 MHC)를 뉴욕 증권 거래소(New York Stock Exchange)에 처음 선보였다. MHC는 현재 ELS(Equity Life Style Properties)로 알려져 있다. 이 회사는 현대 상업용 부동산 시대에 리츠로 상장한 최초의 회사 중 하나였다.

오늘날 ELS는 미국 최대 규모의 조립식 주택 커뮤니티 및 캠핑카 차량(RV) 공원 부지를 소유하고 있으며 내가 가장 좋아하는 회사 중 하나이다. ELS는 IPO 이후 연평균 17%의 수익률을 기록하며 그 어떤 리츠보다 가장 지속적이고 높은 수익률을 보였다. 그리고 그것은 역발상적인 투자였다.

조립식 주택의 이미지는 저가 시장이다. 사람들은 일시적인 주거지 또는 저소득층의 환경을 떠올린다. 〈욕망이라는 이름의 전차(A Streetcar Named Desire)〉에 나오는 말론 브란도처럼 찢어진 티셔츠를 입은 남자가 허름한 박스 밖에서 핫도그를 굽고 맥주를 마시며 "스텔라!"라고 외치는 것처럼 말이다. 어쨌든 그게 내 인식이었다

그러나 1984년에 거래를 실사[71]하면서 경쟁 회사를 분석하던 중

---

71  실사(due diligence) - 투자의 타당성을 분석하고 문제점들이 없는지 파악하는 일을 실사라고 한다.

MHC를 발견했다. 우리는 미국에서 가장 큰 부동산 소유주 중 하나였지만 조립식 주택 단지에 대해 아무것도 몰랐다. 그래서 선임 투자 담당자들 중 한 명을 플로리다로 보내 확인하게 했다. 그는 내게 전화해서 알아들을 수 없는 목소리로 말을 했다. "내가 보고 있는 것을 믿을 수 없어요. 이 조립식 주택들을 살펴봤는데…."

"별로야?" 나는 물었다.

"아니, 아니, 이해를 못 하는군요"라고 그가 외쳤다. "이건 정말 멋진 자산입니다. 대단해요!"

그리고 실제로 그랬다. 트리젝 프로퍼티즈(Trizec Properties)가 소유하고 있던 MHC 포트폴리오는 조립식 주택 자산군에서 미국 최대 규모의 최상급 포트폴리오 중 하나였다. 호숫가, 해안가, 숲이 우거지고 조경을 갖춘 아름다운 부지들이었다. 믿을 수가 없었다. 마치 스타일리시한 동네 같았다. 현관과 차고, 클럽하우스와 골프장까지 갖추고 있었다.

그래서 수치를 살펴본 결과 위험 대비 보상 비율이 매우 높다는 사실을 발견했다. 님비[72] 규제로 인한 제한적인 공급은 진입 장벽을 만들었고, 새로운 커뮤니티 개발이 매우 어려웠다. 그리고 그 포트폴리오의 회전율은 1% 정도였다. 주민들이 그곳으로 이사하면 떠나는 경우는 거의 없었다.

우리가 조립식 주택을 매입할 당시만 해도 수준 높은 부동산 세계에서 이러한 커뮤니티에 대해 관심을 가진 사람은 아무도 없었다. 그들의 레이더 화면에도 없었다. 하지만 우리는 '모바일 촌뜨기'라는 꼬리표가 붙거나 '트레일러 쓰레기'라는 조롱을 듣는 것에 신경 쓰지 않았다. 우리는 기회와 수익을 찾아 떠돌아다니는 유목민이었다. 조립식 주택 사업을 상장

---

[72] 님비(not in my back yard, 줄여서 NIMBY) - 자신이 속한 지역에 이롭지 않은 일을 반대하는 집단행동

시키는 것은 쉬운 일이 아니었다. 월스트리트의 사람들에게 이 사업이 왜 성공할 수 있는지 설명하려면 모든 창의력과 기술이 필요했다. 그래서 우리는 메시지를 전달하기 위해 티셔츠를 만들었다. 만화 그림은 내가 한 남자의 목을 조르고 있고, 그 위의 자막에는 "약해 빠진 놈, 마지막으로 말하지만 이건 트레일러가 아냐!"라고 쓰여 있었다. 결국 IPO는 매우 성공적이었지만 모두가 납득한 것은 아니다. 특히 회의적이었던 투자자 한 명이 기억에 남는다. 배런스(Barron's)가 IPO에 앞서 기사를 썼을 때, 그 투자자가 조립식 주택 투자로 자신을 폄하하지 않겠다고 말한 것을 기사에 인용했다. 그는 "나는 패스할 거예요"라고 말했다.[73] 그래서 IPO가 완료되고 5:1로 초과 청약이 되었을 때 나는 그 남자에게 "패스하려면 아마도 이게 도움이 될 겁니다"라는 메모와 함께 (미식) 축구공을 보냈다.

ELS는 상장 기업이 된 지 약 12년이 지나자 성장이 멈췄다. 사업은 잘 되었지만 업계에서 인수할 매물이 없었다. 조립식 주택 부지 소유주는 조립식 주택이 장기적으로 훌륭한 자산이라는 것을 깨달았고 팔지 않았다. 그리고 이 분야를 그토록 매력적으로 만들었던 님비 현상은 개발을 저해하는 요소로 작용했다.

우리는 문제 해결에 착수했고 캠핑카 공원(RV park)이 조립식 주택 커뮤니티와 근본적으로 동일한 특성을 가지고 있다는 사실을 발견했다. 캠핑카 공원은 조립식 주택 비즈니스 모델의 작은 버전이었다. 즉 우리는 토지를 소유하고 임차인은 건물을 소유하기 때문에 임차인 회전율이 낮았다. 또한 캠핑카 공원은 조립식 주택 커뮤니티와 비슷한 세입자 인구 통계, 동일한 유형의 부지와 동일한 현금흐름 특성을 가졌다.

따라서 ELS는 이러한 혼합 자산군을 결합하고 상장시킨 최초의 회사

---

[73] 투자 용어로 '패스(pass)한다'는 뜻은 투자에 참여하지 않겠다는 뜻이다.

가 되었다. 아이러니하게도 조립식 주택 산업은 캠핑카 부지를 포함하도록 경계를 확장하는 것에 대해 편협한 시각을 보였다. 부동산 업계가 조립식 주택 부지를 포함하는 것을 꺼렸던 것처럼 말이다.

오늘날 ELS는 미국 최대의 조립식 주택과 캠핑카 '리조트' 포트폴리오를 보유하고 있다. ELS는 32개 주와 브리티시 컬럼비아에서 약 140,000개 이상의 부지를 관리한다. 1993년 IPO 이후 ELS의 시가 총액은 2억 9,600만 달러에서 60억 달러 이상으로 성장했다.

그해 말에 우리는 17,000개 유닛 아파트 포트폴리오인 EQR(Equity Residential)도 상장시켰다. EQR의 진화는 미국에서 발생하고 있는 급격한 인구 통계 변화를 가장 잘 보여 주는 사례 중 하나이다. 25년 전 EQR이 상장했던 당시에는 교외 정원 아파트들이 다가구 주택의 표준이었으며 EQR의 자산들도 교외 정원 아파트를 중심으로 구성되었다. 인터넷이 사람들이 아파트를 찾는 방식에 혁명을 일으키기 전까지만 해도 가장 각광받는 자산은 고속도로 정면 조망이었으며 이는 주요 마케팅 도구로 활용되었다. 나는 고속도로 변에 있는 우리 건물의 현수막을 기억한다. 그 현수막에는 "당신이 여기 살았다면 지금쯤 집에 도착했을 겁니다"라고 쓰여 있었다.

2000년대 초, 나는 내 일생에서 가장 큰 문화적 변화가 될 것이라고 믿었던 결혼 연기를 눈앞에서 목격했다. 대학을 졸업한 첫해에 결혼한 나와 내 대학교 친구들과는 달리 사람들은 결혼을 하기까지 점점 더 오랜 시간을 기다렸다. 각 세대마다 32세까지 결혼율이 10% 이상 감소했다. 나는 싱글들이 활동적인 삶을 원하고 이를 위해 거의 모든 것, 특히 면적을 희생할 것이며 더 많은 비용을 지불할 거라 생각했다. 그들은 넓은 생활 공간보다 많은 커뮤니티 공간을 원할 거라 믿었다. 그래서 우리는 교외의 정원 아파트에서 연중무휴 대도시의 고층 빌딩으로 EQR의 포트폴리오를 재구성하기 시작했으며 2015년에 이 변화를 완료했다. 그해에 EQR은 300억 달러의 시가 총액과 함께 미국에서 진입 장벽이 가장 높은 6대 시장에서 대체 불가능한 아파트 단지를 확보하며 해를 마감했다.

오늘날 아파트는 고속도로 정면 대신 대중교통, 식료품점, 스타벅스, 체육관까지 몇 걸음을 걸어야 하는지 "도보 점수(walk scores)"로 가치가 측정된다. 더 깊이 들어가면 결혼 연기로 인한 산업 전반의 변화를 확인할 수 있다. 1990년대부터 시작된 우선순위, 라이프 스타일, 가처분소득(disposable income)의 변화는 새로운 소비주의 시대를 예고했다. **부동산은 단순히 무생물인 건물에 관한 것이 아니다. 부동산은 종종 국가의 맥박을 반영한다.**

**내가** 현대의 리츠 산업을 발명하지 않았지만 그것을 춤추게 만든 역할을 했다고 말하고 싶다. 나의 역할은 강력한 기업 지배구조에 초점이 맞춰져 있었다. 내 목표는 부동산 산업이 기관 투자자들 사이에서 자체적으로 배분되어 독립적인 자산 클래스로 자리 잡도록 하는 것이었다. 그 일은 동종업체들, 연기금, 보험 회사, 은행, 정치인들 앞에서 많은 로비와 설교가 필요했다. 당시만 해도 부동산이 미국 재계의 최상위층으로 올라갈 수 있다는 생각은 터무니없는 것이었다. 하지만 우리가 강한 의지가 있다면 그곳에 도달할 수 있다고 믿었다.

1992년 말, 토브먼 센터(Taubman Centers)의 IPO를 진행하는 동안 모건스탠리는 업리츠(UPREIT) 구조를 만들었다. 사실상 기존 기업 구조조정 조항의 또 다른 버전에 불과했지만 부동산 업계에 적용된 적은 없었다.

이는 부동산 업계의 판도를 바꿨다. 업리츠는 부동산 소유주가 운영 지분을 대가로 자산을 법인에 양도할 수 있는 방법을 제공했으며, 운영 지분은 1:1 비율로 리츠 주식으로 전환이 가능하기 때문에 세금 부담을 연기할 수 있었다. 즉, 업리츠는 대규모 부동산 보유자가 주식을 팔지 않는 이상, 과세 의무를 유발하지 않고 유동성을 창출할 수 있는 방법론을 확립했다. 이 구조 덕분의 대규모 개인 부동산 보유자들 대다수가 자신의 포트폴리오를 공모 시장에 법인화(상장)시킬 수 있었다.

우리를 비롯해서 부동산 업계의 새로운 리더들은 이 새로운 수단의 잠재력을 즉시 알아차렸지만 현상 유지를 선호하는 사람들은 항상 존재한다. 1994년 네덜란드에서 열린 전미 부동산 투자신탁 협회(National Association of Real Estate Investment Trusts, 줄여서 NAREIT) 연례행사에서 집행위원 중 한 명이 일어나 업리츠 구조의 타당성과 업리츠가 부동산 업계에 가져오는 혜택에 대해 이의를 제기했다. 나는 분노한 나머지 나중에 NAREIT의 책임자에게 전화를 걸었고 그에게 선택권을 주었다. 그 집행위원을 해임하거나 아니면 내가 직접 업리츠 협회를 설립하든지 둘 중 하나를 택하라고 말이다. 좋은 소식은 내 교묘함이 먹혔다는 것이다.

실제로 업리츠는 약속했던 모든 것을 이루었다. 리츠 산업이 다른 국가로 뻗어 나가면서 외국 법률은 업리츠 구조를 허용하지 않았다. 내재된 세금 부담으로 인해 비상장 부동산 포트폴리오를 시장에 상장할 수 있는 이점이 제한되었으며, 이는 성장과 투자 기회를 크게 저해했다.

시간을 거슬러 올라가면 상업용 부동산이 수수께끼에 싸여 있던 '암흑기'에서 상장 리츠 산업의 탄생은 엄청난 변화였다는 것을 알 수 있다. 내부자 외에는 아무도 알아낼 수 없었다. 브로커(부동산 중개인)들이 모든 카드를 쥐고 있었고 입을 굳게 닫았다. 시장이나 자산에 대한 가시성이 없었고 지표도 없었다. 부동산 업계의 불투명성은 과잉 건설과 극단적인 사이클로 이어졌다. 또한 부동산 사업자는 주주들의 최선의 이익을 무시하는 것으로 악명이 높았고 초기의 리츠는 저급한 자산의 투기장으로 이용

되는 경우가 많았다.

1993년 최초의 현대식 리츠가 등장할 무렵, 나는 지난 10년 동안 우리 회사들을 위해서 공모 시장에서 직접 공부한 이점이 있었다. 나는 월스트리트에서 효과가 있었던 것과 위대한 기업에게 기대하는 것이 무엇인지 잘 알고 있었다. 그리고 부동산 산업의 평판이 나쁘다는 것을 알았다.

1993년 나는 NAREIT 집행위원으로 임명되었고 연례 회의에서 연설을 했다. 나는 최근 부동산 산업의 공모 시장 진입이 1984년 텍사스 휴스턴에서 본 범퍼 스티커를 떠올리게 한다고 말했다. 스티커에는 "제발 신이시여 한 번만 더 오일 붐을 일으켜 주시면 망치지 않겠다고 약속드리겠습니다"라고 쓰여 있었다.

나는 우리 업계가 월스트리트에서 번창하려면 어떻게 해야 하는지 간략하게 설명했다. 요약하자면 투명성, 예측 가능성, 책임감의 문제였다. 우리는 투자자들의 신뢰를 얻어야 했다. 즉 우량 부동산 자산으로 리츠를 만들고, 자본 대비 부채 비율을 낮게 유지하며 미래의 기대치보다는 현재 이익을 판매하고, 스폰서와 자산 관리자들이 이해관계가 있고 주주 가치 증대를 위해 인센티브를 받을 수 있도록 보장해야 했다.

업계의 방향에 큰 영향력이 있었던 소규모 투자 펀드의 집합체 '리츠 마피아(The REIT Mafia)'는 이러한 변화를 수용했고, 1990년대 초 70억 달러에 불과했던 리츠 산업은 2016년 1조 달러 이상으로 성장했다. 오늘날 리츠는 S&P 500에 편입해 있는 높이 평가받는 자산군이다.

상장 리츠의 우월함은 실물 자산을 투명하고 예측 가능한 유동 자산으로 바꾼다는 것이다. 또한 매년 과세 소득의 90% 이상을 주주에게 배당해야 하기 때문에 배당금이 높은 편이다. 낮은 레버리지 덕분에 상업용 부동산 업계는 전반적으로 경기 순환과 변동성이 훨씬 적다. 2008년의 경제위기를 극복한 상업용 부동산의 모습을 보면 단독주택 부동산과는 대조적이다. 내가 성장한 발판이 되었고 많은 것을 안겨 준 부동산 업계에 대해 이보다 더 자랑스러울 수 없으며 이러한 발전에서 내 역할이 내 커리어의 가장 큰 업적 중 하나로 생각한다.

**내가** '카산드라' 기사를 쓴 지 약 10년 후인 1990년대 후반, 닷컴 버블이 부풀어 오르고 있었다. 시장은 새로운 웹사이트가 나올 때마다 열광했다.

아이디어를 먼저 내는 것만으로도 충분했다. 사이트에 더 많은 '시선'을 집중시키는 것만으로도 충분했다. 식료품 배달, 애완동물 사료 배달, 온라인 퀴즈를 제공하는 것만으로도 충분했다. 하지만 매출이 어디서 나오는지 알 수 없었다.

나는 1999년 새해 전날 저녁 식사 자리에 있었던 것을 기억한다. 모든 것이 무너지기 불과 몇 달 전이었다. 프랑스 남부에서 친구들과 함께 휴가를 보내고 있었는데 모두 수준 높은 사업가들이었다. 나는 테이블을 둘러보며 간단한 질문을 던졌다. "오늘 야후의 시가 총액은 1,000억 달러야. 만약 내가 자네들에게 현금 250억 달러를 준다면 지금까지 야후가 이룬 성과를 재현할 수 없다고 생각하는 사람이 이 중에 있어?" 이 대화를 통해 시장 가치가 현실과 완전히 동떨어져 있음을 확인할 수 있었다.

몇몇 사람들이 언쟁을 벌였지만 궁극적으로 모두가 할 수 있을 것이라고 인정했다. 즉, 진입 장벽이 없다는 것을 의미했다. 물론 매출이라는 성가신 작은 문제가 여전히 남아 있었다.

그 무렵 우리 회사의 크리에이티브 팀은 6개월 전에 시작한 연례 선물을 완성한 상태였다. 바로 "벌거벗은 임금님(The Emperor Has No Clothes)"을 묘사한 음악 조형물이었다. 나는 당시 테크 회사의 부풀려진 밸류에이션을 공격하는 가사를 썼는데 비꼬는 가사였지만 나중에 선견지명이 있는 것으로 드러났다. 음악적 메시지는 〈50 Ways to Leave Your Lover(연인을 떠나는 50가지 방법)〉의 곡조에 맞춰져 있었다.

The problem is all inside your head she said to me
그녀가 내게 말하길 문제는 모두 네 머릿속에 있어
The answer is easy if you think less logically
덜 논리적으로 생각하면 답이 쉬워
I'd like to help you all get rich at 23
난 23살에 너희 모두가 부자가 될 수 있도록 돕고 싶어
There must be 50 ways to make a billion
10억 달러를 버는 데 50가지의 방법이 있음이 틀림없어
Just add a dot com, Tom
톰, 그냥 닷컴만 추가하면 돼
Front your name with an E, Lee
리, 이름 앞에 E를 붙여
Start auctioning toys, Roy
로이, 장난감 경매를 시작해
And set yourself free
그리고 자유를 얻어
But she never said what happens in cold economic light
하지만 그녀는 냉정한 경제적 관점에서 무슨 일이 일어나는지 결코 말하지 않았어
Are the emperor's clothes on, will discount cash flows dictate flight?
황제가 옷을 입고 있어? 할인 현금흐름이 비행을 지시하는 거야?
So I wonder, can all this cyber math be right?

그래서 나는 궁금해. 이 모든 사이버 수학이 맞는 거야?

Are there 50 ways to make a billion?

10억 달러를 버는 데 50가지 방법이 있어?

나는 카산드라처럼 내 가설이 통념에 어긋날 때 불신을 받을 수밖에 없는 운명인 것 같았다. 물론 통념을 깨는 비결은 이러한 가설을 수익화시키는 것이다. 1997년이 되자 우리 사업은 다시 현금흐름이 흑자로 돌아선 게 아니라 폭발적으로 성장하고 있었다. 우리는 IPO를 통해 유동성을 창출했고 젤/칠마크 펀드로 10억 달러, 젤/메릴 펀드로 20억 달러 이상을 모금했다. 우리는 살아남았고 나는 밥과 함께 일궈 온 사업을 유지했다.

그 해에 나는 젤/메릴 오피스 빌딩 포트폴리오를 리츠로 전환하기로 결정했다. 그때까지 우리는 액티브 및 패시브 연기금, 보험 회사, 개인 투자자 등 많은 투자자들과 함께 4개의 펀드를 운용하고 있었다. 그들은 원래 하나의 보증, 이해와 형식에 따라 젤/메릴에 투자했다. 이제 우리는 그들에게 완전히 새로운 기회를 받아들이고 이익에 대한 대가로 "검증되지 않은" 리츠 주식에 투자하도록 요청했다. 정말 어려웠던 일은 그들이 주식의 가치, 거래량, 분기별 배당금 등 여러 가지 문제에 대해 질문했고 우리는 이러한 많은 질문에 답할 수 없었던 것이다. 하지만 그들은 우리가 제안한 기회에 뛰어들었고 1997년에 우리는 에쿼티 오피스 프로퍼티스 트러스트(Equity Office Properties Trust, 줄여서 EOP Trust)로 상장했다.

우리는 전국에 걸쳐 3,200만 평방 피트 이상의 오피스 공간으로 구성된 90개의 빌딩들로 뉴욕 증권 거래소에 데뷔했다. 우리는 평균 임대 기간이 7년인 기관 수준의 임차인을 보유하고 있었기 때문에 예측 가능한 매출 흐름에 대한 가시성을 확보할 수 있었다. 그리고 5.7%의 배당금을 지급했다. 우리가 이 플랫폼을 성장시킬 수 있다고 믿었고 에퀴티 오피스가 월스트리트에서 히트할 거라 확신했다. 적어도 한동안은 그랬다.

# CHAPTER 7

## 갓파더 오퍼

A Godfarther Offer

# CHAPTER 7

'**타이밍이** 가장 중요하다(Timing is Everything)'. 글로벌 부동산 시장이 폭락하기 직전에 역사상 가장 큰 거래를 마친 상황에 실제로 맞닥뜨리기 전까지는 이 말은 진부한 표현일 뿐이다. 하지만 완벽한 타이밍은 뒤늦게야 드러난다. 2007년 초에 390억 달러에 달하는 에쿼티 오피스(Equity Office)의 매각을 완료했을 때만 해도 이야기가 어떻게 전개될지 전혀 예상하지 못했다.

나는 당시의 부동산 가치가 최고점에 이르렀다고 믿었다. 모든 징후가 사이클의 끝을 가리키고 있었다. 하지만 그것이 매각 거래를 한 이유는 아니다.

에쿼티 오피스는 미국에서 가장 큰 리츠였다. 우리가 미국의 모든 주요 시장에서 500개가 넘는 최고의 오피스 빌딩들의 인수하여 대체 불가능한 컬렉션을 만드는 데 10년을 보냈기에 에쿼티 오피스는 내 자식이나 다름없었다. 사실 회사를 상장시키지 않았다면 아마도 매각을 고려하지 않았을 것이다. 하지만 EOP를 상장하면서 나는 주주들에 대한 '신의성실의 의무(fiduciary responsibility)'를 맡게 되었고 투자자들에게 투자 자본을 대가로 최고의 수익을 제공하겠다고 약속했다. 그것이 나의 기본 의무였으며, 투자자들의 수익보다 중요한 것은 아무것도 없었다. 그리고 최대 개인 주주로서 내 돈으로 그 약속을 뒷받침했다. 내가 매각이 성사될 것이라고 예상한 것은 아니다. 에쿼티 오피스는 인수되기엔 규모가 너무 큰 회사라고 생각했다.

에쿼티 오피스의 IPO를 시작했을 때 우리 전략의 핵심가설은 "클수록 좋다(bigger is better)"였다. 규모의 경제를 달성하여 비용을 절감하면 수익률을 향상시킬 수 있다고 생각했다. 우리가 많은 건물을 소유하고 있는 도시에는 별도의 관리 인력이 필요하지 않았다. 청소나 전구와 같은 자재 또는 서비스를 대량으로 구매하고 자산을 집합적으로 홍보하여 중복을 줄일 수 있었다. 이 모든 것은 사실이었지만 마진(이익률)을 늘리는 데는 한계가 있었다.

에쿼티 오피스는 EGI의 기업가적 문화에서 탄생했다. 경영진은 내 개인 회사들 중 한 곳에서 왔으며, 우리 회사들은 창의력을 발휘하고, 현명하게 위험을 감수하며, 실패한 아이디어도 허용했다. 지금은 흔한 일이지만 2000년대 초반에는 최신이었던 건물 안팎의 광고 같은 혁신적인 전략을 테스트했고 독특한 리테일 임대 전략을 수립하기도 했다. 또한 IBM과 뱅크 오브 아메리카와 같은 대형 기업 세입자들과 일괄 임대 계약 협상을 통해 규모의 이점을 활용하려고 노력했다. 대형 기업들은 여러 도시에서 임차를 했기 때문에 우리는 대형 기업들과 전국 단위의 임대 계약을 체결하고자 했다. 이를 통해 확실한 수익과 경쟁 우위를 확보하는 동시에 전체 포트폴리오를 확장하거나 축소할 수 있는 유연성을 최대로 확보할 수 있었다. 이러한 노력의 일환으로 우리는 매년 미국 대기업들의 전국 임대 담당자들을 대상으로 수준 높은 행사를 개최했다. 나는 샌프란시스코에서 열린 만찬에서 어느 다국적 기업 소속의 한 남자와 이야기를 나눈 기억이 난다. 그는 에쿼티 오피스가 얼마나 훌륭한지 우리가 그의 삶을 얼마나 쉽게 만들어 주었는지 얼마나 효율적인지 등에 대해 계속해서 이야기했다. 그리고 이듬해 그는 길 건너편에 있던 경쟁 회사 건물에 평방 피트당 1달러 더 저렴한 임대 계약을 체결했다.

그래서 우리가 시도한 모든 것이 효과가 있었던 것은 아니다. 그러나 이 모든 것의 근간에는 A급 오피스 빌딩들이 있었고 우리는 미국 상위 시장 일부를 제외한 모든 시장에서 가장 큰 소유주였다. 또한, 보스턴과 샌프란시스코와 같은 일부 도시는 신규 공급에 대한 장벽이 높았다. 나는 에퀴티 오피스 포트폴리오가 어떤 가치가 있고 있었고, 우리가 월스트리트에서 저평가되어 있다는 것도 알고 있었다. 매 분기마다 경영진은 포트폴리오의 모든 자산을 심층적으로 분석하여 실시간 가치 평가를 개발했다. 내 생각에 우리 건물의 가치를 측정하는 데 가장 신뢰할 수 있는 척도는 대체원가였으며 항상 그래 왔다. 내게 대체원가는 임대료, 비교 가격, 공실, 경제 성장 또는 주가보다 더 중요했다. 대체원가가 향후 경쟁 가격을 결정했기 때문이었다.

우리가 2000년에 수행한 합병은 7년 후 에퀴티 오피스를 매각하기 전까지 시장 인식에 부정적인 영향을 미쳤다. 73억 달러에 달하는 단일 최대 규모의 인수였던 스피커 프로퍼티(Spieker Properties)가 그 대상이었다. 스피커 프로퍼티는 캘리포니아 멘로 파크(Menlo Park)에 본사를 둔 서부 리츠로 실리콘 밸리 전역에 4,000만 평방 피트의 오피스 부동산을 소유하고 있었다.

이 회사 회장인 네드 스피커(Ned Spieker)는 2000년 말에 내게 전화를 걸어 다른 곳에서 회사 매각에 대해 제안을 받았지만 아직 매각 여부를 결정하지 않았다고 말했다. 분명히 그는 더 좋은 가격을 원하고 있었다.

당시 닷컴 붕괴는 이미 본격적으로 시작되었고 테크 회사들의 나스닥 종합지수는 지난 3월 최고점 대비 40% 가까이 하락한 상태였다. 나는 이런 일이 일어날 것을 예견하고 이에 대해 목소리를 높였다. 샌프란시스코-산호제 지역에 상주한 많은 IT 회사들이 사무실 임대 계약을 축소하거나 포기하는 사실은 그리 놀랍지 않았다. 따라서 테크 시장의 최고점으로 보인 시기에 스피커 프로퍼티를 인수하려는 우리의 움직임에 시장은 당황스러워했다. 말할 필요도 없이 장기적인 전략이 월스트리트의 분기별 전망과 항상 일치하는 것은 아니다. 하지만 우리는 테크가 아닌 부동산 업계에 종사하고 있었고, 나는 큰 그림을 가지고 있었다. 이 거래는 애플, 구글을 비롯하여 세계 유수의 테크 회사들이 입주해 있는 오피스 부동산 시장을 장악할 수 있는 기회였다. 만약 우리가 이를 포기한다면 포트폴리오 전체 또는 일부가 다른 거래자들에게 매각될 가능성이 높았다.

합병 시기를 지나서 우리가 창출한 근본적인 가치를 알아보지 못하는 월스트리트가 실망스럽긴 했다. 하지만 이것도 결국 시간 문제일 뿐이라고 확신했다.

그래서 우리는 소음을 무시하고 계속해서 보유 자산을 새로운 형태로 만들어 내는 데 집중했다. EQR과 마찬가지로 우리는 인구 통계 변화를 가이드로 사용했다. 1970년대와 1980년대에 CEO의 짧은 출퇴근을 위해 지어진 교외 회사 오피스 빌딩은 시대에 뒤떨어진 것이었다. 젊은 인재를 확보하기 위해서 기업들은 연중무휴 대도시에 집중해야 했고 우리도 마찬가지였다. 2006년까지 우리는 포트폴리오를 축소하여 미국 전역의 모든 주요 중심 업무 지구에 있는 A급 오피스 공간으로만 포트폴리오를 구성했다. 우량 자산에서 발생하는 예측 가능한 현금흐름은 과거 우리가 적용했던 전제를 반영한 것이기도 했다. 이러한 자산의 혼합과 다양한 시장 참여는 경기가 좋을 때 가장 높은 임대료 성장률을 달성했고 경기가 나쁠 때 공실 위험이 가장 낮았다.

에쿼티 오피스에 대한 첫 번째 입찰은 내 레이더에 간신히 포착되었다. 예상치 못한 '구혼자'의 제안이었기 때문이다. 2005년 11월 어느 날 에쿼티 오피스의 CEO인 리처드 킨케이드(Richard Kincaid)는 캘퍼스

(California Public Employee' Retirement System, 줄여서 CalPERS)[74]의 투자 어드바이저로부터 250억 달러 탐색적 오퍼를 받았다. 캘퍼스 어드바이저들은 에쿼티 오피스가 시장에서 크게 저평가되어 있으며 특히 오피스 빌딩의 급격한 가격 상승을 감안할 때 주당 34~35달러의 가치가 있다고 생각한다고 말했다. 가격을 제외하고는 모든 게 사실이다. 나는 주당 최소 40달러의 가치가 있다고 생각했다. 좋은 시도였지만 나는 관심이 없었다.

몇 달 후인 2006년 1월 캘퍼스가 우릴 다시 찾아왔고 이번에는 리먼 브라더스(Lehman Brothers)의 어드바이저 팀을 대표로 내세웠다. 우리는 그들에게 장부를 공개했지만 여전히 그들이 말하는 주당 30달러 중반에서 40달러 범위의 가격이 너무 낮다고 생각했다.

여름에 보네이도 부동산(Vornado Realty)의 스티브 로스(Steve Roth)회장이 내게 연락해 왔다. 스티브는 주식 교환을 통한 합병에 관심이 있다고 말했다. 주식 합병이 매력적으로 보이지는 않았지만 10월까지 보네이도와 계속 이야기를 나눴다. 공교롭게도 그 시점에 투자 업계에서 오피스 빌딩 매입에 대한 관심이 높아지기 시작했고 우리 자산의 가치가 부각되면서 주가가 급등하기 시작했다. 주가가 상승세를 타고 있었지만 나는 여전히 회사를 매각하지 않았다.

그러던 중 8월 중순 블랙스톤 그룹(Blackstone Inc.)이 주당 40~42달러를 제시하며 비공식적으로 연락해 왔다. 블랙스톤은 또 다른 리츠인 브룩필드(Brookfield Properties)와 파트너십을 맺고 우리 포트폴리오의 약 3분의 1을 인수하려고 했다. 우리는 블랙스톤에게 입찰가가 불충분하다

---

[74] 캘퍼스(CalPERS)는 캘리포니아 주정부 공무원들의 은퇴연금과 의료보장 혜택 등 퇴직 연금을 운용하는 캘리포니아 주정부 기관이다. 자산 규모 미국에서 가장 큰 연기금이다.

고 말했다. 그래도 그렇게 강력한 제안에 조금 놀랐다. 매각되기엔 너무 크다고 생각한 회사가 결국 매각될지도 모른다는 생각이 갑자기 들기 시작했다.

9월에 블랙스톤으로부터 다시 연락이 왔다. 이번에는 브룩필드가 제외되었다. 리처드는 블랙스톤의 부동산 사업부 책임자인 36세의 존 그레이(Jonathan Gray)와 건물 일부 매각에 대한 사전 논의를 시작했다. 그레이는 대학을 졸업한 이후부터 블랙스톤에 몸담고 있던 유망한 젊은이였다. 그는 인상적인 인물이었으며 나는 그의 커리어 초기에 큰일을 해낼 것이라고 예상했고 내 예상은 틀리지 않았다. 10년 후 그는 업계 최고의 자리에 오르게 될 것이다.[75]

그레이는 진지하고 세심한 사람이었으며 사소한 말 한마디도 간과하지 않았다. 리처드가 이사회에서 회사를 매각하지 않기로 결정했다고 말하자 그레이는 어떤 상황에서 그 결정이 바뀔 수 있는지 물었다. 리처드는 내가 자주 했던 말을 떠올리며 그레이에게 말했다. "샘은 그것이 도저히 거절할 수 없는 '갓파더 오퍼(Godfather offer)[76]여야 한다고 말했습니다." '갓파더'에 대한 암시가 그레이의 머릿속을 맴돌았던 모양이다. 10월 말경에 메릴린치의 은행가들로부터 전화가 왔다. 그들은 그레이가 "갓파더 오퍼"가 어떤 것인지 알고 싶어 전화했다고 말했다.

그것은 올바른 질문이었다. 나는 리처드에게 다음과 같이 블랙스톤에 알리라고 말했다. 에쿼티 오피스가 시장에 나와 있지 않지만 주당 45달

---

[75] 존 그레이는 현재 블랙스톤의 사장이자 최고운영책임자(COO)이다.
[76] 갓파더 오퍼(Godfather offer) - 도저히 거절할 수 없는 좋은 조건의 제안을 갓파더 오퍼라고 한다. 기업 인수합병에서 갓파더 오퍼는 인수 입찰 제안을 말하며 피인수 회사의 주주들에게 상당히 유리한 금액을 지불할 것을 제안하는 것이다. 예를 들어 피인수 회사의 현재 주가가 주당 50달러인 경우 인수자가 주주들에게 80달러를 제안하는 것이다.

러 이상의 입찰가가 나오면 상황을 흥미롭게 만들 수 있다고 말이다.

블랙스톤은 주당 47.50달러의 강력한 입찰가를 다시 제시했다. 이제 우리는 귀를 기울여야 했다. 11월 12일에 우리는 입찰을 논의하기 위해서 이사회 회의를 열었다. 회사가 내 개인 소유였다면 입찰을 거절할 수도 있었기에 고민이 많았다. 하지만 블랙스톤의 입찰가는 우리가 알고 있는 우리 부동산의 가치보다 훨씬 높았다.

나는 자산을 보유하기로 결정하는 순간 그 자산을 매입하기로 결정하는 것과 다름이 없다고 항상 믿어 왔다. 내가 블랙스톤이 제시한 가격으로 우리 건물을 매입할 수 있었을까? 그에 대한 대답은 "No"이다.

아주 짧은 시간 안에 우리는 블랙스톤을 설득하여 주당 48.50달러, 총 200억 달러에 부채 160억 달러를 더한 금액인 360억 달러로 입찰가를 올릴 수 있었다. 나는 다른 잠재적 입찰자들이 낙담하지 않도록 계약서에 비정상적으로 적은 위약금(breakup fee)을 포함시켜야 한다고 주장했다. 일반적인 위약금은 매각 금액의 최대 3%이지만 나는 블랙스톤의 제안 가격인 200억 달러의 약 1%인 2억 달러로 위약금을 설정하도록 요구했다. 물론 블랙스톤의 마음에 들지 않았지만 우리에겐 협상이 불가능한 금액이었다.

거래 조건에는 블랙스톤이 거래에 관한 어떠한 정보도 공유하지 못하도록 하는 조항도 포함되어 있었다. 그 조항으로 인해 블랙스톤은 인수의 위험을 상쇄하기 위해 건물의 매각을 미리 준비할 수 없었다. 이는 추후 에쿼티 오피스의 최고가를 확보하기 위한 중요한 협상 포인트가 되었.

2006년 11월 19일 블랙스톤과의 매각 계약이 발표되었다.

이제 진짜 재미가 시작되었다. 나는 블랙스톤과의 계약이 경매의 시작이라 생각했고 다른 입찰자들, 특히 캘퍼스와 보네이도가 입찰에 참여하기를 바랐다.

이 정도 규모의 거래를 진행할 수 있는 M&A 뱅커(인수합병 전문 은행가)와 부동산 대출기관들이 한정되어 있는데 그들 모두가 우리 또는 블랙스톤의 거래 팀에 참여하기를 원했다. 이 거래는 부동산 역사상 가장 큰 거래였으며 모두가 이 거래에 참여하기를 원했다.

블랙스톤은 주요 기관들 모두를 어떤 식으로든 참여시킴으로써 다른 입찰자들의 숨통을 조일 수 있었다. 하지만 나는 그레이에게 그러한 일이 없을 거라는 확답을 받았다.

이러한 입장은 은행가들 사이에서 꽤 많은 불만을 불러일으켰다. 메릴린치는 우리를 대표하고 뱅크 오브 아메리카는 블랙스톤을 대표하여 거래를 처리하고 있었지만 다른 은행들도 한몫 차지하기를 원했다. JP모건 체이스는 리처드와 내게 전화를 걸어 적극적으로 거래를 맡길 것을 권유했지만 나는 경쟁 입찰자가 나타날 경우를 대비하여 JP모건 체이스를 이용할 수 있기를 원했다.

블랙스톤과의 계약에 따라 우리가 경쟁 입찰을 권유하는 것은 금지되어 있었지만 만약 경쟁 입찰이 있다면 나는 절대 막지 않을 것이었다. 그리고 실제로 스티브 로스의 보네이도에게서 경쟁 입찰이 왔다. 스티브는 한동안 인수 의사를 표현했지만 이전 대화에서는 실행 가능한 숫자를 산출하지 못했다. 나는 1970년대부터 스티브를 알고 지냈고 특히 부동산에 대한 그의 장기적인 관점을 좋아하고 존경했다. 블랙스톤은 회사를 인수한 후 부동산을 매각할 계획이었지만 스티브는 시장을 관망하며 자산을 보유하는 데 관심을 보였다. 그는 에쿼티 오피스를 하나의 집합체로 믿고 있었다. 하지만 내가 스티브나 그의 계획을 좋아하는지는 중요하지 않았다. 나는 주주들을 위한 최선의 거래를 선택해야 했다.

스티브가 입찰할지는 확실하지 않았지만 소문은 시장에 많은 관심을 불러일으켰고, 2007년 1월에 보네이도 입찰에 대한 소문으로 인해 에쿼티 오피스의 주가는 블랙스톤 제안가를 상회했다. 나는 1월 중순에 스티브에게 이메일을 보냈다.

> Dear Stevie:
> 스티비에게
> Roses are red
> 장미는 붉고
> Violets are blue
> 제비꽃은 파랗지
> I heard a rumor
> 소문을 들었는데
> Is it true?
> 사실이야?
> Love and kisses,
> 사랑과 키스
> Sam
> 샘

내가 운율에 맞춰 쓴 암시적인 이메일이 스티브가 은행가들과 변호사들과 보네이도의 이사회실에 모여 있을 때 도착했다는 것을 나중에서야 알게 되었다. 그의 비서가 내 이메일을 건네주자 그는 비슷한 답장을 보내야 한다고 느꼈다.

> Sam, how are you?
> 샘, 잘 지내니?

The rumor is true

소문은 사실이야

I do love you

난 널 사랑해

And the price is $52.

그리고 가격은 52달러야

To see if this poem will rhyme

이 시가 운율이 맞는지 보려면

We should talk at a set time

시간을 정해서 이야기해야 돼

While to talk like this is nifty

이렇게 이야기하는 건 멋지지만

We should really talk at three fifty.

우린 정말 3시 50분에 얘기해야 해

Forever yours,

영원히 당신의 것,

                                      Steve

                                      스티브

    스티브는 자신의 말에 충실했다. 그는 보네이도 부동산, 스타우드 캐피털, 월튼 스트리트 캐피털(Walton Street Capital)과 컨소시엄을 구성했는데 모두 강력한 리더십과 자격을 갖춘 대형 부동산 업체들이었다. 1월 17일, 그들은 인수 금액의 40%는 보네이도 회사 보통주, 나머지 60%는 현금으로 지불한다는 주당 52달러의 예비 입찰서를 제출했고 JP모건 체이스, 리먼 브라더스, UBS, 바클레이스 캐피털, 로열 뱅크 오브 스코틀랜드로부터 자금을 조달받았다. 며칠 후 우리는 공식 입찰을 위한 사실 관계 수집을 위해 블랙스톤과 마찬가지로 그들에게 우리 장부에 대한 접근 권한을 부여했다.

게임이 시작되었다.

만약 당신의 본업이 인수 거래라면 큰 거래가 만들어 내는 에너지를 알 것이다. 그것은 매우 중독성이 있다. 기대감으로 가득 찬 공기가 뿜어져 나오고 하루 종일 가만히 있질 못할 것이다. 한마디로 정말 재미있는 일이다.

하지만 모든 거래가 그렇듯 보네이도 거래는 복잡하고 위험이 있었다. 나는 그 입찰 제안에서 몇 가지 구멍을 발견할 수 있었다.

**보네이도의** 40% 주식 인수 제안과 달리 블랙스톤의 가장 큰 장점은 전액 현금 거래를 제안했다는 것이다. 또한 블랙스톤은 빨리 거래를 마감시키는 것에 대해 적극적이었다. 블랙스톤은 2월 5일 예정된 에쿼티 오피스 주주총회 후 2주 이내에 거래를 완료하겠다고 약속한 반면, 보네이도는 주식 발행 제안으로 인해 자체 주주 투표와 SEC의 판결을 위해 몇 달을 기다려야 했다. 몇 달 안에 많은 일이 일어날 수 있었고 나는 블랙스톤이 제공하는 확실성이 마음에 들었다.

블랙스톤의 회장이자 CEO인 스티브 슈바르츠만(Steve Schwarzman)은 끔찍한 입찰 전쟁을 피하고 싶다는 입장을 공개적으로 언론에 밝혔고 자신의 주장을 증명하기 위해 주당 54달러, 즉 부채를 포함하여 383억 달러로 입찰 금액을 올렸다. 우리는 블랙스톤의 수정된 제안을 수락하고 위약금을 2억 달러에서 5억 달러로 올리는 데 동의했다. 이제 보네이도나 다른 회사가 블랙스톤의 제안을 압도하기 위해서는 추가로 3억 달러,

즉 주당 약 0.75달러가 추가로 필요했다.

스티브 로스는 자신의 입찰에 더 집중하라고 나를 압박했다. 나는 계속해서 그에게 이렇게 말했다. "스티브, 블랙스톤의 입찰은 전부 현금이에요. 보네이도의 입찰은 대략 절반은 주식, 절반은 현금입니다. 이 제안을 실행하려면 주주총회를 열고 승인을 받아야 하며 SEC를 통과해야 해요. 내 판단으로는 6개월 정도 걸립니다. 보네이도의 입찰이 주당 50센트를 더 제공하지만 대신 우린 6개월의 위험을 감수해야 하는 거죠. 난 그렇게 할 수 없습니다." 이처럼 변동성이 큰 시장에서 6개월은 평생과도 같은 시간이었다.

하지만 스티브는 포기하지 않았다. 2월 1일 보네이도는 입찰가를 주당 56달러로 올렸고, 이번에는 현금 부분을 31달러로 높여 입찰가의 55%를 차지하는 데 동의했다. 보네이도가 새로 제안한 금액은 이전 입찰가보다 높았지만 현금 비중은 약간 낮아졌다.

블랙스톤은 원래 계약 조건에 따라 경쟁 입찰에 응할수 있는 권리를 가졌다. 또한 우리는 블랙스톤의 입찰이 더 빨리 마무리되고 현금으로 지급될 것이기 때문에 주주들에게 블랙스톤의 입찰을 계속 추천한다는 성명을 발표했다.

2월 4일 일요일에 보네이도는 2단계로 나누어 합병을 진행하겠다는 구속력 없는 입찰을 다시 내놓았고 이에 따라 현금 부분의 지급 일정을 3주 앞당겼다. 보네이도의 목표는 거래 성사까지 걸리는 시간과 주식 부분의 불확실성으로 인해 위험이 커진다는 에퀴티 오피스 이사회의 우려를 완화하는 것이었다.

시간이 얼마 남지 않았다. 월요일 밤 에퀴티 오피스 주주총회 카운트다운이 다가오자 모두가 숨을 죽이고 있는 것처럼 느껴졌다.

의심의 여지없이 블랙스톤이 선두를 달리고 있었지만 입찰가를 더 올릴 수 있는지 알아보는 것이 뭐가 나쁠까? 월요일 아침 리처드는 존 그레이에게 전화를 걸어 블랙스톤이 입찰가를 주당 54달러로 인상할 의향이 있는지 물었다. 그레이는 나중에 다시 연락을 주겠다고 말했다.

월요일 오후 늦게 리처드는 그레이의 전화를 받았다. 그렇다. 블랙스톤은 우리가 위약금을 5억 달러에서 7억 달러로 올리면 주당 55.25달러로 입찰가를 올릴 의향이 있다고 했다. 우리는 그 제안에 대해 논의한 후 리처드로 하여금 그레이에게 다시 전화를 걸어 입찰가를 55.50달러로 올릴 수 있는지 물어보게 했다. 그레이는 잠시 후 다시 전화를 걸어 위약금을 7억 2,000만 달러로 인상하고 정보 공유에 관한 조항을 삭제하여 매각 직후에 블랙스톤이 즉시 자산 매각을 준비할 수 있도록 한다면 55.50달러가 좋다고 말했다. 블랙스톤은 이 제안을 통해 위험을 완화할 수 있었다. 우리도 이에 동의했고 블랙스톤은 즉시 프리미엄 가격으로 매각 거래를 준비하기 시작했다. (이것이 블랙스톤이 우리와 함께한 거래에서 매우 좋은 성과를 거둔 중요한 이유이다.)[77]

월요일 시장이 마감된 후, 이사회는 두 입찰가를 비교하기 위해 모였다. 메릴린치의 은행가들은 여러 위험을 고려하고 현재 가치 측면에서 볼 때 보네이도의 56달러 입찰가는 실제로 주당 54.81~55.07달러 사이의 가치가 있다고 추정했다. 블랙스톤의 입찰가는 소중한 543채의 빌딩 포트폴리오가 부채를 포함하여 총 390억 달러의 거래 가치가 있고 주당 55.50달러로 매우 높다는 것이 메릴린치의 의견이었다. 우리는 이사회에서 블랙스톤의 입찰을 수락하기로 투표했다. 시들리 오스틴(Sidley Austin LLP)의 변호사들이 계약서를 수정했고, 우리는 2007년 2월 6일

---

[77] 정보 공유에 관한 조항 삭제 후 블랙스톤은 에쿼티 오피스의 인수 거래 마감 후 바로 에쿼티 오피스에 지불한 금액보다 비싼 금액으로 자산을 매각하여 궁극적으로 큰 이익을 얻을 수 있었다. 이 문구는 정보 공유에 관한 조항의 삭제가 블랙스톤에게 중요했음을 뜻한다.

아침, 시장이 개장되기 전에 블랙스톤과의 거래 완료를 발표했다.

모든 일이 끝났다. 에쿼티 오피스는 1997년 21달러의 IPO 가격으로 주식 시장에 진입했다. 상장 후 10년 동안 투자자들은 주당 16.48달러의 배당금을 수령한 후 55.50달러에 엑싯한 것이다. 이 매각은 당시 업계 최대 규모의 차입 매수 거래였다.

그 후 나는 스티브 로스, 보네이도 CEO인 마이클 파시텔리(Michael Fascitelli), 스타우드(Starwood) 회장 배리 스턴리히트(Barry Sternlicht)에게 프랭크 뮬러 시계를 보냈다. 시계의 비문에는 "타이밍이 가장 중요하다(Timing is Everything)"라고 쓰여 있었다.

이 결과가 내가 원했던 결과였을까? 분명히 경쟁 입찰자가 가격을 끌어올렸기 때문에 주주들에게 좋은 거래였다. 사람들은 종종 내게 경주에서 선호하는 말이 있었냐고 물었다. 좀 더 구체적으로 말하자면, 스티브와의 오랜 관계로 인해 내가 그를 더 선호했는지 알고 싶어 했다. 그 질문에 대한 대답은 절대적인 "No"이다. 나는 주주들에 대한 의무나 내 개인적인 투자에 개인적 감정이 영향을 미치는 것을 결코 용납하지 않는다. 자산에 대한 애착은 규율 부족으로 이어진다. 스티브는 몇 년이 지난 후에도 에쿼티 오피스를 잃은 것을 후회한다고 말하긴 했지만 이를 완벽하게 이해했다. 솔직히 우리의 입장이 뒤바뀌었다면 스티브도 똑같이 행동했을 것이다. 내가 젊은 시절부터 키워 온 회사에 대한 애착은 이미 사라진 뒤였다. 일단 거래가 성사되면 끝이었다. 후회는 없었고 더 이상 그것에 대해 생각하지 않았다.

지금도 사람들은 내가 에쿼티 오피스를 시장 최고점에서 매각한 것을 공로로 여긴다. 사실 그렇게 하려고 애쓰지 않았다. 시장에 거품이 있다고 확신했지만 오피스 부동산 시장에서 벗어나기 위해 매각한 것은 아니다. 나는 단순히 갓파더 오퍼를 받았을 뿐이다.

# CHAPTER 8

## 가시성 제로
Zero Visibility

CHAPTER 8

**위험은** 궁극적인 차별화 요인이다. 나는 항상 위험과 깊고 복잡한 관계를 맺어 왔다. 나는 무모한 사람은 아니지만 위험을 감수하는 것이야말로 투자뿐만 아니라 인생에서 평균 이상의 수익을 지속적으로 달성할 수 있는 유일한 방법이다. 아버지는 폴란드를 떠날 때 그것을 증명했다.

나는 아마도 대다수의 사람들보다 위험에 더 익숙할 것이다. 그 이유는 내가 위험을 이해하기 위해 최선을 다하기 때문이다. 내게 있어 위험 감수란 모든 변수를 파악한 다음 성공과 실패를 가르는 변수를 식별하는 능력에 달려 있다.

물론 나는 항상 성공 가능성이 높은 사업의 강력한 펀더멘털과 무한한 잠재력을 찾고 있다. 하지만 사람들은 거래가 얼마나 잘될 수 있는지만 생각한다. 사람들은 업사이드에 집중하기를 좋아한다. 물론 그것이 바로 재미다. 하지만 내가 놀라는 것은 그들이 얼마나 수박 겉핥기식으로 다운사이드(잠재적 손실)를 고려하는지이다. 나는 거래를 할 때 다운사이드에서 계산을 시작한다. 다운사이드를 파악하는 것은 내가 감수하고 있는 위험을 이해하는 것이다. 모든 것이 잘못되면 어떤 결과가 초래될까? 어떤 조치를 취해야 할까? 비용을 감당할 수 있을까? 내가 살아남을 수 있을까?

이에 대한 가장 좋은 사례 중 하나는 1990년대에 우리가 소유했던 백화점 체인인 카터 홀리 헤일(Carter Hawley Hale, 줄여서 CHH)이다. CHH

는 젤/칠 마크 펀드에서 첫 번째로 인수한 기업이었다. 이 회사는 80개 이상의 매장을 보유한 유서 깊은 회사로 월든북스(Waldenbooks)와 니먼 마커스(Neiman Marcus) 같은 브랜드를 분사했다. 1984년 전성기에 CHH는 미국에서 6번째로 큰 백화점 체인이었지만 1991년에 챕터 11(Chapter 11)[78]을 신청했다. 당시 CHH는 수익성이 높은 사업부를 대부분 매각했고 캘리포니아를 중심으로 한 서부의 핵심 지역 매장들은 지역 내 경쟁 심화로 어려움을 겪고 있었다.

우리가 회사 인수 여부를 결정하던 중 직원 중 한 명인 데이빗 콘티스(David Contis)에게 거래 실사를 맡겼다. 당시 내 아내였던 샤론은 데이빗이 어릴 적 지역 식료품점에서 식료품 매니저로 일했을 때 그를 만났다. 샤론은 데이빗의 에너지와 추진력에 깊은 인상을 받았고 그를 집으로 초대해 내게 소개했다. 데이빗은 그 후 약 30년 동안 나와 함께 일했고 부동산 업계에서 훌륭한 커리어를 쌓게 되었다.

나는 데이빗에게 "회사가 실패할 경우를 대비해 모든 매장과 전체 재고를 살펴보고 어디에 매각하고 얼마를 받을 수 있는지 알아봐"라고 말했다. 이는 회사를 청산해야 하는 최악의 시나리오에서 우리가 얻을 수 있는 금액을 파악하는 기본적인 파이어 세일[79] 분석이었다. 데이빗이 돌아와서 말했다. "인수 가격의 80%를 돌려받을 수 있을 것입니다." 그래서 우리가 잃게 될 것이 20%라는 것을 알게 되었다.

---

[78] 챕터 11(Chapter 11, 미국 연방파산법 제11장) - 미국 연방 파산법에 의거한 기업 파산 절차의 한 형태이며 회사의 사업, 보유 자산 및 부채의 개편을 수반하는 회생 절차를 말한다.

[79] 파이어 세일(fire-sale) - 화재로 타다 남은 물건을 헐값에 처분 또는 급매하는 것을 파이어 세일이라고 한다. 금융에서 파이어 세일은 자산이 시장가치에 훨씬 못 미치는 가격으로 매각되는 것을 말한다.

우리는 약 5억 5,000만 달러의 회사채와 트레이드 클레임[80]을 달러당 47센트, 총 2억 2,000만 달러에 사들였다. 회사의 회생 절차가 끝나면 트레이드 클레임은 주식으로 전환될 것이었다. 모든 절차가 끝난 후, 우리는 지분의 70% 이상을 소유하게 되었다. 3년 동안 회사를 소유했는데 정말 끔찍했다. 비교적 짧은 기간 동안 CHH의 캘리포니아 매장들은 지진, 폭동, 화재 등의 피해를 입었다. 마치 이집트의 10가지 재앙이 닥친 것 같았다. 매출은 급감했다. 1995년 우리는 CHH를 원래 매입가의 80%에 페더레이티드 디파트먼트 스토어[81]에 매각했다.

우리는 투자금의 20%인 약 5,000만 달러의 손실을 입었지만 지금까지도 그 투자는 성공적이었다고 생각한다. 우리의 위험 분석이 정확히 맞았기 때문이다. 5,000만 달러의 손실이 발생할 수 있다는 것을 알면서도 업사이드를 위해 기꺼이 위험을 감수하고 거래에 참여했다.

나는 최악의 시나리오를 살펴보는 것 외에도 실행이 얼마나 어려운지도 살펴본다. 목표와 목표를 달성을 위한 단계가 간단할수록 성공할 가능성이 높다. 그리고 만약 그것이 처음부터 간단하지 않다면 복잡성을 해결할 방법을 찾는다.

하지만 위험을 해결하는 데 아무리 많은 시간을 투자해도 예기치 못한 상황이 발생하면 당혹스러울 때가 있다. 우리는 문제를 조기에 발견하고 해결하는 데 능숙하지만 예기치 못한 외부 사건으로 인해 대응할 기회를 갖지 못할 수 있다. 그리고 재앙이 되기도 한다. 물론 2001년 9월 11일

---

**80** 트레이드 클레임(trade claim) - 본문에서 트레이드 클레임은 채무자의 공급업체 및 거래 업체가 보유한 무담보채권을 말한다. 트레이드 클레임은 채권자와 채무자 사이에 어떠한 종류의 중개 없이 당사자 간에 해결되어야 한다.
**81** 페더레이티드 디파트먼트 스토어(Federated Department Stores) - 메이시스(Macy's) 백화점의 예전 이름

보다 더 끔찍한 사건은 없었다. 9.11 테러는 지울 수 없는 가슴 아픈 일이었다. 9.11 테러로 인해 미국이 기반을 다시 회복하는 데 수개월이 걸렸고, 경제, 특히 여행 산업은 큰 타격을 입었다.

1993년에 우리는 파산한 회사인 아메리칸 하와이 크루즈(American Hawaii Cruises)에 투자하여 기존 여객선 회사인 아메리칸 클래식 보이저즈(American Classic Voyages)와 합병시켰다. 아메리칸 하와이 크루즈는 1950년대에 건조된 두 척의 배를 보유했으며, 부채가 과도했고 확고한 사업 전략이 없었다. 아메리칸 하와이 크루즈는 하와이 섬들 사이의 여행을 운영했다. 승객들은 비행기로 하와이를 드나들었고, 아메리칸 하와이 크루즈의 배에 머물면서 밤에 섬들 사이를 여행했고 바다에서 보낼 수 있는 시간이 부족했다.

기회는 외국 건조선이나 외국 국적 선박이 미국에서 연안 무역을 금지한다는 존스법(The Jones Act)[82] 형태의 해양법에서 찾을 수 있었다. 관광의 경우 외국 선박은 미국 이외의 항구에서 승객을 내려 주거나 태워야 한다. 따라서 미국 외의 항구에서 온 승객들이 하와이에서 섬 내 휴가를 보내기엔 불편한 점이 많았다.

아메리칸 하와이 크루즈는 미국에서 마지막으로 건조된 두 척의 여객선을 운항하고 있었다. 다른 국내 건조 여객선들은 대부분 폐선되었고, 여행 및 관광에 대한 수요가 증가하고 있었다. 따라서 아메리칸 하와이 크루즈는 하와이 제도에서 여객선 시장을 사실상 독점했다. 만약 우리가 미국에서 더 많은 배를 건조할 수 있는 방법을 알아낸다면 독점을 유지할 수 있을 거라 생각했다.

---

[82] 존스법(The Jones Act) - 1917년에 제정된 미국 보호주의 해양법으로 미국 항구 사이를 오가는 모든 상선은 미국 시민권자들에 의해 건조되고 소유되고 운항되어야 한다고 요구한다.

이 작업을 할 수 있는 유일한 조선소는 군사용으로만 사용되었기 때문에 미국 땅에서 거대한 수평 수상 호텔을 짓는 것은 매우 비효율적인 일이었다. 이러한 여건들을 개선하여 맞춤형, 소비자 중심의 제품을 만드는 일은 야심 찬 프로그램이었다.

우리의 계획은 40년 이상 된 기존 선박 2척을 개조하고 이어서 새 선박을 건조하는 것이었다. 후자는 1950년대 이후 미국에서 건조되는 최초의 대형 크루즈선이 될 것이었다. 우리는 의회에 로비를 했고, 미국 제조업에서 이 분야를 활성화하자는 아이디어가 지지를 받았다. 의회가 우리의 대출 보증을 보장함으로써 우리는 자본 비용(cost of capital)[83]을 크게 감소시켰다.

미시시피 주 파스카굴라에 있는 잉걸스 조선소가 계약을 따내고 첫 번째 선박을 개조하기 시작했다. 첫 배는 2002년 말에 취항할 예정이었고 두 번째 배는 2004년에 예정되어 있었다. 이 시나리오는 아메리칸 클래식이 향후 10년 동안 크게 성장할 수 있는 발판이 될 것이었다.

그러나 9.11 테러로 인해 모든 것이 망가졌다. 아메리칸 클래식의 사업은 우리 배에 탑승하기 위해 하와이로 비행하는 승객들에게 달려 있었기 때문에 레저 항공 여행이 사실상 중단되면서 회사를 침몰시켰다. 우리 주식은 폭락했고 아메리칸 클래식은 상장 폐지되었다. 주주들과 조선업자들은 수백만 달러의 손실을 입었으며, 나는 개인적으로 약 1억 달러의 손실을 입었다. 위험을 감수했지만 내가 컨트롤할 수 없는 상황이 발생한 것이다. 때로는 이런 일이 일어나기도 한다.

그와 별개로 2000년에 우연찮게도 월드 트레이드 센터(World Trade

---

[83] 자본 비용(cost of capital) - 투자자 또는 회사가 사업에 투자할 때 기대하는 최소 수익률을 말하며, 투자자가 재무적 위험과 투자가 정당한지 여부를 결정하기 위해 사용하는 수익률이다. 자본 비용이 높을수록 투자 대상 자산의 재무적 위험이 높다고 볼 수 있다.

Center)에 입찰할 기회를 가졌다. 당시 에쿼티 오피스는 미국 최대의 오피스 빌딩 회사였고 뉴욕 항만청(Port Authority of New York)이 월드 트레이드 센터의 임대권을 입찰에 내놓았을 때, 인수 참여 후보 리스트에 우리가 1순위에 올랐다. 나는 당시 에쿼티 오피스의 CEO였던 팀 캘러핸(Tim Callahan)과 함께 앉아서 그에게 이것은 또 다른 '홈타운 딜(Hometown deal)'[84]이라고 말했다. 그것을 얻기 위한 노력은 막대할 것이고 거래에서 이길 확률은 낮을 것이다. 게다가 표적을 소유하고 싶지 않다고 언급했다. 결국 래리 실버스타인이 입찰에서 승리하고 2001년 7월 월드 트레이드 센터의 임대 계약에 서명했다.[85]

팀은 9월 11일 샌프란시스코에 있었고, 주말이 되어서야 집에 도착했다. 그는 금요일 아침 7시에 나를 찾아왔다. "어떻게 알았어요?" 그는 물었다. 나는 "물론, 나도 이런 일이 일어날 줄 몰랐지만 테러리스트들은 1993년에 월드 트레이드 센터를 공격한 적이 있어. 그 빌딩은 상징적이었지"라고 답했다. 월드 트레이드 센터는 내가 기꺼이 할 베팅이 아니었다.

내가 이런 기이한 사건들에 허를 찔린 것은 아메리칸 클래식이 처음도 아니고 마지막도 아니었다. 2006년 말 나는 159년의 역사를 자랑하는 트리뷴 컴퍼니(Tribune Company)를 홍보하는 투자 책을 받았다. 이 미디어 그룹은 구매자를 찾고 있었으며, 미국 가구의 80% 이상에 도달할 수 있는 인상적인 브랜드 포트폴리오를 보유하고 있었다. 트리뷴 컴퍼니의 포트폴리오는 시카고 트리뷴, LA 타임즈, 볼티모어 선, 뉴욕 뉴스데이

---

[84] 젤은 록펠러 센터와 마찬가지로 월드 트레이드 센터의 거래가 지역 이해관계의 영향을 받을 수 있다고 생각하여 '홈타운 딜'이라고 말했다.

[85] 당시 뉴욕 항만청이 내놓은 구 월드 트레이드 센터의 임대 계약은 임차인인 뉴욕 항만청이 임대인으로 하여금 월드 트레이드 센터를 99년간 관리 및 운영할 수 있는 권리를 양도하는 계약이었으며 미국에서 가장 유명한 뉴욕 부동산 디벨로퍼인 래리 실버스타인(Larry Silverstein)이 9.11 테러가 일어나기 불과 몇 달 전에 이 계약을 체결한 것이다.

와 같은 메이저 신문사, WGN 아메리카 케이블 방송국, 강력한 시장에서 높은 시청률을 자랑하는 23개의 TV 방송국, 확고한 지지층을 보유한 TV Food Network, cars.com과 careerbuilder.com과 같은 유망한 인터넷 벤처 기업들, 그리고 2016년까지 고질적인 패배 기록에도 불구하고 많은 사랑을 받고 수익성이 좋은 지역 팀인 시카고 컵스 등을 보유하고 있었다.

많은 대형 사모펀드들이 이러한 강력한 브랜드를 인수하는 데 관심을 보였기 때문에 나는 처음부터 손을 떼고 있었다. 입찰 전쟁은 항상 더 높은 매각 가격을 보장하고, 내가 이긴다 해도 내 시간과 최고의 인재들을 투자할 만큼 충분한 보상을 받을 수 없었다. 나는 경매를 좋아하지 않는다. 물론 내가 경매를 진행하는 경우를 제외하고 말이다. 그러나 회사의 복잡한 문제들이 드러나면서 인수를 입찰한 회사들이 하나둘씩 포기하기 시작했다. 트리뷴은 뚜렷한 해결책이 없는 문제였으며 그런 종류의 불확실성은 전통적인 투자자들을 쫓아냈다. 이는 트리뷴만이 가진 문제가 아니었으며, 다른 대형 미디어 회사들도 매출 감소로 어려움을 겪고 있었다. 인터넷의 돌풍과 더불어 손쉽게 접근 가능한 무료 정보와 무한한 광고 기회들은 전통적인 미디어 산업을 실존 위기에 빠뜨렸다. 이는 앞으로 수십 년 동안 미디어 산업이 어떻게 진화할 것인지에 대한 핵심적인 질문을 제기하였다.

내가 입찰을 거절한 몇 달 후, 트리뷴의 투자은행가 중 한 명으로부터 전화를 받았다. 그는 "매각 과정이 실패했어요"라고 말했다. "어떤 거래도 말이 안 돼요." 그러고 나서 그는 내게 부탁을 했다. "트리뷴에 가서 한 번 더 살펴보고 할 수 있는 일이 있는지 말해 줄 수 있나요?"

그래서 우리는 다시 한번 살펴보았다. 우리가 회사를 분할하지 않고 단일 조직으로 운영할 수 있을까? 그것이 가능하다고 생각했지만 한 조각은 수익화되어야 할 것 같았다. 시카고 컵스, 컵스는 미디어 회사의 핵심이 아니며 올바른 소유주가 탐낼 자산이라고 확신했다.

트리뷴은 궁극적인 도전이자 기회였다. 우리는 회사의 다양한 사업을 통해 가치를 끌어낼 수 있는 수많은 방법을 발견할 수 있었다. 그리고 거의 모든 입찰자들이 방을 나간 상황에서 트리뷴은 흥미로운 거래였다.

우리는 우리사주제도(employee stock ownership plan, 줄여서 ESOP)[86]를 통해 트리뷴을 비공개 회사로 전환하는 거래를 후원하는 제안서를 제출했다. 거래 조건에 따라 트리뷴의 모든 유통 주식은 여러 단계의 거래를 거쳐 현금으로 인수된다. 거래가 완료되면 회사 주식의 100%는 ESOP가 소유, 즉 회사 직원들이 보유하게 되고 따라서 트리뷴은 직원 소유의 회사가 되는 것이다.

우리는 2억 2,500만 달러의 후순위 약속어음(subordinated promissory note)과 향후 트리뷴 지분(주식)의 약 40%를 매입할 수 있는 권리를 대가로 트리뷴에 약 3억 1,500만 달러를 투자하려고 했다. 직원들은 ESOP에 투자할 필요가 없으며 새로운 구조에 따라 자격을 갖춘 모든 직원은 ESOP의 주식 수여 일정(stock vesting schedule)[87]을 따르게 했다. 연금 플랜은 이미 신규 채용 직원에 대해서는 동결되었고, 새 방침에 영향을 받지 않는 장기근속직원들에 대해서만 적용되었다. 따라서 회사가 성장함에 따라 더 많은 직원들을 포함하는 새로운 연금 플랜을 만들었다. 그리고 미국에서 가장 경험이 많은 ESOP 수탁 기관이 독립 기관으로 모든

---

86 우리사주제도(employee stock ownership plan, 줄여서 ESOP) - 회사 직원들에게 자사주를 취득하게 하는 제도로서 직원들이 단체나 조합 등을 설립하여 자회사의 주식을 취득, 보유하는 제도를 말한다.

87 귀속 일정 또는 수여 일정(vesting schedule) - 회사의 직원이나 임원에게 일정 기간 동안 할당되는 주식수 또는 스톡옵션의 경우 일정 기간 동안 주식을 살 수 있는 수량을 규정한 것을 수여 일정이라고 한다.

ESOP 협상에서 직원들을 대표할 것이었다.[88]

또한 ESOP 구조는 즉각적이고 장기적인 세금 혜택을 통해 상당한 가치를 창출할 수 있었다. 일반 소득에 대한 세금을 납부할 필요가 없어져 회사에 유동성이 증가하게 된다. 이를 통해 회사는 수억 달러를 절약할 수 있으며 부채 상환과 운영 비용으로 사용할 수 있다. 그리고 10년의 보유 기간이 지나면 수억 달러의 자산 가치 상승에 대해 자본 이득세를 내지 않아도 된다.

후자의 문제는 당연히 10년 보유 기간이었다. ESOP, 회사, 그리고 나를 비롯한 그 어떤 투자자도 이러한 특별한 이익을 10년간 실현하지 못할 것이다. 대부분의 기관 투자자들은 완전한 업사이드를 실현하기 위해 그렇게 오래 기다릴 의향이 없었다. 하지만 나는 장기 투자자였다. 트리뷴은 내가 아주 오랫동안 보유하고자 했던 전략적 투자였다.

나는 미디어 거물이 되는 데 관심이 없었다. 나는 사업가였고 내 입장에서 트리뷴은 장기적인 사업 기회였다. 그것이 트리뷴 투자를 바라보는 나의 시각이었다.

물론 위험이 있었지만 모든 직원이 회사의 성공에 투자될 경우 위험은 완화될 수 있었다. 당시 트리뷴의 주가는 매각 절차가 실패한 후 폭락하고 있었다. 트리뷴의 시가 총액은 2년 전 최고가 대비 46%나 하락했다. 트리뷴의 이사회는 고레버리지 거래[89]를 통해 추가로 돈을 빌려서 주주들에게 자산의 공정 가치를 지불하는 것을 고려하고 있었다.

---

**88** 면제 조항에 해당하는 장기근속직원(grandfathered employee) - HR 용어로 회사에 장기 근무하여 기존 연금 혜택을 100% 보장받고 새로운 법안이나 회사가 새로 정한 방침에 구속받지 않는 직원들을 'grandfathered employee'라고 한다.

**89** 고레버리지 거래(high leveraged transaction, 줄여서 HLT)는 이미 많은 부채를 지고 있는 회사에 제공되는 은행 대출을 말한다. 일반적으로 HLT는 기업의 인수 합병, 재자본화, 사업 확장, 부채 구조조정에 사용된다.

다른 많은 비공개 기업 전환 LBO와 마찬가지로 우리의 거래에도 상당한 레버리지를 포함하고 있었다. 하지만 우리 거래는 한 가지 큰 차이점이 있었다. 우리가 트리뷴을 성장시키는 데 성공하면 많은 사람들이 혜택을 얻고 무엇보다도 직원들이 혜택을 받게 된다. ESOP는 직원들이 업사이드에 참여할 수 있게 한다. 회사 주식 가치 상승의 대부분은 ESOP 계좌에 귀속되며 궁극적으로 직원들에게 돌아간다. 따라서 직원들은 회사의 성공에 대해 높은 동기부여를 받을 것이다. 그 아이디어는 정말 훌륭하다고 생각했다. 날 비롯해서 모두가 이득을 볼 수 있었기 때문이었다. 트리뷴은 내 커리어에서 가장 큰 개인 투자가 될 것이었다.

나는 우리가 성공할 거라 확신했다. 즉각적인 세금 절감, 내 투자, 그리고 향후 컵스의 매각과 함께 우리가 먼저 방송 사업 부문을 성장시킨다면 회사의 퍼포먼스를 향상시킬 수 있는 기회가 많을 거라 믿었다. 초기에 트리뷴의 성공 전략은 5년 기간을 바탕으로 설계되었다. 우리 계획은 2012년까지 트리뷴이 부채의 약 20%를 상환하고 10년 이내에 절반을 상환하는 것이었다. 2007년 4월 1일, 트리뷴 이사회는 우리의 입찰(1주당 34달러, 총 82억 달러 거래)을 수락했고, 12월 20일에 우리는 거래를 마감했다.

트리뷴은 위계적인 문화와 수십 개의 사업부가 격리된 형태로 운영되는 조직적인 회사였다. 내 비전은 트리뷴의 놀라운 플랫폼을 개방하여 각 부분과 전체가 긴밀한 협업을 통해 더욱 강력하고 경쟁력 있는 회사로 만드는 것이었다.

우리가 일을 시작하면서 "우리는 항상 그렇게 해 왔어(We've just always done it that way)"라는 만트라 같은 말을 자주 들었다. 이 말은 날 몸서리치게 만든다. 내게 그것은 진보와 정반대되는 말이다. 하지만 관료주의 아래에서 창의성, 추진력, 열정을 가진 직원들을 보았다. 나는 혁신, 개방

성과 책임을 통해 진화를 가속화하기 위해 직원들에게 기업가 정신을 불어넣고 싶었다. 만약 내가 월스트리트 출신처럼 새로운 리더 역할을 맡는다면 그들과 똑같이 보일 거란 사실을 알고 있었다. 그래서 나는 직원들에게 활력을 불어넣기 위해서 강하고 거침없는 접근법을 선택했다. 우리의 전략 중 일부가 인기가 없을 수도 있다는 것을 알고 있었지만 회사나 산업을 새로운 방향으로 이끌고자 하는 열정을 결코 외면하지 않았다.

또한, 직원들에게 발언권을 주고 회사에 내재된 전문성을 활용할 수 있는 대화 공간을 만들고자 했다. 나는 항상 도전을 두려워하지 않고, 새로운 아이디어를 이끌어 내며 현장에서 일하는 직원들의 의견을 수용하는 리더십을 높이 평가했다. 그것은 트리뷴 직원들 대부분에게 새로운 개념이었으며 나는 직원들이 무슨 말을 하는지 듣고 싶었다. 직원들과의 소통은 내 직통 이메일 주소 talktosam@tribune.com을 통해 이루어졌다. 나는 직원들이 보낸 수백 건의 이메일을 일일이 읽고 답장을 보냈는데 이는 내가 회사에서 근무하는 동안 가장 기억에 남는 일 중 하나였다.

거래를 제안할 당시에는 보수적인 가정을 고려했다. 예를 들어 트리뷴의 주요 수입원이었던 신문 광고 판매율이 이미 하락세를 보이고 있었는데 우리는 그보다 훨씬 더 급격한 하락을 예상하고 인수를 맡았다. 모든 면에서 최악의 시나리오를 대비한 좋은 완충장치가 있었다. 하지만 결국 누구도 상상하지 못했던 수준의 전례 없는 신문 광고 매출 감소를 보게 되었다. 거래가 성사된 지 불과 몇 달 후인 2008년 1분기에 업계 전체의 신문 광고 판매율은 우리가 가정했던 다운사이드 케이스의 몇 배에 달했다. 9개월 후인 2008년 3분기에는 방송 광고 매출도 사상 최악의 실적을 기록했다.

CHAPTER 8 가시성 제로

물론 트리뷴 모험의 배경은 대침체[90]였다. 상황이 얼마나 나빠질지 아무도 예상하지 못했다고 생각한다. 물론 나도 예상하지 못했다. 금융 위기로 대출 공백이 생겨 잠재적 구매자들이 자본에 접근할 수 없었고, 자산 처분을 통해 현금흐름을 창출할 방법도 없었다.

절망적인 시기였다. 계획을 실행할 수 있는 기간이 1년 이내로 줄어들었다. 우리는 안일함이 팽배한 환경에서 긴박감을 만들기 위해 고군분투했다. 우리가 성공하려면 회사의 전체 기풍이 바뀌어야 했다. 메시지를 전달하는 것은 마치 동기부여와 현실 직시 사이에서 줄타기를 하는 것처럼 까다로운 일이었다. 직원들과 노조는 이미 긴장하고 있었다.

거래 마감 후 몇 달 만에 우리는 매출의 대규모 감소에 직면하여 전략을 대폭 변경해야 했다. 정리 해고를 계획하지 않았지만 지금은 그것을 생각해야 했다. 우리는 회사의 자산을 분할할 계획이 없었지만 이젠 모든 걸 고려해야 했으며, 발전적인 방식으로 투자를 하는 대신 긴축을 해야 했다. 트리뷴은 훨씬 더 민첩한 회사로 거듭나야 했다.

우리는 50/50 룰(콘텐츠 50%, 광고 50%)을 도입했다. 예상대로 광고 수요가 감소했기 때문에 월요일, 화요일, 토요일에 신문 발행 부수를 줄였다. 또한 신문의 물리적 크기를 1인치 줄였다. 이 두 가지 변화를 통해 신문 제작 비용을 약 15% 절감할 수 있었다. 이 경우 15%는 매우 큰 수치이다. 종이와 잉크 비용만 수천만 달러에 달한다.

이러한 변화와 다른 변화는 언론계에서 소란을 일으켰다. 항의 중 일부는 《LA 타임즈》의 1면에 '랩어라운드 광고(wraparound ads)'를 게재하는 것에 반대하는 것이었다. 랩어라운드 광고는 트리뷴에서 한 번도 행해진

---

[90] 대침체(The Great Recession) - 2007년 서브프라임 모기지 사태로 인해 2008년부터 미국에서 시작된 경제 위기를 지칭하는 용어이다.

적이 없었기 때문에 뉴스룸 직원들은 그것을 모독으로 생각했다. 하지만 오늘날에는 업계 전반에서 랩어라운드 광고를 흔히 볼 수 있다.

모든 신문사와 방송국은 마치 독립된 회사처럼 운영되고 있었다. 우리가 수치를 살펴본 결과 인력을 2% 줄이는 것을 시작으로 감원과 조직 개편을 시작해야 한다는 것을 깨달았다. 그렇게 바이아웃[91]이 시작되었다. 개인적으로 이것은 전달하기 매우 어려운 메시지였다. 나는 이 직원들과 함께하며 성장을 약속했고 비전을 믿었다. 지금도 마찬가지이다. 하지만 우리는 궁지에 몰려 있었다.

동시에 우리는 뉴스룸의 조직과 구조를 전면적으로 개편해야 했다. 예를 들어 포트 로더데일(Fort Lauderdale)에 선센티넬(Sun Sentinel)과 TV 방송국이 있었다. 우리는 TV 방송국을 선센티넬 건물로 이전하여 TV와 인쇄물을 모두 다루는 속보 뉴스 센터를 만들었다. 그것은 신문의 상품성에 해를 끼치지 않으면서 TV 방송국에 뉴스 보도를 제공하는 간단한 조치였다. 그리고 회사 전체에서 이와 같은 다른 기회를 찾으려고 노력했다.

우리는 중복을 줄이는 방법을 철저히 모색했다. 신문사는 각자의 마스트헤드[92]을 질투스럽게 지키는 전통이 있다. 예를 들어 LA 타임즈는 LA 타임즈 직원이 아니면 어떤 기자도 신문 1면에 바이라인[93]을 표시할 수 없다는 방침이 있었다. 나는 그게 터무니없는 규칙이라고 생각했다. 만약 트리뷴의 본고장인 시카고에서 기삿거리가 발생하면, LA 타임즈는 시카고에 있는 동료들에게 전화를 걸어 기사를 공동 작성하는 대신, LA 타임즈 소속 기자를 보내려고 했다. 마찬가지로 시카고 트리뷴과 LA 타임즈는 아

---

91 바이아웃(buyout) - 회사가 구조조정 등의 문제로 인력 감축이 불가피할 경우 직원들이 퇴직금, 실업수당, 기타 혜택을 받는 조건하에 자발적으로 퇴사하는 것을 말한다.
92 마스트헤드(masthead) - 신문이나 뉴스 웹사이트의 발행인란
93 바이라인(byline) - 신문, 잡지 등에서 기자 작가 등의 이름을 쓰는 행

프간의 아이돌 쇼 취재를 위해 외신 기자들을 각각 카불에 파견하여, 하나는 LA 타임즈의 기사, 다른 하나는 시카고 트리뷴의 기사를 따로 작성했다. 두 신문 모두 아프간 아이돌이라고 불리는 큰 국제적인 행사에 대해 따로 기사를 실은 것이다. 사업을 운영하는 입장에서 그것은 미친 짓이었다.

트리뷴의 워싱턴 지국은 그 광기를 더욱 극명하게 보여 주었다. 워싱턴 지국에는 여러 신문을 대표하는 약 100여 명의 직원이 근무하고 있었고 그들은 한 우산 아래 하나의 마스트헤드가 아니라 경쟁 단체들처럼 운영되었다. 심지어 LA 타임즈는 별도의 출입구가 있었고 직원의 절반이 워싱턴 지국에서 근무했다. 나는 회의를 소집하여 솔직한 진실을 말했다. "우리는 이런 비용을 감당할 수 없습니다."

나는 직원들에게 물었다. "여기 LA 타임즈에서 온 사람들은 몇 명인가요?" 그들은 47명이라고 말했다. 내가 말했다. "그러면, 회사 매출의 20%를 차지하는 신문이 워싱턴 지국의 거의 절반을 차지한다는 말인가요? 그건 말이 안 됩니다. 여러분이 고치지 않으면 제가 할 겁니다." 그들은 내가 지적한 문제를 고쳤지만 어려움이 없진 않았다. 특권에 너무 익숙해진 나머지 재정적 책임의 기본 원칙에서 자신의 역할을 이해하지 못했으며 나를 침입자 또는 자신들의 사업을 이해하지 못하는 사람으로 여겼다. 하지만 내가 지적한 사실은 피할 수 없는 것이었다.

나는 트리뷴을 바꾸려고 노력한 방식과 변화 내용 자체에 대해 많은 비판을 받았다. 내가 거친 언어를 사용했고 말하는 방식이 선동적이었다는 것을 알고 있다. 대부분은 의도적인 것이었다. 나는 직원들에게 열정을 불러일으키고 현상 유지에서 벗어나 변화해야 한다는 것을 깨닫게 하고 그렇게 할 수 있도록 돕고 싶었다. 내가 모든 해답을 가지고 있다고 생각하지는 않았다. 하지만 심각한 경종을 울리지 않으면 트리뷴은 다른 신문사들과 마찬가지로 성공할 수 없다는 것이 점점 더 분명해졌다. 작가, 편집자, 임원들이 고집을 부릴수록 나는 더욱 동요했고 그들이 이해하지 못한다고 생각할 때가 많았다. 내가 너무 거칠었을지도 모른다. 하지만 비즈니스가 나아가야 할 방향에 대해서는 내가 틀린 것은 아니었다.

우리는 주변의 모든 문제에도 불구하고 집중력을 잃지 않고 수익 창출을 가속화하는 데 노력을 기울였다. 트리뷴의 기존 브랜드를 온라인에서 수익화할 수 있는 방법이 필요하다는 것을 알았지만 온라인 사업부는 엉망이었다. 기술은 구식이었고 모든 사업부가 서로 다른 시스템을 사용했으며 데이터를 공유할 방법이 없었다. 시카고 트리뷴과 LA 타임즈가 서로 호환되지 않는 웹사이트를 개발하는 여러 팀과 수백 개의 온라인 프로젝트를 진행하는 다른 팀이 있었는데 그중 3/4은 4~7년 동안 매출을 올리지 못했다. 그래서 우리는 업무를 통합하고 명확한 우선순위를 정했다. 직원들 사이에서 불만이 많았으며 그들은 위기의 정도나 시급함에 대해 노골적으로 부인했다.

우리는 모든 신문사를 보유할 계획이었다. 그러나 현실은 전략적 처분이 필요한 상황이 되었다. 모두가 원했던 신문은 롱 아일랜드의 뉴스데이였다. 세 명의 유력한 입찰자가 있었는데, 뉴욕 포스트(New York Post)와 뉴스 코퍼레이션(News Corporation)의 소유주인 루퍼트 머독, 데일리 뉴스(Daily News)의 소유주인 모트 주커먼, 그리고 케이블비전(Cablevision)의 소유주인 돌란가였다. 머독과 주커먼에게는 뉴욕 시장에서 영향력을 강화하고 비용을 절감할 수 있는 절호의 기회였다. 케이블비전의 관심은 많은 관찰자들을 당혹스럽게 했지만 그들은 한동안 인수에 대해 진지해 보이지 않았다. 하지만 우리가 케이블비전을 참여시킬 수 있다면 그들이 우리에게 가장 많은 돈을 지불할 가능성이 있는 잠재적 입찰자라고 믿었다. 그래서 케이블비전이 물러나는 것처럼 보이자 매우 실망했고 머독이 협상 테이블에 앉을 가능성이 가장 높다는 것이 점점 더 분명해졌다.

머독과의 거래에 제동을 거는 것은 교차 소유권과 반독점 문제였다. 우리는 현금이 필요했고 거래가 정부의 관료제를 통과하는 동안, 1년 반 혹은 그 이상을 지체할 여유가 없었다. 나는 머독이 월스트리트 저널을 인수할 때 같은 문제를 피하기 위해 반독점 위험을 떠안고 보증금을 선지급했다는 사실을 알았다. 머독은 우리를 위해서도 똑같은 일을 할 의향이 있을까?

JP모건체이스의 부회장이자 거래 전문가인 지미 리(Jimmy Lee)가 머독을 대신해 협상 중이었다. 그들이 제안한 금액은 5억 8,000만 달러로 약간 낮았지만 가능한 금액이었다. 거래를 진행하면서 나는 계속해서 그에게 말했다. "모든 것이 좋지만 이 시점에서 우리는 성사 가능한 거래를 해야 해요. 그것은 보증을 뜻합니다." 우린 계속해서 이야기를 나누었고 결국 어떻게든 해결될 수 있을 것 같았다. 그런데 누군가가 5억 8,000만 달러 거래 제안의 세부 사항을 유출시켰고, 갑자기 케이블비전의 창업자이자 회장인 척 돌란(Chuck Dolan)이 전화를 걸어 왔다. "시내에 와서 함께 앉아 이야기하고 싶군요."

"그럼요, 내일 점심에 오세요." 케이블비전이 다시 게임에 복귀한 것 같았다. 그는 아들 제임스와 함께 나타났다.

그들은 자리에 앉았고 척은 "우리는 뉴스데이에 관심이 있고, 조건 없이 6억 5,000만 달러를 지불할 준비가 되어 있어요. 그러니 이 자리에서 'Yes' 또는 'No'라고 말하세요." 그것은 쉬운 결정이었다. 그들이 제안한 조건 없는 입찰은 규제 문제가 없는 머독의 입찰가보다 높았다. 우리는 주말에 세부 사항들을 논의했다.

지미 리가 그 소식을 듣고는 화가 머리끝까지 났다. "절대 성사되지 못할 겁니다!" 그는 비명을 질렀다. "그런 일은 없을 거예요!" 물론 지미 리는 그의 의뢰인의 계약 성사를 원했다.

나는 "지미, 반독점 문제를 해결할 방법을 말해 봐요. 이것은 가격보다 클로징(거래 마감)의 확실성에 관한 문제예요"라고 말했다.

지미는 그 문제를 해결할 수 없었다. 독점 금지 문제가 없고 6억 5,000만 달러의 전액 현금 입찰로 케이블비전이 승자가 되었다.

이것은 필요한 현금 투입이었지만 충분하지는 않았다.

**우리는** 단순히 방향을 바르게 바꿀 수는 없었다. 내키지 않았지만 그해가 가기 한 달 전인 2008년 12월 9일에 우리는 트리뷴에 챕터 11 파산 보호를 신청했다. 파산 신청은 회사가 부채를 재구성할 수 있는 숨통을 틔워 주었다.

나는 4년간의 파산 절차 내내 회장직을 유지했다. 우리는 파산 제한 조건 하에서 최대한 많은 진전을 이루기 위해 회사에 시간, 에너지 및 자원을 계속해서 투자했다. 2012년 말 트리뷴이 회생했을 때 현재 회사를 소유하고 있는 선순위 대출기관은 (업계 전반에 걸쳐 급증한 다른 파산 등 반대 증거에도 불구하고) 언론인만이 문제를 해결할 수 있다고 믿었다. 결국 그들에게 회사를 맡겼지만 그 전제에 동의하지는 않았다. 나는 트리뷴이 새로운 관점에서 장기적으로 계속 이익을 얻었을 거라 생각한다. 확실히 우리가 시행한 '급진적인' 새 계획 중 일부는 이제 업계에서 흔한 일이다.

나는 트리뷴 거래를 한 것을 후회하는지, 나쁜 거래였는지, ESOP가 실수였는지를 묻는 질문을 자주 받는다. 난 그렇게 생각하지 않는다. 나는 내가 얻을 수 있는 정보를 바탕으로 최선의 결정을 내렸으며 회사에 완전히 투자했다. 자본뿐만 아니라, 이제는 돈보다 훨씬 더 중요한 내 시간으로 말이다. **나는 내 시간을 어디에 쓰는지 매우 신중하다. 내가 하지 않은 다른 거래의 기회비용을 감안해야 하고, 시간이 내게 가장 소중한 자원이기 때문이다.**

트리뷴에서 나는 중요한 산업에서 낡은 사업 모델을 변화시킬 기회를 발견했다. 그리고 문제를 해결하기 위해서 우리의 전략이 유효했다고 생각한다. 시간이 더 있었다면 성공시킬 수 있었을 것이다. 우리는 변화를 일으킬 수 있었다. 결국 내게는 그것이 중요한 문제이다. 나는 거래를 성공시킬 수 있다고 믿기 때문에 남들이 하지 않는 거래를 하고 위험을 감수한다. 그리고 솔직히 그 믿음을 뒷받침하는 오랜 실적을 가지고 있다.

나는 위험을 알아내는 통찰력을 점진적으로 발전시키는 데 평생을 보냈다. 물론 지금에 와서는 45년 전에 내가 감수했던 위험에 대해, "그래, 그건 너무 무모했어"라는 생각이 들기도 한다. 하지만 당시엔 내가 알고 있던 것을 바탕으로 그 정도의 위험 수준은 적절하다고 생각했다. 위험에 대한 이해와 평가를 향상시키는 것은 오직 경험뿐이다. 그러나 언제든 최악의 상황을 인지하고 단순화하는 것, 즉 심연을 꿰뚫어 보는 것이 중요하다. 그리고 절제하고 감정적인 반응을 피해야 한다. 그런 다음 게임에 참여할지 떠날지를 결정해야 한다.

기업가로서 나는 천성적으로 낙천주의자이다. '실패'라는 단어는 내 사전에 없다. 나는 될 법했던 일에 대해 한탄하는 데 많은 시간을 소비하지 않는다. 내 마음가짐은 고개가 180도 돌아가지 않는다는 것이다. 나는 항상 다음 단계에 집중해야 한다.

2009년의 내 연례 선물은 그전 해를 요약한 것이다. 대침체가 닥쳐 우리는 트리뷴을 잃었을 뿐만 아니라 금융, 고용 시장, 은행 및 주택 산업을 황폐화시켰고 미국의 성장 기대치를 재설정하는 등 엄청난 혼란을 초래한 한 해를 기억하기 위한 선물이었다.

그 선물의 제목은 "가시성 제로(zero visibility)"이었고 내가 보내던 뮤직 박스 대신 성조기를 배경으로 한 간단한 삼단 판이었으며 불투명한 선글라스 한 쌍이 들어 있었다. 15년 만에 처음으로 음악이 없는 연례 선물을 전달했는데, 함께 동봉된 메모의 첫 문장은 "음악이 멈췄다(The music has stopped)"였다.

그리고 미국 국가 선율에 맞춰 다음과 같은 가사가 중앙판에 인쇄되어 있었다.

Oh say can you see, who turned out the lights?
아, 누가 불을 껐는지 보이는가?
The present is dark, the future ain't bright
현재는 어둡고, 미래는 밝지 않다
Markets dazed and confused, sunk in crisis and fear
멍하고 혼란스런 시장, 위기와 공포에 가라앉는다
The gloom that has gathered is deep and severe
모인 어둠은 깊고 혹독하다
The search for quick answers, a task in futility
빠른 답변을 찾는 것은 헛수고
So what will succeed—how to foretell
그래서 무엇이 성공할 것인가—어떻게 예측하는가?
Does our fate lie in the stars—or in ourselves?
우리의 운명은 별에 달려 있는가, 아니면 우리 자신에게 달려 있는가?

나는 후자라고 믿는다.

# CHAPTER
# 9

## 국경은 없다
Without Borders

# CHAPTER 9

2009년에 루이비통을 비롯한 명품 소매업체들이 몽골에 매장을 연다는 기사를 읽었다. 정말? 그 기사는 내 관심을 끌었다. 몽골의 인구는 300만 명도 채 안 되었고, 그중 70만 명 이상이 유목민이었다. 유목민들에게 루이비통이 필요한 이유는 무엇일까? 그리고 몽골에서 가장 큰 도시인 울란바토르(Ulaanbaatar)는 세계적인 수준의 도시가 아니었다. 그러나 몽골은 세계 최대 규모의 구리와 금 매장지 중 하나인 오유 톨고이(Oyu Tolgoi) 광산을 개발하기 시작했다. 오유 톨고이 광산은 국경이 약 50마일(80.47km) 떨어져 있는 중국의 끝없는 원자재 수요를 충족시키기에 좋은 위치에 있었다. 이 광산은 몽골의 GDP를 연간 약 20% 증가시킬 것으로 예상되었고 많은 몽골인들을 매우 부유하게 만들고 있었다.

그래서 나는 이 광산을 확인하기 위해 몽골로 갔다. 몽골에 도착해서 오유 톨고이 광산의 개발자를 만났고, 그는 나를 데리고 투어를 진행했다. 나는 프로젝트의 규모에 깜짝 놀랐다. 전에는 광산업을 기피하는 경향이 있었는데 이 경험을 통해 내 태도를 다시 한번 확인했다. 50년 이상의 광물을 공급할 수 있는 지하 1.2km 광산을 개발하는 데 필요한 자본적 지출은 상상을 초월할 정도로 엄청났고 광물을 생산하는 데만 100억 달러가 들었다. 나는 모든 원자재 사이클이 끝날 때마다 일어나는 일, 즉 수요보다 공급이 더 많은 상황 때문에 투자하지 않기로 결정했다.

하지만 훌륭한 여행이었다. 후천적인 취향일 수밖에 없는 음식을 제외하곤 말이다. 현지 주식인 야크 버터 냄새를 처음 접한 후 남은 여행 동안 바나나와 빵으로 식단을 제한했다.

이민자의 아들인 내가 국제적인 성향을 가지고 있다는 것은 놀라운 일이 아니다. 젊었을 때부터 나는 전 세계에서 무슨 일이 일어나고 있는지, 어떤 사건이 내 미래와 어떤 관련이 있는지에 관심이 많았다. 이는 비단 사업에만 해당되는 것이 아니다. 나의 타고난 호기심은 나를 세계 여행자로 만들기도 했다. 나는 변화와 이를 둘러싼 사건에 흥미를 느낀다. 변화는 새로운 경험과 기회로 이어진다. 흥미를 끄는 장소에 대한 이야기를 읽거나 듣게 되면 바로 그곳으로 간다. 나는 항상 그래 왔다. 특히 지난 25년 동안 나는 최대한 많은 세상을 보기 위해 노력해 왔다. 때로는 풍경과 문화를 가까이에서 경험할 수 있는 오토바이 여행이 원동력이 된다. 때로는 흥미로운 트렌드나 이상 현상이 나타날 수도 있다. 이는 잠재적인 사업 기회로 호기심을 불러일으키는 글을 읽은 것이 계기가 되기도 한다. 물론 두 가지 모두에 해당하는 경우가 많다.

나는 모든 것은 연결되어 있으며 세계화가 위협보다는 기회를 더 많이 제공한다고 믿는다. 미국 국경 내에서만 수요가 창출되던 시대는 끝났다. 오늘날에는 미국의 아파트 수요와 세계 무역 흐름, 국제 통화, 다른 국가의 안정성에 대한 관점 사이에 선을 그릴 수 있다. 앞으로 수십 년 동안 상호 연결과 상호 의존성이 어떻게 진화할지 아직 이해조차 시작하지 못한 것 같다.

내 생각에 굳이 사업이 아니더라도 마음가짐을 글로벌하게 갖는 것은 선택 사항이 아니다. 그것은 의무이자 책임이며 스릴 있는 일이다. 그래서 1990년대 후반 또 다른 사모 투자 회사인 에쿼티 인터내셔널을 설립하면서 본격적으로 해외 시장으로 사업 관심을 돌렸다.

당시에 우리는 미국의 상업용 부동산 포트폴리오를 상장 기업으로 분사했고 유동성 부동산(liquid real estate)의 가치를 전적으로 믿고 있었다. 부동산 산업은 미국에서 전례 없는 수준으로 수익을 창출하고 성장과 규모를 확장하고 있었다. 우리 회사들은 상상도 못한 방식으로 자본에 접근할 수 있었다. 그것은 혁명적인 일이었다. 다른 나라에서도 동일한 잠재력이 존재한다는 것을 알았고 미국에서의 경험이 유리하게 작용할 것이라고 믿었다.

다시 한번 나는 사람들이 내게 미쳤다고 말하는 것을 들었다. 당시 신흥 시장은 대부분 외국인 투자자들이 손댈 수 없는 영역으로 여겨졌다. 1980년대부터 이어진 대출 채무 불이행의 그늘에 가려져 있었고 멕시코의 데킬라 위기(페소화 평가절하)로 인해 라틴 아메리카 전역에 광범위한 통화 평가절하가 촉발되었기 때문이다. 게다가 1997년 아시아 금융 위기와 1998년 러시아의 디폴트 사태로 많은 신흥 시장 국가들이 휘청거리고 있었다. 당시 신흥 시장은 심약한 사람들을 위한 곳이 아니었다. 물론 나에게는 자산에 대한 경쟁이 없는 환경을 제공했으며 흥미진진하고 새로운 기회의 세계였다.

나는 부동산의 기초가 통용되는 것이라고 믿었다. 즉 수요와 공급, 인구 통계, 자본 흐름 등의 문제는 미국과 마찬가지로 해외에서도 동일하게 적용된다고 생각했다. 하지만 해외 투자에 대한 우리의 첫 번째 투자 논거는 불과 몇 달밖에 지속되지 않았다. 잠재적인 기회를 발견하는 것은 중요하지만 그것을 활용하는 방법을 또한 알고 있어야 한다.

해외 투자에서 우리가 첫 번째로 노력한 것은 미국에서 사용한 전략을 반영하여 부동산에 투자하고 자산의 소유주로서 '모선', 즉 지주 회사를 만드는 것이었다. 더 큰 목표는 그 회사를 공모 시장에 상장시키는 것이었다. 그러나 자체 자본으로 몇 차례 해외 투자를 진행한 후, 기관 투자자들이 여러 국가에 자산을 보유한 리츠에 대해서 국경 간 복잡성을 따라갈 능력이 없거나 따를 의향이 없다는 것이 분명해졌다. 국가마다 다른 국가 세금 코드와 통화는 리츠를 불투명하고 예측하기 어렵게 만들었다. 이는 내가 미국에서 열심히 노력했던 것과는 정반대였다.

설상가상으로 당시 신흥 시장의 상업용 부동산의 소유권은 매우 복잡했다. 대부분의 건물은 소유주가 직접 점유하고 있었으며 이는 하나의 오피스 빌딩에도 수백 명의 소유주가 있음을 의미하기도 했다. 이러한 시장에는 부동산 프로젝트를 위한 투자 자본 소스가 없었고 디벨로퍼들은 임대가 100% 완료될 때까지 새 건물을 보유할 여력이 없었다. 그들은 다음 프로젝트를 위한 자본을 재순환시키기 위해서 최종 사용자나 소규모 투자자에게 층별 또는 유닛별로 공간을 판매해야 했다. 하지만 신흥 시장에 진출하는 다국적 기업들이 증가하면서 임대 공간에 대한 수요가 증가했다. 다국적 기업들은 자체 공간을 소유하는 데 익숙하지 않았고 관심도 없었다.

그래서 우리는 직접 부동산에 투자하지 않고 부동산 회사에 투자하는 데 다시 집중했다. 이는 제조업과 같은 다른 산업에서 효과가 있었던 전략이었다. 우리의 투자 논거는 효과가 있었고 말 그대로 기회의 세계가 열렸다.

또한 새로운 도전도 시작되었다. 신흥 시장에 투자하는 것은 성장을 대가로 '법치주의(rule of law)'를 거래하는 것이다. 외국 법정에서 공평한 판결을 받을 수 있다고 생각한다면 다시 생각할 필요가 있다. 따라서 첫 번째 질문은 항상 "파트너가 누구인가?"이다. 내 말은 "누가 매일 현지에서 당신의 이익을 지켜 줄 것인가?"를 의미한다.

우리는 신뢰할 수 있고, 우리와 이해관계가 일치하며, 같은 생각을 갖고 투명성과 장기적인 관계를 중요하게 생각하는 현지 파트너를 찾는다.

우리는 "우리는 당신을 믿습니다, 우리는 이 일을 해낼 것입니다, 어떻게 지원할 수 있을까요? 어떻게 도와드릴까요?"라고 말할 때 호의적으로 반응하는 현명하고 헌신적인 파트너를 원한다. 그들은 우리만큼이나 열정적이며 우리와 함께 번영할 수 있다는 것을 이해해야 한다. 현지에서 일이 돌아가는 방식에 대한 그들의 지식은 매우 중요하다. 그리고 그들과의 제휴는 업사이드 측면에서 그 어떤 외국인이 얻을 수 있는 것보다 상당한 이익을 얻을 가능성이 높고, 다운사이드 측면에서 상당한 손실을 막을 것이다.

차베스 정권 초기 베네수엘라 투자를 예로 들어 보겠다. 우리가 투자한 회사는 라틴 아메리카에서 가장 큰 A급 오피스 빌딩 포트폴리오를 보유하고 있었다. 이 회사는 엑손(Exxon Mobile)에서 시티그룹(Citigroup)에 이르는 다국적 기업 임차인들을 확보하고 있었으며, 지역 전체에서 성장할 준비가 되어 있었다. 2004년 초, 차베스 정부의 영향력이 커질수록 우리의 현지 파트너는 "차베스의 말에 신경 쓰지 말고 그의 행동에 신경을 써야 합니다"라고 말했다. 그런데 그해 말 파트너는 우리에게 전화를 걸어 "차베스가 행동을 취하기 시작했어요. 이제 걱정할 때입니다"라고 말했다. 우리는 엑싯을 위해 미친 듯이 서둘렀고 우리만 허둥대고 있었던 게 아니었다. 하지만 현지에 훌륭한 파트너가 있었기 때문에 곧바로 모든 자산을 매각할 수 있었다. 손실을 보긴 했지만 그의 현지 전문성과 영향력이 없었던 것보다 훨씬 나은 결과를 얻었다.

그래서 우리는 훌륭한 현지 디벨로퍼나 운영업체 파트너를 찾는 데 집중하며 이들이 대규모 상업용 부동산 포트폴리오를 개발, 소유 및 임대할 수 있는 기관 수준의 운영 플랫폼을 구축할 수 있도록 지원한다. 성장 잠재력 있는 기업을 찾아 궁극적으로 물리적인 건물 이상의 가치를 창출할 수 있도록 지원하는 것이다. 우리는 포트폴리오 회사에 자본을 투입하고, 이를 배치할 수 있도록 안내하며, 강력한 재정 규율과 기업 지배구조를 가르치고, 복잡한 투자 및 비즈니스 전략에 대한 전문 지식을 빌려주고, 공모 시장에 대한 지식을 공유하고, 우리가 보유한 은행 및 기타 네트워크에 소개함으로써 그들이 기관 등급이 될 수 있도록 돕는다. 함께 1+1=3이라는 공식을 만드는 것이다.

 이러한 유형의 파트너십과 신흥 시장에서의 합병 기회를 보여 주는 좋은 사례는 브라질의 비알몰스(BRMalls)이다. 2000년대 초반 상파울루와 리오에 새로운 쇼핑몰들이 생겨났고, 앞서 말했듯이 업계의 소유권은 상당히 분열되어 있었다. 우리는 2006년에 현지 사모펀드와 파트너십을 맺고 8,600만 달러를 투자하여 성장 플랫폼인 비알몰스를 설립했다. 그로부터 약 1년 후 우리는 브라질의 보베스파[94]에서 약 21억 헤알의 주식 밸류에이션으로 비알몰스의 IPO를 주도했다. 이 자본을 바탕으로 비알몰스는 업계를 선도하는 인수합병에 나섰다. 5년 후 비알몰스는 약 50개의 쇼핑몰을 보유하게 되었다. 일반 주주들의 총수익률은 26% 이상이었고, 비알몰스의 주식 시가 총액은 107억 헤알에 달했다. 2010년 투자를 완전히 엑싯(회수)할 때까지 비알몰스는 브라질에서 가장 큰 쇼핑몰 회사가 되었으며 4.2배의 주가 멀티플, 48.6%의 내부수익률을 달성했다.

 이것이 바로 해외 투자를 하는 데 있어서 우리의 기본 전제이다. 즉 사업을 기관 플랫폼으로 전환하는 것이다. 우리는 멕시코에서 시작해서 브라질로 진출한 다음 콜롬비아, 인도, 중국으로 진출했다. 지금까지 15개국에서 약 30개의 회사를 유치했으며 4건의 IPO를 진행했다.

 내가 신흥 시장에 매력을 느끼는 이유는 내재 수요 때문이다. 나는 항상 수요를 창출하기보다는 이미 수요가 존재하는 곳에서 투자해야 한다

---

[94] 보베스파(Bovespa) - 브라질 상파울로 증시

고 믿어 왔다. 내게 해외 투자는 대체로 인구 통계에 관한 이야기이다. 인구 성장만 봐도 알 수 있다. 영국, 프랑스, 일본, 스페인, 이탈리아 등 대부분의 선진국은 인구 고령화를 겪고 있으며 매년 인구 성장률이 제자리걸음 또는 마이너스를 기록하고 있다. 예를 들어 우리는 서유럽을 보는 데 많은 시간을 할애하지 않는다. 그곳은 마치 디즈니랜드와 같다. 와인과 성, 치즈를 즐기기에 좋은 곳이지만 성장이 없다. 또한 유럽은 세계에서 가장 많은 연금 수급자 인구를 보유하고 있다. 일하지 않는 퇴직자 수는 미국의 두 배에 가깝고 대부분의 유럽 국가에서는 매년 세금으로 연금을 충당한다. 노동력이 줄어드는 상황에서 그 돈은 어디에서 나올 것인가?

반면 인도, 멕시코, 콜롬비아, 남아프리카, 브라질 등 대부분의 신흥 시장은 인구가 더 젊고 성장률이 높다. 2007년 이후 전반적으로 성장률이 급락했지만 신흥 시장은 여전히 선진국보다 앞서 있다. 이는 더 많은 내재 수요를 의미한다.

2000년대 초반에 몇몇 신흥 시장의 인구 변화 추세와 재정 규율은 각 국가의 중산층의 규모를 빠르게 증가시켰다. 나는 이러한 성장이 주택, 리테일 및 기타 부동산에 대한 수요를 창출할 것을 알았다. 따라서 우리는 그 분야에서 기회를 찾으려고 했다.

인구 통계 외에도 우리는 국가적 안정성에 대해서도 살펴본다. 급변하는 신흥 시장의 환경에서는 정치적 리더십이 특히 중요하다. 이상적인 리더는 재정적 보수주의자이자 사회적 자유주의자인 동시에 성장 지향적인 대통령이다. 그 이념들 사이의 중간에서 통치하는 사람을 말한다.

브라질은 리더십의 좋은 영향력과 나쁜 영향력을 같은 대통령에서 볼 수 있는 좋은 예이다. 2002년에 당선된 룰라 브라질 대통령은 재정 흑자 유지, 인플레이션 통제, 변동환율제 도입 등 전임자의 경제 모델인 "거시 경제 삼각대(the macroeconomic tripod)"를 따랐다. 기본적으로 룰라는 성장을 피했다. 그는 브라질의 재정 적자를 줄이고 인플레이션을 억제했다. 그 결과 브라질은 투자적격 등급을 확보하고 10년 동안 강력한 수출 성장과 글로벌 경제 호황의 수혜를 충분히 누릴 수 있었다. 브라질의 헤알화는 강세를 보였고 룰라가 간섭하지 않으면서 새로운 중산층이 등장했다. 하지만 룰라의 두 번째 임기 동안 그의 기강은 약화되었고 그가 퇴임할 무렵 많은 진전이 물거품이 되어 버렸다.

룰라의 후임은 그의 내각에 있던 지우마 호세프였다. 호세프는 간섭적인 국가 주도 정책을 계속해서 시행했다. 호세프는 오로지 국영 기업이나 특권 기업만이 정부 보조금과 융자를 쉽게 받을 수 있도록 정책을 도입하고 규제를 강화하여 대부분의 민간 기업을 무력화시키는 등 강압적인 지도자임을 입증했다. 이러한 기업들과 정부의 긴밀한 관계는 부패되기 쉬운 환경을 조성했다. 그녀는 또한 3년 만에 브라질의 재정 적자를 두 배로 늘렸다. 페트로브라스 부패 스캔들[95]은 놀랄 만한 일이 아니었지만 그 규모와 범위는 놀라웠다. 호세프의 부패한 리더십은 온 나라에 먹구름을 드리웠다. 그녀는 기관 투자자들의 신뢰를 무너뜨렸고 브라질을 국제 투자 커뮤니티에서 버림받은 국가로 만들었다. 브라질에서 투자를 위해 경쟁하는 투자자들은 브라질 시장을 떠났다.

브라질은 이제 다시 정상 궤도에 오르기 위해 노력하고 있다. 브라질이 완전히 회복하려면 그동안의 손실을 인정하고 성장을 장려하고 정부의 간섭을 줄이는 개혁을 시행해야 할 것이다. 하지만 식량과 에너지의 자급자족, 성장 규모와 같은 기본적인 요소들은 장기적으로 브라질의 미래가 유망하다는 확신을 갖게 한다.

---

95  2014년 멕시코의 국영 기업 페트로브라스의 뇌물 비리 사건으로 이 사건으로 인해 브라질 국가 신용등급이 정크 등급으로 강등되었고, 당시 브라질 대통령이었던 지우마 호세프가 탄핵되었다.

중국을 빼놓고 정부의 리더십이나 정치가 국가 경제에 미치는 영향에 대해 이야기할 수 없다. 브라질과 멕시코가 시장 지향적인 경제라면 중국은 명령 경제에 가깝다. 중국에서는 투자 규칙이 정부의 변덕에 따라 바뀔 수 있다. 중국은 다른 주요 세계 경제국보다 예측 가능성과 확신이 떨어진다. 하지만 규모가 너무 크기 때문에 기회를 무시할 수 없다. 사람들은 항상 성공하려면 중국 14억 인구 중 1%의 수요만 있으면 된다고 말한다. 추가적인 위험을 감수하려면 가격 할인이 엄청나게 높아야 한다.

2006년 중국은 가용 투자 자본의 부족으로 어려움을 겪고 있었다. 현지인들은 미국을 비롯한 해외 투자자들에게 두 팔을 벌려 손을 흔들고 있었다. 아시다시피 나는 투자자들에게 굶주린 시장이나 거래를 좋아한다. 판매자와 파트너가 나를 위해 허리를 굽히는 환경을 조성한다. 나는 내 커리어에서 이러한 이점을 계속해서 발견했고 항상 이러한 역동성을 찾고 있다.

그래서 우리는 자본에 대한 시장의 수요와 강력한 정부 모기지 프로그램을 바탕으로 중국 주택 건설회사에 투자했다. 우리 파트너는 영어와 중국어를 완벽하게 구사할 수 있었다. 모든 것이 훌륭했다. 그 후 2년 동안 중국 주택 시장은 성장했고, 상하이 증시는 반등세를 보였으며, 중국은 자본에 대한 강력한 접근성을 다시 회복했다. 그러던 어느 날 하룻밤 사이에 중국 정부는 예고도 없이 모기지 프로그램을 중단시켰다. 그리고 우리 파트너는 영어로 말하는 법을 잊었다. 그는 우리와의 소통을 완전히 끊었다. 결론적으로 그는 더 이상 우리 돈이 필요하지 않았던 것이다. 이 경험을 통해 글로벌 시장에서는 좋은 파트너, 이해관계의 일치, 공동의 목표가 필요하다는 나의 기본 원칙을 다시 한번 확인했다. 우리가 이익을 내고 투자 포지션을 청산했지만 그만한 가치가 있는 결과는 아니었다.

신흥 시장에서 국가 안정성에 대한 중요한 단서는 해당 국가가 투자적격 등급을 앞두고 있는지 여부이다. 나는 일찌감치 어떤 국가든 투자적격 등급을 1~2년이 앞둔 시점보다 더 규율이 있고 투명한 시기는 없다는 결론을 내렸다. 투자적격 등급은 그 나라에 즉각적인 혜택으로 이어지기 때문에 해당 국가는 최선의 행동을 취하려 할 것이다. 투자적격 등급은 국가의 통화를 강화하고, 외국인 직접 투자자들로부터 투자 기회에 대한 수요를 증가시키고, (정부 시스템 내에서 규율이 확립되었음을 보여 줌으로써) 그 나라의 경제에 대한 세계의 신뢰를 높이고, 낮은 비용과 더 많은 자본에 대한 접근성으로 국가에 보답한다. 우리는 멕시코, 브라질, 콜롬비아가 투자적격 등급이 임박했을 때 투자했고 이러한 영향으로부터 직접 혜택을 받았다.

일부 신흥 시장에서는 높은 인구 증가율, 중산층의 증가, 투자적격 등급에 임박한 상황, 뛰어난 리더십, 자본에 대한 갈망 등 모든 조건을 충족하지만 투자를 수익화하는 데 필요한 한 가지 요소인 '규모(scale)'를 놓칠 수 있다. 규모가 없으면 유동성이 없고, 선택의 여지도 없다. 한마디로 꼼짝 못 한다. 아프리카가 대표적인 예이다. 나는 보츠와나 등 많은 국가들이 잠재력이 있다고 생각하지만 상류층과 중산층이 너무 작아서 투자에 참여하기 어렵다. 칠레도 또 다른 예이다. 칠레는 기관들과 리더십을 갖추고 있지만 인구가 1,700만 명에 불과해 규모가 크지 않다.

나는 전 세계 어느 지역보다도 라틴 아메리카에서 적어도 향후 10년 동안은 최고의 투자 기회가 있다고 믿는다. 2011년 콜롬비아, 페루, 칠레의 증시와 몇 년 후 멕시코의 증시까지 통합한 MILA(Mercado Integrado Latinoamericano)가 설립되면서 이 지역에 유동성이 유입되었고 앞으로도 성장을 가속화할 것이다. 인도도 흥미롭지만 해외 투자자들을 실망시킨 역사가 있다. 인도는 사업하기 힘든 곳이지만 우리는 인도에도 기회가 있다고 믿는다.

우리는 특히 멕시코를 주목하고 있다. 2011년 일본 후쿠시마 원전 사고가 발생한 후 내가 만난 대부분의 다국적 기업 임원들은 아시아 지역 수출 감소와 지연 비용에 대해 한탄하고 있었다. 나는 기업들이 다시는 그런 상황을 겪고 싶지 않기 때문에 가까운 곳에서 대체 생산지를 찾고 있을 것이라고 생각했다. 논리적으로 유일한 곳은 멕시코였다. 또한 중국의 인건비는 꾸준히 상승하여 미국 기업이 중국에서 제품을 만들 경우 마진(이익률)이 감소했다. 그래서 우리는 미래 성장에 대해 꽤 괜찮은 베팅이라고 생각했던 멕시코의 창고 및 물류 회사에 투자했다. 아니나 다를까 4년 만에 멕시코 공장의 수출이 두 자릿수 증가율을 기록하며 멕시코는 제조업 호황을 누렸다.

우리는 계속해서 글로벌 규모에서 기회를 모색한다. 나는 해외 투자가 여러 점을 연결하여 결론에 도달하는 도전이라고 생각한다. 내 역할은 우리가 주목해야 할 점과 그 점을 연결할 인센티브를 찾아서 최대한의 결과를 얻는 것이다.

**전에도** 이야기했지만 나는 각자의 영역에서 사람들을 만나는 것을 좋아한다. 하지만 해외 시장에서 그 깊이가 완전히 달라진다. 내 경험에 따르면 손님일 때 더 많은 시간을 함께 보내는 경향이 있다. 그리고 대화의 범위도 더 넓고 깊어진다. 물론 투자 기회에 대해서도 이야기하지만, 세계정세, 지역 관계 및 문화, 미국에 대한 생각, 시사 문제 및 기타 주제에 대해서도 이야기한다. 놀랍게도 사람들은 매우 솔직한 방식으로 자신의 생각을 공유한다. 나는 이 점이 정말 마음에 든다.

나는 항상 장기적인 인맥을 중요하게 여겼지만 아이텔의 컨테이너 임대 사업부 책임자였던 존 셰(John Hsieh)는 장기적인 인맥 없이는 현지에서 성공할 수 없다는 것을 가르쳐 주었다. 셰는 해외 경험과 인맥이 풍부했다. 그는 나를 데리고 전 세계를 여행하며 영국과 독일 고객들과 로테르담(Rotterdam)에서의 칵테일 파티부터 중국 해운 회사와 홍콩에서의 만찬에 이르기까지 아이텔의 고객과 공급업체들을 만났다. 고객과 맺은 깊은 관계는 내게 큰 깨달음을 주었다. 강력한 인맥에 의존하는 정도가 신흥 시장과 미국에서 사업을 하는 데 있어 가장 큰 차이점이라는 것을 배웠다.

그리고 이러한 관계를 통해 전례 없는 거래, 평생의 우정, 잊을 수 없는 경험으로 이어질 수 있다는 것은 정말 매력적인 일이다. 때로는 거래 하나가 지속적인 영향을 미치기도 한다. 한 가지 예를 들어 보겠다.

나는 수년 동안 멕시코의 대형 설탕 및 음료 회사의 회장 겸 CEO인 후안 갈라도(Juan Gallardo)와 사업을 하면서 금세 친구가 되었다. 2008년에 그는 내게 기발한 아이디어를 소개했다. 그와 멕시코의 사모 투자자들은 미국-멕시코 국경을 가로지르는 보행자 다리를 건설하여 샌디에이고 최남단에 있는 새 건물과 티후아나 국제공항과 연결하기를 원했다. 티후아나 공항은 지리적으로 미국에서 불과 500피트 떨어져 있었으며 이와 같은 것은 존재하지 않았다. 이미 200만 명이 넘는 승객들이 국경을 넘나들며 공항을 오가는 것으로 나타났다. 그리고 기존 국경을 건너는 승객들은 티후아나를 통과하는 우회 경로를 이용해야 했고 국경을 통과하려면 몇 시간을 기다려야 했다. 내재 수요가 있었다.

그래서 우리는 그 프로젝트에 뛰어들었고 우리 팀은 국토안보부와 다른 많은 미국 정부 기관과 협력하여 8년간의 승인 절차를 이끌었다. 2015년 12월에 개장한 크로스 보더 익스프레스(Cross Border Xpress, 줄여서 CBX)는 바하-캘리포니아 지역 경제에서 여행, 관광 및 상업을 가속화하고 있다. 무엇보다도 중요한 것은 CBX가 기회를 촉진한다는 것이다. 나는 오프닝 기자 회견에서 "누군가가 벽을 세우려고 하는 동안 나는 다리를 세웠습니다"라고 말했다.

멕시코에서의 활동은 나를 아랍에미리트와도 연결시켜 주었다. 멕시코에서의 투자 성공으로 아랍에미리트 왕실의 문의가 들어왔고 아부다비 왕세자를 만나는 계기가 되었다. 그 만남 역시 내게 큰 우정으로 발전했다.

미국인으로서 우리는 때때로 우리가 이해하지 못하는 문화권의 사람들에 대해 고정관념을 갖는 경향이 있는데, 특히 중동의 경우 더욱 그렇다. 미국에서 공부한 왕세자는 아랍에미리트와 서방과의 정치적, 재정적 관계를 개선하는 데 전념한 것으로 알려졌다. 그는 멕시코에서 우리가 한 일과 저소득층 주택에 대해 이야기를 듣고는 나를 초대했다. 아부다비는 빠르게 성장하고 있었고 늘어나는 노동력을 위한 주택 공급이 최우선 과제였다.

첫 만남에서 나는 "오토바이를 타신다고 들었습니다"라고 말했고 그는 미소를 지으며 그렇다고 내답했다.

"제가 여기 있는 동안 가능하다면 같이 라이딩을 하고 싶네요."

그는 "내일 밤 어때요?"라고 물었다.

나는 정말 기뻤다. 다음 날 밤 11시에 그의 단지에 갔더니 오토바이 10대가 줄지어 서 있었다. "마음에 드는 걸로 골라 보세요"라고 그가 제안했다. 나는 두카티 1000을 골랐고 그는 트라이엄프(Triumph)를 탔다.

우리는 아부다비 곳곳을 달렸고 정말 멋진 경험이었고 정말 아름다웠다. 어느 순간 신호등에 다다랐을 때 차 한 대가 우리 옆으로 다가왔다. 운전자와 동승자는 창밖으로 멍하니 우릴 내다봤다. 분명 친구들에게 들려줄 이야기가 꽤 있었을 거라 확신한다. 오토바이를 타고 달리는 그들의 통치자에 대해서 말이다. 내가 운전자의 반응에 대해 언급하자 왕세자는 웃으며 그것이 그가 밤에만 타는 이유 중 하나라고 말했다. 그가 낮에 그것을 시도했을 때는 모든 것이 멈췄다.

나는 항상 사람들이 자신의 나라에 대한 자부심과 자랑하고 싶어 하는 열정을 보는 것이 즐거웠다. 가장 기억에 남는 여행은 베네수엘라의 파트너의 주선으로 으스스한 테푸이 산맥(테이블산) 위를 헬기로 비행한 것이었다. 카라카스에서 남동쪽으로 350마일(563km) 떨어진 곳에 있으며 비행기를 타거나 3일간의 하이킹으로만 도달할 수 있는 테푸이 산은 말로 표현할 수 없을 정도로 정상이 깎인 산이다. 이 산은 약 100개가 있으며 정글 너머로 거대한 양초처럼 보인다. 마치 사방이 깎인 절벽으로 둘러싸인 거대한 테이블과도 같다. 일부 산은 높이가 거의 10,000피트에 달하며 그중 로라이마산은 20억 년이 넘은 지구상에서 가장 오래된 지층 중 하나로 알려져 있다. 우리는 이 거대한 고대 구조물의 안팎과 주변을 비행하며 하루를 보냈고 세계에서 가장 높은 연속 폭포인 앙헬 폭포 상단과 하단에 모두 착륙한 후, 외딴 인디언 마을에서 점심을 먹었다. 내가 해 본 일 중 가장 흥미진진하고 기억에 남는 일이었다.

수년 동안 여행객의 출입이 금지된 장소를 방문하는 것은 정말 흥미로운 일이다. 2004년 미국이 리비아와의 관계를 정상화하면서 리비아는 무엇보다도 항공 여행을 개방했다. 그래서 내 아내 헬렌과 나는 누나 줄리와 남편 로저와 함께 여행을 계획했다. 아랍에미리트의 인맥을 통해 리비아에서 온 사업가를 만났는데 그가 우리를 초대했다. 우리는 리비아의 수도인 트리폴리에 도착하자마자 이민국과 세관이 전혀 문제가 되지 않는다는 것을 알게 되었다. 차를 타고 비행기까지 달려가서 탑승하면 끝이었다. 검문소도 없고 아무것도 없었다.

리비아 여행의 진정한 매력은 2,500년 전에 지어진 가다메스 구도시(The Old Town of Ghadames)였다. 진흙과 석회암으로 지어진 가다메스는 겹겹이 쌓아 올려져 마치 지붕이 있는 도시를 연상시킨다. 아래층은 미로 같은 터널 통로로 이루어져 있었고 햇빛은 약간의 햇빛을 방출하는 환기구와 햇빛을 반사하는 거울을 통해서만 들어올 수 있었다. 이 영리한 건축물은 사막의 열기로부터 주민들을 보호해 주었다. 지상의 두 번째 층은 지붕이 없는 통로망이었다. 가다메스는 복잡한 관개 시스템, 작동하는 하수도, 번영하는 경제, 지상 사회와의 무역을 통해 완전히 자급자족하는 사회였다. 놀랍게도 이곳은 1980년대 중반까지만 해도 완전히 사람이 살던 곳이었는데 리비아 정부는 현대식 주택이 더 인간적이라는 구실로 인근에 주택을 짓고 주민들에게 이주를 권했다. 그러나 주민들은 떠나기를 원하지 않았다. 마지막으로 남은 주민은 1990년대 후반에야 이사를 떠났다. 정말 특별했다.

1990년대 중반 극동 지역을 여행하던 중 소련의 극비 군사 시설이 있는 곳으로 알려진 캄차카반도에 연료를 보급받기 위해서 들렀던 적이 있다. 오래된 공항에 착륙하는 것은 섬뜩했다. 활주로는 풀이 무성하게 자라 틈새마다 풀이 삐져나왔고 양쪽에는 군용 헬기와 제트기가 배치되었던 벙커와 격납고가 있었다. 모든 것이 수년 동안 버려진 것처럼 보였고 실제로 그랬던 것 같다. 마치 냉전의 마지막 숨결과도 같았으며 냉전의 어두움을 상기시켰다.

경험에 굶주린 사람은 자신의 성격에 맞지 않더라도 많은 일을 하게 된다. 내가 모로코에서 칠면조 사냥을 갔을 때처럼 말이다. 내 선택에 따라 총이 없는 사람은 나뿐이었다. 나이스한 유대인 남자가 총을 들고 뭘 하겠나? 실수로 누군가를 쏠까 봐 걱정했다.

**문화 속에 자신을 집어넣는 것이 경험이다.** 하지만 때로는 원하는 것보다 조금 더 가까이 다가가야 할 때도 있다. 1990년대 중반 젤스 엔젤스 여행을 위해 우리는 동유럽으로 향했다. 프라하에서 출발해 다음 날 차로 약 5시간 30분 거리에 있는 크라쿠프로 떠났다. 폴란드 국경으로 향하던 중 1960년대 소련이 체코슬로바키아를 침공할 때 사용했던 고속도로를 달리고 있었는데 우리 중 몇 명이 과속으로 경찰의 단속을 받았다. 물론 우리는 대화를 통해 빠져나오려고 했지만 서로 다른 언어로 대화하는 것은 어려웠다. 우리는 오토바이 여행을 떠날 때마다 방문 도시가 적힌 맞춤형 티셔츠, 모자 또는 스웨터 셔츠를 항상 챙긴다. 그리고 여유분은 항상 가지고 다닌다. 이번 여행의 셔츠의 색깔은 '구토 녹색(vomit green)'이었다. 이유는 묻지 마라. 그래서 우리를 세운 경찰과의 협상이 실패한 것처럼 보였을 때, 우리는 그가 서방의 기념품을 선물로 좋아할 것이라고 생각했다. 우리가 그걸 꺼냈을 때 그는 잠시 멈칫했다. 그러더니 우리를 보며 서툰 영어로 "Don't you have another color?(다른 색깔은 없나요?)"라고 물었다.

나중에 폴란드로 넘어갔을 때 길가에 두 명의 경찰관이 흰색 지팡이를 흔들었고 우리도 손을 흔들었다. 10분 후 백미러를 보니 경찰 한 명이 우리 중 한 명을 세우고 머리에 총을 겨누고 있었다. 폴란드에서는 경찰이 흰색 지팡이를 흔들면 차를 세워야 한다는 사실을 몰랐다. 하지만 우리는 비밀 무기가 있었다. 우리 라이더 중 한 명이 명예 보안관이었는데 그는 여행할 때마다 성조기가 그려진 보안관 패치를 항상 가지고 다녔다. 그는 그것들을 지역 경찰의 벨트나 단추와 같은 기념품과 교환하곤 했다. 그렇게 해서 국경 수비대를 통과할 수 있는 '패스(통행권)'를 얻었다.

여행, 우정, 거래, 파트너 등 이 모든 것이 나를 둘러싼 세상에 대해 더 나은 방향을 제시해 주었다. 그리고 이를 통해 해외에서뿐만 아니라 국내에서도 어떻게 참여할 수 있는지를 더 잘 이해하게 되었다.

## CHAPTER 10

## 거래의 이면

Behind the Deals

CHAPTER 10

**나는** 내가 모든 것의 회장이자 아무것도 아닌 CEO라고 항상 말한다. 비전, 방향, 전략 등 내가 잘하는 것에만 충실하는 것이다. 그것이 내가 가장 많은 가치를 더하는 부분이다. 나는 거의 하루 종일 다른 사람들의 이야기를 듣는 데 시간을 보내며 질문하고 탐색하고 가능성을 제기한다.

나의 세계, 즉 자본 세계는 내가 50년 전에 시작한 사모 투자 회사를 훨씬 뛰어넘는다. 여기에는 내가 설립한 모든 에쿼티 이름의 회사들(총 5개)과 내가 회장으로 있거나 상당한 소유 지분을 가지고 영향력을 행사하는 회사들이 모두 포함된다. 나는 훌륭한 사람들을 뽑아 회사를 운영한다. 일상적인 운영에 관여하지 않지만 운영자들과 가까이 지낸다.

나는 '비즈니스의 반경 이론(the radius theory of business)'을 믿는다. 성공할 수 있는 능력은 궁극적으로 나와 의사 결정 사이에 있는 사람 수에 의해 제한된다는 것이다. 의사 결정이 멀리 떨어져 있을수록 위험에 대한 통제력이 떨어지기 때문이다. 역사는 기업이 충분히 위임하지 않을 때뿐만 아니라 너무 많이 위임할 때에도 몰락할 수 있다는 것을 보여 준다.

밥 루리와 함께 회사를 설립한 초창기부터 사업이 성장하는 동안 나는 항상 한 가지 원칙을 최우선으로 삼았다. 그것은 '문화가 왕(culture is king)'이라는 생각이다. 깨어 있는 시간의 대부분을 보내는 환경은 내가 어떤 사람인지, 어떤 유형의 사람들과 함께 일하고 싶은지를 반영한다.

문화는 아이디어에 영감을 주기도 하고 아이디어를 억누르기도 한다. 문화는 수십 년 동안 지속되는 관계의 토대가 되기도 하고 카드 한 벌처럼 훑어볼 수 있다. 문화는 회사의 심장박동이다.

그래서 우리의 문화에 대해 조금 이야기하고 싶다. 나의 많은 성공은 문화 덕분이기 때문이다.

우리의 핵심은 성과주의 즉 밥과 내가 초기에 배양했던 환경이다. 성과주의는 피상적인 표식을 제거함으로써 자신을 자유롭게 하므로 당신이 하는 일은 오직 결과로만 측정된다. 본질적으로 성과주의는 모두가 중요한 것에만 집중할 수 있도록 하는 무기이기 때문에 자신에게서 최고의 결과를 이끌어 낼 수 있다. 일단 진정한 성과주의 내에서 일하면 다른 것에 만족하기가 매우 어렵다.

그 외에도 우리의 문화는 주도적이고 창의적이며 재미있고 효과적이며 똑똑하다. 우리는 자신감을 북돋아 주고 의견을 제시하고 이를 현명하게 뒷받침할 수 있는 능력을 키운다. 나는 또한 우리가 '개방형 기모노(open kimono)' 정책을 가지고 있다고 자주 말한다. 비밀도, 속삭임도, 닫힌 문도 없다. 모든 것이 완전히 드러나는 것이다. 이것이 우리가 위험을 관리하는 주요 방법 중 하나이다.

이 정책은 실생활에 나타난다. 내가 무슨 말을 하는지 예를 들어 보겠다. 나는 35년 동안 같은 사무실을 사용해 왔다. 그리고 바로 4년 전 사무실 수리 중에 문이 있다는 것을 처음 발견했다. 그것은 미닫이문이었고 그동안 한 번도 닫힌 적이 없었기 때문에 그곳에 있는지 전혀 몰랐다.

고위 임원부터 우편물 보관소에 있는 사람에 이르기까지 모두가 내 사무실에 들어올 수 있다. 더 나아가서 회사의 일인자가 완전히 접근이 가능하다면 그렇지 않은 사람들은 모두 얼간이처럼 보일 것이다. 내 사람들 중 아무도 사무실에서 비밀리에 일하는 사람이 없다.

대조적으로 LA에 있는 유명한 건축가의 사무실을 방문한 적이 있는데 그의 작업 공간은 창가에 임원들을 위한 유리 사무실이 일렬로 배치되어 있고 그다음 내부 비서 책상이 일렬로 배치되어 있고 그의 사무실은 맨 구석에 있었다. 어느 날 그의 비서와 대화를 나누며 그곳에 서 있었는데 그녀는 "있잖아요. 제 상사는 매일 지나가면서 제 안부를 묻지만 제가 대답할 때쯤에는 그는 이미 사무실에 있어요"라고 말했다. 그리고 나는 그녀를 바라보며 말했다. "글쎄요, 물 위를 걸을 때 멈추는 건 정말 어렵죠."[96]

우리는 회사에서 그러한 행동을 걸러 낸다. 놀림받을 준비를 하고, 아이디어에 도전할 준비를 하고, 모든 사람들과 연결 상태를 유지할 계획을 세워야 할 것이다.

위험을 감수하는 사람으로서 내가 가장 두려워하는 것은 실수로부터 나를 보호해 줄 정보가 없다는 것이다. 내가 할 수 있는 유일한 방법은 격리가 없는 분위기, 즉 모두가 모든 것을 알고 있는 분위기를 조성하는 것이다. 나는 사람들에게 "놀라운 일은 없다"라고 말하며 그 말은 늘 진심이다. 우리가 어떤 문제를 조기에 발견하면 충분히 현명하게 해결할 수 있다고 믿는다. 그러니까 **숨기려고 하지 마라. 안심해라. 우리는 여기서 나쁜 소식을 전하는 사람을 탓하지 않는다.**

동시에 나는 기업가적인 조직을 운영하고 있으며 사람들에게 권한을 부여한다. 나는 '셀프스타터'[97]를 좋아하며 사람들이 주도권을 잡고, 한계를 뛰어넘고, 질문하고, 도전하기를 바란다. 물론 이러한 자유에는 책임이 따르기 때문에 올바른 판단력이 중요하다. 다행히도 나는 항상 인재를

---

[96] 누군가가 물 위를 걷는다는 표현은 예수님이 물 위를 걸었다는 사실을 근거로 삼아 자기애적인 사람들을 놀리는 모욕적인 표현이다.

[97] 셀프스타터(self-starter) - 자기 주도하에 자발적으로 일을 진행하는 사람

잘 판단해 왔다.

  팀에 대한 신뢰의 상당 부분은 채용 과정과 관련이 있다. 이것이 조금 특이할 수도 있다. 고위급 직원을 구할 때는 나는 직무 기술서를 작성한 다음 그에 맞는 사람을 찾지 않고 우리 조직에 맞는 인재를 찾은 다음 그들을 활용할 방법을 찾는다. 대부분의 경우 이 시스템은 예상대로 작동한다. 가끔 이것이 작동하지 않을 때 문제는 명백하게 드러난다.

  몇 년 전, 나는 세계 굴지의 대기업에 일했던 유능한 여성을 고용했다. 그러나 입사한 지 6개월 만에 나는 그녀를 해고했다. 그 이유는 그녀가 정치적이었기 때문이다. 그녀는 정보를 화폐로 사용했고 뭔가 꿍꿍이를 꾸미며 정보를 숨기려 했다. 나는 그녀가 그런 식으로 행동한 것에 대해서 비난하지 않는다. 수많은 기업들이 정글의 법칙에 따라 운영되기 때문에 한 사람의 생존은 다른 사람의 실패에 달려 있는 경우가 많다. 그녀가 그 세계에서는 뛰어날 수도 있겠지만 정보를 공유하는 우리 문화에는 적합하지 않았다. 비밀은 당신의 무덤을 판다. 나는 이 뛰어난 여성이 평생 한 번도 해고된 적이 없다고 생각한다. 그녀가 계속해서 훌륭한 커리어를 쌓았을 거라 확신하지만 정보를 레버리지로 사용한다는 개념은 내 방식이 아니다.

  우리 회사에서 일하기 위해 필요한 기본 IQ 수준은 있지만 로켓 과학자는 필요하지 않다. 내가 성공을 가장 잘 예측하는 요소는 추진력, 에너지, 태도, 판단력, 신념 그리고 열정이다. 또한 문제의 핵심을 꿰뚫어 보는 능력도 필요하다. 나는 언제라도 이러한 자질과 IQ 20을 더 주더라도 바꿀 수 있다. 나와 함께 일한 뛰어난 인재들 중 성공하지 못한 사람들은 거래에 대해 어떻게 생각해야 할지 몰랐다. 어느 날 저녁 8시쯤 사무실에 들어와 우리가 매입을 고려하고 있던 부동산 프로젝트를 위해 10년간 예측을 계산하던 남자를 찾았던 기억이 난다. 그가 무엇을 하는지 살펴보니 얼마나 많은 시간을 계산에 매달렸는지 알 수 있었다. 그의 접근 방식은 완전히 반대였다. 나는 "거래가 성공할지 실패할지 알기 위해서는 거래를 살펴보고 거래가 무엇에 달려 있는지 알아야 해. 핵심 구성 요소가 작동한다는 것을 알게 되면 숫자를 사용해서 테스트하는 거야. 시작할 가치가 있는지 알아내기 위해 8시간 동안 숫자를 계산하는 것은 필요하지 않아"라고 말했다. 물론 그의 IQ가 나보다 높았을 것이다. 하지만 그것은 우리가 운영하는 방식이 아니다. 초기 그림을 효과적으로 평가하고 가장 큰 위험이 있는 곳을 파악할 수 있어야 한다. 그렇지 않으면 거래가 작동하는지 알아내기 위해 숫자를 계산하는 데 평생을 보낼 것이다. 그리고 잃어버린 모든 시간은 다른 기회를 찾을 수 있는 시간이다.

나는 직원들에게 끊임없이 "내게 도전해 봐"라고 말한다. 내가 직원들에게 도전하는 것처럼 직원들도 내게 도전하기를 바란다. 우리 모두는 어떤 거래에든 자신의 입장을 간결하게 방어할 수 있어야 한다. 그렇게 하면 우리 모두가 더 똑똑해진다. 나는 직원들로부터 최대한 활용하고 직원들은 나를 최대한 활용하고 있다. 윈-윈인 것이다.

지난 20~30년 동안 나는 직원들이 나를 상사처럼 대하지 않도록 노력해야 했다. 직원들의 긴장을 완화시킴으로써 아이디어가 흘러나올 수 있도록 말이다. 오해하지 마라. 나는 상사 노릇을 좋아한다. 나는 책임감을 받아들이고 그 역할을 아주 잘 해냈지만 아첨꾼들에게 둘러싸이고 싶지는 않다. 내게 최악의 상황은 모든 사람이 항상 "알았어요, 샘. 당신 말대로 해요"라고 말하는 환경이다. 기업가적 환경에서 곧 죽음과도 같은 일이다. 나는 사람들에게 "내 생각을 앵무새처럼 흉내 내거나 추측하려고 하지 마. 자네들이 어떻게 생각하는지 알고 싶어"라고 말한다. 그리고 정답이 튀어나올 때까지 이 말을 반복한다. 여러 사람들과 함께 사무실에 앉을 때 존경을 구하는 것이 아니라 아이디어를 구한다. 그런 환경에서는 모든 사람은 공평한 경쟁의 장에 서게 된다. 또한 각자가 모든 노력에 대한 이해관계가 있다.

내가 이해관계의 일치 즉 '위험을 감수하는 것(skin in the game)'을 중요하게 생각한다는 것을 당신도 잘 알고 있을 것이다. 우리는 EGI에서 진행한 첫 번째 거래부터 위험과 보상에 대한 기회를 확대했다. 우리는 나란히 공동 투자를 하고 종종 직원들에게 '프로모션'을 제공하여 내가 투자한 자본의 일부에 대신 수익을 공유할 수 있도록 한다. 즉 내 돈을 투자하는 것을 의미한다(예: 내 돈 150,000달러와 그들의 돈 30,000달러) 그리고 투자 또는 펀드가 최소 목표 지표를 달성하면 내 직원들은 총액(180,000달러)을 기준으로 수익을 얻는다. 사실상 우리 모두는 서로의 성공에 투자하는 셈이다. 이는 동기부여뿐만 아니라 협업에 대한 의무이기도 하다. 모든 사람이 다른 사람의 거래에 관여하기 때문에 거래 기회와 과제는 팀 전체에서 함께 논의하고, 질문하고, 탐색한다. 내가 수천 개의 일자리를 창출했고 직원들에게 무한한 기회를 제공했다는 사실보다 나를 흥분시키는 것은 없다. 그리고 수백 명의 백만장자들을 만들어 냈다는 사실도 여기에 해당한다. 나는 당신이 우리 팀에서 성공할 수 있다는 생각을 입으로만 말하는 것이 아니다.

그래서 내 경영진은 파벌을 만들지 않는다. 내부적으로 약간의 경쟁이 있을 수 있지만 더 큰 이익을 도모하는 데는 그다지 중요하지 않다. 이러한 협업 문화는 내가 운영하는 개인 투자 회사를 넘어 내가 회장을 맡고 있거나 소유하거나 상당한 지분을 보유하고 있는 다양한 회사들로 확장된다. 이러한 문화가 실제로 작동하는 것을 보면 놀랍다. 우리 회사에는 세계에서 가장 유능하고 경쟁력 있는 경영진이 있으며, 이들이 다른 사람을 돕기 위해 하던 일을 중단하는 사례를 매일매일 볼 수 있다. 내 네트워크에 속한 임원들은 방대한 리소스와 많은 동료들을 통해 거의 모든 주제에 대해 즉각적으로 똑똑하고 바르게 대처할 수 있다. 여기에 45년 이상 근무해 온 수천 명의 동문들까지 합치면 우리 문화 뒤에 숨겨진 힘을 느낄 수 있다.

나는 사람을 꽤 잘 파악한다. 일단 내가 당신을 믿기로 결정하면 신속하게 많은 책임을 부여함으로써 이를 뒷받침하고 나는 당신과 함께 위험을 감수할 것이다. (제이 프리츠커가 내게 그랬던 것처럼 말이다.) 내 생각이 맞는다면 당신은 나와 스스로에게 도전할 수 있다는 것을 증명하기 위해 엄청나게 열심히 일하게 될 것이다. 이전에는 해 보지 못했던 방식으로 확장할 수 있는 기회가 주어진다. 나는 그것이 중독성이 있고 강한 충성심을 불러일으킨다는 말을 들었다. 그리고 그 충성심은 양방향으로 작용한다.

나는 우리 회사에 입사하는 사람들에게 "우리 회사에서 한번 일하면 다른 곳에서는 일하는 것이 절대 행복하지 않을 겁니다"라고 말한다. 그리고 나는 이 말이 사실이라고 믿는다. 우리 회사에는 절대 떠나지 않는 직원도 있고, 다시 돌아오려고 노력하는 직원도 많다. 직원들의 근속 연수는 이례적으로 길어서 내 조수부터 중간 관리자, CEO에 이르기까지 20년 또는 30년 이상 근무한 직원들도 많다. 여기에는 항상 새로운 기회가 있다. 우리는 방향을 바꿀 때마다 사람들이 성장할 수 있는 새로운 방법을 만들어 낸다. 직원들이 새로운 기회를 얻기 위해 다른 에쿼티 계열사로 이직하는 것을 종종 볼 수 있다.

자발적으로 떠난 몇 안 되는 고위 임원 중 한 명이 결국 다시 돌아왔다. 그는 우리 회사에서 20년을 일한 후 많은 연봉과 많은 권한을 주는 직장을 찾아 떠났다. 그래서 그가 돌아왔을 때 나는 그 이유가 궁금했다. "이해가 안 돼"라고 내가 말했다. "자넨 두 배나 더 많은 돈을 벌고 있었고 훨씬 더 높은 지위에 있었어. 왜 돌아온 거야?"

그는 "정말 간단해요. 제가 여기 있을 때는 문제가 생기면, 당신 사무실로 가서 질문하면 바로 답변해 주셨죠. 나는 바로 액세스할 수 있었죠. 새 회사에서는 문제가 있을 때마다 6명의 사람들에게 메모를 작성해서 보내야 했습니다. 그리고 메모 작성이 끝날 무렵이면 모든 창의력이 억눌려 있었어요. 제가 시작한 아이디어가 기억도 나지 않았죠." 빠른 의사결정과 자율성은 그에게 산소와 같았다.

또 다른 예로 최근에는 불과 몇 달 안에 60억 달러 규모의 오피스 회사를 위해 완전히 새로운 경영진을 처음부터 다시 구성해야 했다. 회사를 매각하기 전에 에쿼티 오피스에서 일했거나 다른 에쿼티 계열사에서 근무했던 사람들로부터 전화가 쇄도했다. 몇 주 만에 우리는 30명의 직원을 채용해서 운영을 시작했고 그중 26명은 에쿼티 계열사 출신이었다.

**회사로서의** 우리와, 인간으로서의 나에 대한 창의적인 표현들은 자주 중복된다. 우리는 경외심 없이 서로를 놀리며 특히 관료들을 놀리는 것을 주저하지 않는다. 우리 사무실의 조각상으로 묘사된 관료들은 빨간 테이프로 묶인 채 끓는 기름 속에서 관료주의적 놀이를 하고 있다. 나는 가끔 야외 데크에서 탁구 토너먼트나 나무판 콩 주머니 던지기 게임을 즐기고 블랙호크스의 스탠리 컵 퍼레이드를 볼 수 있을지도 모르는 연례 미모사 칵테일 파티를 연다.[98] 하지만 일 자체가 즐거운 것이지 특혜가 일을 즐겁게 만들지는 않는다.

많은 사람들이 알아차리지 못하는 재미를 느끼는 비결 중 하나는 재미를 느끼는 그 와중에도 꽤 심오할 수 있다는 것이다. 나는 의사소통의 기

---

[98] 블랙호크스(Blackhawks)는 시카고 지역 아이스하키 팀이며 스탠리 컵은 NHL(내셔널 하키 리그)에서 플레이오프 토너먼트의 우승팀에게 주는 트로피를 말한다.

술을 전적으로 믿는다. 의사소통은 무엇보다도 중요하다. 하지만 의사소통이 말로만 이루어지는 것은 아니며 메시지를 효과적으로 전달하기 위해 항상 냉정하고 무미건조할 필요는 없다.

나는 근본적으로 세일즈맨이고 무엇보다도 아이디어를 파는 것을 좋아한다. 거래, 경제 등 어떤 것이든 기억에 남을 만한 요점들을 만들어 내고 동시에 우리 에퀴티의 차별성을 전달하려고 노력한다.

내가 일찍부터 창의력을 발휘하기 시작했을 때 피터 숄로시(Peter Szollosi)라는 사람이 나의 창의력을 완전히 새로운 수준으로 끌어올릴 수 있도록 도와주었다. 1988년 콜로라도에서 오토바이 여행을 하던 중 피터를 만났는데 그는 창의적인 천재였다. 피터는 다른 관점에서 세상을 볼 줄 알았고 그의 생각에는 한계가 없었다. 당시 피터는 덴버에서 그래픽 디자인 회사를 운영하며 일회성 프로젝트를 하고 있었다. 처음 피터를 만났을 때 우리가 함께 무엇을 이룰 수 있을지 명확하게 알지는 못했지만 그 잠재력은 크다고 생각했다.

나는 우리가 공모 시장에서 브랜드나 팔로워를 만들면 수익을 창출할 수 있을 거라 생각했다. 그래서 피터를 시카고로 초대했고 그와 사무실에 앉아 대화를 나눴다. 피터에게 나의 초기 콘셉트들 중 몇 가지를 보여 주고 연례 선물이나 다른 엉뚱한 아이디어들을 활용하여 사람들이 우리와 사업을 할 때 우리가 다르다는 것을 상기시킬 수 있는 방법에 대해 논의했다. 그리고 나서 그에게 물었다. "여기 와서 창작 작업을 맡겠어요?" 나는 정규직이 될지는 아직 모르겠다고 말했지만 "이보다 더 좋은 일이 없을 테니 와서 이 일을 맡아 주세요"라고 덧붙였다. 그리고 피터는 그 일을 맡았으며, 피터의 일은 정규직으로 전환되었을 뿐만 아니라 시간이 지나면서 전체 부서가 되었고 이것은 오늘날까지도 우리 회사 문화의 핵심 요소를 대표하고 있다. 피터는 꿈에 그리던 직장을 얻었고, 나는 우리 회사 창의력의 핵심을 얻은 것이다. 피터의 리더십 아래 우리는 IPO의 핵심 메시지를 담은 티셔츠나 한 해를 이끌어 갈 경제 주제를 시사하는 연례 선물과 같이 독창적이면서 가끔 빈정대는 방식으로 우리의 비전을 세상에 알리기 시작했다.

불행히도 피터는 2007년에 암으로 우리 곁을 떠났다. 내게는 밥을 잃은 이후로 가장 큰 개인적이고 직업적인 타격이었다. 피터가 세운 크리에이티브 부서와 그의 비전은 그의 후임자이자 친한 친구인 빌 바톨로타(Bill Bartolotta)의 리더십과 함께 살아 숨 쉬고 있다.

크리에이티브 부서의 프로젝트 중 하나는 내 '명함'을 만드는 것이었다. 특별한 의미가 있다고 생각하는 빨간색의 작은 샤머니즘 북이다. 예를 들어 어떤 명함은 "매 순간 100% 옳기만 하려는 노력은 마비를 초래한다(Trying to be right 100 percent of the time leads to paralysis)"라는 문구가 쓰여 있다. "통념은 기준점에 불과하다(Conventional wisdom is nothing other than a reference point)"라는 문구가 있는 명함도 있다. 그리고 물론 내가 가장 좋아하는 "내가 너무 애매하게 구나?(Am I Being Too Subtle?)" 등 이러한 문구는 만화와 함께 각각의 명함에 담겨 있다.

마지막으로 2~3년에 한 번씩 내 생일 파티를 열고 800여 명을 초대한다. 나는 내 생일에는 관심이 없지만 창의적이고 잊을 수 없는 이벤트를 통해 내 인맥을 한데 모으기 위한 구실이다. 파티는 1960년대 후반 보물찾기로 시작되었는데 이 아이디어는 내가 어렸을 때 다녔던 유대인 여름 캠프인 라마 캠프에서 경험한 것에서 비롯되었다. 그곳에서의 보물찾기는 성경 구절의 단서를 통해 캠프장 곳곳에 있는 장소를 점진적으로 찾아내면서 마지막 장소까지 도달하는 것이었다. 내 파티에서는 성경 구절 대신 매년 다른 주제를 선정하여 시카고 전역의 장소로 게스트를 안내했다. 한 해는 병원, 다음 해는 호텔, 그다음 해는 자선 기관 등 다양한 장소가 선정되었다. 각 팀은 100개의 후보 장소 목록을 받아 외지인에게도 공평한 기회를 제공했다. 예를 들어 교회의 경우 힌트는 "친구를 찌르지 않기(No poke folk)"였고 답은 무원죄 잉태 교회(Immaculate Conception Church)였다. 건물의 경우 힌트는 "독점(Monopoly)"이었고 답은 시카고 상품거래소(Chicago Board of Trade)였다. 공공장소의 경우 힌트는 '비버의 힘(Beaver power)'였고 답은 볼츠 로드 댐(Voltz Road Dam)이었다. 이 같은 방식으로 힌트가 주어졌다.

각 이벤트에서 게스트들은 팀에 배정되었으며 약 6명씩 무리를 지어 리무진을 타고 도시를 공포로 몰아넣었다. 상은 없었고 자랑할 수 있는 권리만 주어졌는데 이 점이 오히려 큰 동기부여가 되었다.

만약 어떤 팀이 막혀서 내게 전화를 걸면 나는 전화기 옆에 앉아 와인을 마시며 추가적인 힌트를 주기 전에 팀원들을 꾸짖으며 즐거운 시간을 보냈다.

이러한 보물찾기는 오늘날에도 우리가 사업을 하는 방식을 각색한 것이다. 나는 어떤 추세나 이상 현상을 보고 일반적인 방향의 윤곽을 그린 다음 "해봅시다(Let's go)"라고 말한다. 그러면 직원들은 모여서 그 방향이 의미할 수 있는 모든 변형에 대해 토론하고 각자의 해석이 옳다는 것을 증명하기 위해 노력한다. 이것이 기회에 대한 R&D(연구개발)식 접근법이다. 또한 건전한 내부 경쟁을 통해 모두가 최선을 다하도록 서로를 독려하는 분위기를 조성한다. 동시에 앞서 말한 것처럼 어떤 거래가 승리하든 그 전리품과 위험은 모두가 공유하게 된다. 따라서 내가 맡은 거래가 성사되지 않더라도 다른 사람의 거래가 성공하기를 바라게 된다.

만약 누군가가 그 과정에서 막히면 나를 찾게 된다. 물론 보물찾기에서 나는 모든 답을 알고 있었고 수백만 달러가 걸려 있지는 않았다. 직장에서 우리는 함께 장애물들을 헤쳐 나가고 나는 다음 이정표를 세운다.

나는 직원들에게 탐색하고 문제를 해결할 수 있는 많은 자유를 주는 동시에 큰 결정을 통해 위험을 컨트롤한다. 이러한 자율성은 빠른 의사 결정과 함께 직원들에게 큰 힘이 된다. 직원들은 내가 그들을 신뢰한다는 것을 알고 있다. 나는 말로 하지 않고 행동으로 보여 준다. 내가 수백만 달러를 투자하면 내 투자 담당자들은 거래를 소싱하고, 조사하고, 협상하고, 거래를 성사시켜 짜릿하고 신나는 환경을 만든다.

어쨌든 26년이 지난 지금 보물찾기는 30명에서 240명으로 늘어났다. 늘어난 사람 수 때문에 보물찾기를 더 이상 효과적으로 실행할 수 없게 되자 보물찾기 이벤트에서 한 장소에 손님들을 초대하는 귀중품 행사로 전환했다.

파티 장소를 한 장소로 바꾸니 창의적인 도전이 많아졌다. 내 목표는 다음 날 거의 설명하기 불가능할 정도로 복잡하고 창의적이며 생각을 넓혀 주는 경험을 만드는 것이었다. 만약 설명이 가능하다고 해도 게스트마다 크게 다를 것이다. 우리는 또한 엘튼 존, 제이 레노, 베트 미들러, 이글스, 비치 보이스, 플리트우드 맥, 아레사 프랭클린, 제임스 브라운, 그리고 서크 뒤 솔레이유와 같은 헤드라이너 엔터테인먼트를 선보였다. 내가 가장 좋아한 이벤트 중 하나는 2006년에 있었던 이벤트였다. 그 이벤트는 일리노이주와 인디애나주 경계 근처의 보트 정박소로 가는 배에 손님들을 태우는 것으로 시작되었다. 우리는 각각 무게가 4톤에 달하는 450개의 해상 운송 컨테이너를 한데 모아 35,000평방 피트 규모의 공연장으로 만들었다. 컨테이너의 문을 안쪽으로 열면 조셉 코넬(Joseph Cornell)[99]의 그림자 상자에서 영감을 받은 다양한 장면이 펼쳐졌다. 폴 사이먼이 파티에서 연주를 했고, 불꽃놀이 전문가들로 구성된 프랑스 극

---

**99**   조셉 코넬(Joseph Cornell, 1903-1972) - 미국의 초현실주의 예술가 및 영화 제작자

단이 공연을 했다. 아내 헬렌과 나는 여전히 2년에 한 번씩 파티를 개최하여 모든 사람들과 다시 친분을 쌓고 있으며, 게스트 명단은 계속 늘어나고 있다.

파티에 대한 또 다른 점은 내가 사람들이 어느 디자이너의 옷을 입었는지 서로 경쟁하듯 돌아다니는 것을 원치 않았다는 것이다. 성공을 나타내는 옷차림이 그런 종류의 스트레스를 조성한다는 게 혐오스러웠지만 그런 일이 일어날 거라는 것을 알고 있었다. 그래서 초대장과 입장권을 티셔츠로 만들어 공평한 경기장을 만들었다. 게스트가 누구든 어떤 형태로든 티셔츠를 입지 않으면 파티에 입장할 수 없다. 이에 사람들은 티셔츠를 넥타이, 모자, 치마, 스카프로 만들어 입었다. 내가 피하려고 노력했던 무작위적이고 완벽한 옷차림 경쟁은 티셔츠를 '입는' 방법에 대한 창의력 경쟁으로 발전했다.

행사장에 들어서서 같은 티셔츠를 다양한 방식으로 입은 800명의 사람들을 발견했을 때의 기쁨은 상상도 못 할 것이다. 그것은 유쾌하고, 동지애와 대화의 시작점을 바로 만들어 낸다. 티셔츠는 테마가 있고 그해의 엔터테인먼트 이름을 맞추는 퍼즐과 함께 제공되기 때문에 지적 도전의 기회도 있다.

**나는** EGI에서 일하는 사람들을 가족이라고 생각한다. 그리고 대부분의 직원도 서로를 그렇게 생각한다. 어쩌면 "부족"이라는 표현이 더 정확할지도 모르겠다. 우리는 리셉션 담당자부터 CEO에 이르기까지 모든 직원에게 우리 조직의 핵심 문화적 기준을 강조한다. 직원들이 우리가 떠맡는 상호 책임과 우리가 공유하는 충성심과 신뢰를 이해하기를 바란다. 누군가가 EGI에 입사하면 "적은 없는 것"이다. 결국 이곳은 내 가족 사무실이다.

내 가족과 마찬가지로 나는 모두가 행복하고 자신이 하는 일을 사랑하기를 바라며, 이를 위해 더 많은 노력을 기울일 것이다. 몇 년 전 20년 동안 일한 고위 임원 중 한 명이 내 사무실로 찾아와 회사를 그만둘 생각이라고 말했다. 그녀는 신학교에 가고 싶다고 했다. 나는 "파트타임으로 해 보면 어때?"라고 물었다. "자네의 열정이 신학에 있다면 가서 해 봐. 만약 그 일이 잘 안 되면 자네랑 안 맞는 거야."

내가 보기에 그녀는 직업적으로나 개인적으로 내게 소중한 사람이었고 그녀가 행복하기를 바랐다. 그녀는 최근에 신학교를 졸업했고 여전히 나의 최고의 직원들 중 한 명이다. 그녀가 행복하면 나도 행복하다. 그리고 사업에서 신학교의 관점이 언제 도움이 될지 모른다.

# CHAPTER 11

## 변화를 일으키기
Making a Difference

CHAPTER 11

기업가가 되는 것은 단순히 무엇을 하느냐가 아니라 어떻게 생각하느냐에 달려 있다. 세상을 어떻게 인식하느냐가 중요하다. 기업가는 항상 더 나은 일을 할 수 있는 기회를 찾는 사람이다. 그들은 문제를 인식하는 데 그치지 않고 해결책을 찾는다. 기업가는 항상 새로운 아이디어를 떠올리고 이를 시도하는 것을 두려워하지 않는다. 그들은 자기주도적이고, 위험을 감수하며, 솔선수범하는 사람들이다. 기업가는 항상 "내가 더 잘할 수 있어. 내가 고칠 수 있어"라고 생각한다. 그리고 끊임없는 질문을 가지고 있다. 우리 회사에서는 모든 사람이 기업가가 되어야 한다.

나는 이민자의 영향을 받은 성장 배경을 덕분에 항상 이런 마음가짐을 가지고 있었다. 미국은 대부분 이민자인 기업가들에 의해 세워졌다. 원래 이곳에 온 이민자들은 근본적으로 스스로 선택해서 온 것이다. 그들은 고국과 그들이 알고 있는 모든 것을 뒤로 한 채 미지의 땅을 향해 떠나는 엄청난 위험을 감수하기로 결정했다. 아이디어를 위해서 그들은 이곳에 와서 사업을 시작하고 혁신을 이루었다. 이민자들은 미국을 세계 강대국으로 만든 주요 원동력이었다.

오늘날 '기업가(entrepreneur)'라는 용어는 테크 스타트업과 거의 동의어가 되었지만 내가 보기에 그것은 좁은 정의이다. 나는 모든 분야에서 기업가를 찾을 수 있다고 생각한다. 그것은 스타트업이 될 수도 있지만,

복합 기업이 될 수도 있고, 비즈니스, 학계, 의료계, 비영리 단체 등의 조직에서도 찾아볼 수 있다. 기업가는 독립적이고 창의적이며 발명적이며 위험을 감수할 의지가 있는 사람이다.

기업가는 의욕이 넘친다. 우리는 끊임없이 자신의 앞길을 개척해 나간다. 그 동기가 무엇일까? 글쎄, 수십억 달러의 기업 가치에 도달하는 많은 회사 창업자들이 오로지 돈에 의해서만 동기부여를 받고 있다고 생각하지 않는다. 확실히 많은 돈을 버는 것은 매혹적인 일이다. 하지만 대부분의 위대한 기업가들은 문제 해결, 무에서 유를 창조하는 일, 제품이나 서비스에 대한 열정 등 자신이 하는 일을 사랑하기 때문이라고 생각한다.

그리고 위대한 기업가는 언제나 훌륭한 세일즈 피플(영업 사원)이다. 아서 밀러(Arthur Miller)는 자신이 창작한 브로드웨이 뮤지컬인 〈세일즈 맨의 죽음(Death of a Salesman)〉에서 주인공인 윌리 로만을 통해 세상에 큰 해를 끼쳤다. 그가 세일즈맨을 암울하고 절망적인 삶을 사는 사람이라고 비방한 것은 내가 발견한 사실과 정반대이다. 나와 내 회사의 리더들은 우리의 아이디어를 외부 세계에 표현해야 할 뿐만 아니라 직원들에게도 우리의 아이디어를 팔 수 있어야 한다. 좋을 때나 나쁠 때나 상관없이 항상 직원들에게 활력을 불어넣어야 한다. 직원들의 참여 없이 우리는 성공할 수 없다. 그것이 성공하는 유일한 방법이다.

나는 종종 "기업가 정신은 가르칠 수 있는가, 아니면 타고난 것인가?"라는 질문을 받는다. 내 대답은 타고난 기업가적 유전자가 있으며, 일부 사람들은 다른 이들보다 강력한 기업가 유전자를 가지고 있다고 믿지만 교육은 학생들이 자신의 기업가적 성향을 파악하고, 성장시키고, 적용하는 데 도움이 될 수 있다.

나는 기업가 교육에 많은 투자를 하고 있다. 기업가 교육이 변화를 일으킨다고 믿기 때문에 내 자선 활동의 중심에 있다. 성공적인 기업가는 일자리를 창출하고 혁신하여 GDP에 기여함으로써 밀물을 만들어 모든 배를 띄워 올린다. 그들은 성장의 진원지이다.

**나는** 1970년대 후반에 기업가 교육을 장려하기 시작했다. 미시간 대학교 동문인 밥 루리와 나는 이 학교 활동에 계속 관여하면서 당시 경영대학원장이었던 길 휘태커 주니어(Gil Whitaker Jr.)와 지속적으로 대화를 나눴다. 학교의 교육 과정과 방향을 검토하면서 수업 방식에 큰 격차가 있다는 것을 깨달았다. 미시간 대학교의 비즈니스 스쿨은 당시의 다른 학교와 마찬가지로 기업가 정신을 간과하고 있었다. 그들은 암기식으로 가르치고 있었다. 하지만 정답을 항상 숫자나 공식에서 찾을 수 있는 것은 아니다.

1988년 하버드 비즈니스 스쿨의 강연에서 학생들에게 스토리를 공유하면서 이 개념에 대해서 설명한 적이 있다.

에이브와 사라는 결혼한 지 거의 40년이 된 60세 부부였다. 어느 해 부부는 따로 휴가를 갔고 서로에게 엽서를 보냈다. 에이브는 다음과 같이 엽서를 썼다.

사라에게,

날씨도 좋고 정말 즐거워. 오늘 아침 수영장에 앉아 있다가 20살 먹은 아름다운 여자를 만났어. 수영도 하고 점심을 먹으며 이야기를 나눴고 오늘 밤엔 내 방으로 촛불 저녁 식사를 하러 오기로 했어. 운이 좋을지도 몰라. 당신도 좋은 시간을 보내길 바랄게.

사랑해

에이브로부터

사라가 대답했다:

에이브에게,

여기도 날씨가 좋고 나도 즐거운 시간을 보내고 있어. 나도 오늘 아침에 수영장에 앉아 있다가 잘생긴 20살짜리 남자를 만났어. 우리도 수영도 하고 점심을 먹으며 이야기를 나눴어. 그리고 얘도 오늘 밤 내 방으로 촛불 저녁 식사를 하러 오기로 했어. 나도 운이 좋을지도 몰라.

사랑해
사라로부터

추신: 20을 60에게 넣는 것이 60을 20에게 넣는 것보다 훨씬 많다는 것을 잊지 마.[100]

**알겠나? 중요한 것은 숫자가 아니라 숫자가 의미하는 것이다.**

내가 말을 마친 후 학생들은 평소처럼 잡담을 하기 위해 다가왔다. 다섯 번째 남자 학생이 내게 와서는 "새우는 어디 있어요?"라고 말했다. "미안하지만 뭐라고?"라고 말하자 그는 대답했다. "뷔페는 어디에 있나요? 우리를 고용하러 오신 거 맞죠?" 초청 강의조차 암기식인 모양이었다.

기업가에게 정말 중요한 것은 '비판적 사고(critical thinking)'이다. 개방적이면서 독립적으로 사고하는 능력은 틀에 박힌 접근법과 정반대를 이

---

**100** 이 말은 숫자를 이용한 성적 농담이며 20살은 60살에 세 번 삽입할 수 있지만 (20×3=60), 60살은 20살에 한 번만 삽입할 수 있음을 의미한다 (60을 20으로 나머지로 나눈 값은 0.333…) 남편과 아내는 둘 다 60세이지만 아내가 남편보다 더 젊은 남자 파트너들과 더 자주 관계를 맺을 수 있다고 비꼬는 것이다.

론다. 비즈니스 스쿨은 비판적 사고를 길러 내는 대신 로봇을 만들고 있었다. 이는 지적 재능의 막대한 낭비였다. 사람들은 기업가 정신이 무엇인지 이해하지 못했기 때문에 '정크 사이언스'라는 꼬리표가 붙은 채 무시당했다. 밥과 나는 그것을 바꾸고 싶었다.

우리는 학교의 커리큘럼에 해당 주제를 추가하기 위해 어떤 조치를 취할 것인지 길과 대화하기 시작했다. 결국 밥과 나는 모든 분야의 학자들을 대상으로 기업가 정신에 대한 강의 계획서를 작성하는 전국적인 경연 대회를 후원하기로 결정했다. 우승자는 25,000달러와 함께 미시간 대학교에서 1년 동안 강의를 할 수 있는 기회가 주어졌다. 1981~1986년 사이에는 6명의 수상자가 있었는데 다양하고 놀라운 구성이었다. 첫 번째는 음악 교사였고, 다른 한 명은 교도소에서 영어를 가르쳤으며, 가장 기억에 남는 사람은 휴스턴 대학교의 공대 교수였다. 그의 강의 제목은 '실패학개론(Failure 101)'이라고 불렸는데 성공하려면 기업가는 고통을 겪고 이해하고, 거절당하는 것에 익숙해져야 한다는 전제를 바탕으로 한 강의였다. 기말시험에서 그는 각 학생에게 아이스바를 10개씩 주고 막대기를 사용해서 무언가를 만들라고 했다. 그런 다음 쿼드(학생회관)에 가서 자신의 작품을 개당 10달러 이상에 팔라고 했다.

당신은 다른 학생들로부터 받은 논평과 조롱을 상상할 수 있을 것이다. 물론 그 수업에서 아무도 사탕을 판매하지 못했다. 그 후 교수는 이 경험을 바탕으로 실패와 실패에서 다시 일어서는 방법에 대해 가르쳤다. 정말 훌륭한 수업이었다.

그러던 중 1996년 미시간 대학교에서 내게 전화를 걸어 사망한 동문이 학부 우등생들을 위해 한 학기 과정을 누군가에게 맡겨 달라는 유언을 남겼다고 말했다. 과목은 교수에게 달려 있었고 미시간 대학교는 내가 직접 만든 과목을 가르치라고 나를 초대했다. 나는 위험을 이해하고 관리하는 것이 기업가 정신의 핵심이기 때문에 위험을 선택했다. 나는 대학 측에 '노아의 방주 수업(Noah's Ark class)[101]을 개설해 달라고 요청했고, 약 15개의 학과에서 20명의 학생들이 모였다. 내 목표는 재무적인 관점뿐만 아니라 의사결정의 구조적 관점에서도 위험에 대해서 교육하는 것이었다. 마지막 수업에서 나는 학생들에게 다음과 같은 과제를 제시하는 것으로 시작했다.

"미니 이모가 돌아가셔서 여러분 각자에게 10만 달러를 남겼습니다. 여러분에게는 투자 선택권이 있습니다. 5년 동안 7% 수익률에 모두 투자할 수도 있고, 10년 동안 7.5%의 수익률에 투자할 수 있습니다."

학생들은 검토하는 시간을 가진 후 만장일치로 5년 동안 7% 수익률에 투자하는 방안을 선택했다. 내가 학생들에게 이 결정으로 어떤 위험을 감수했냐고 물었을 때 학생들은 "없어요"라고 말했다. 학생들의 주장은 단기 투자가 장기 투자에 비해 향후 인플레이션이 수익률을 크게 떨어뜨리지 않을 것이며, 5년 후에는 선택권이 있다는 점을 이유로 들었다.

하지만 학생들은 재투자 위험을 놓치고 있었다. 그들은 투자 기간 동안 일어날 일에 너무 집중한 나머지 5년 이후를 내다보는 것에 소홀했다. 수익률이 7% 이상으로 유지된다면 문제가 되지 않는다. 그러나 수익률이 하락하면? 문제가 발생한다. 학생들이 '누락(omission)'뿐만 아니라 '수수료(commission)'에 의한 위험도 있다는 것을 이해했을 때 비로소 내 수업 목표는 달성되었다.

---

[101] 여기서 말하는 '노아의 방주' 수업은 성경의 노아의 방주 이야기에서 서로 다른 종류의 동물들을 2마리씩 방주에 태워 홍수로부터 구하는 것을 비유하여 다양한 분야에서 선발된 학생들의 모임을 의미한다.

그 수업이 끝나고 얼마 지나지 않아 나는 좀 더 영구적인 뭔가를 구축할 때라고 느꼈다. 그래서 미시간 대학교 경영대학원 교수진을 만나서 이야기했다. "기업가 정신 프로그램을 개설해 주시면 자금을 지원할 준비가 되어 있습니다."

그들은 "좋습니다. 다시 연락드리죠"라고 말했다.

그로부터 20년이 지난 지금 여전히 답을 기다리고 있다.

내가 미시간 대학교로부터 전화를 받지 못하면서 의미 있는 영향을 미치기 위해서는 투자와 마찬가지로 자선 프로그램에 소유주가 필요하다는 사실을 깨달았다. 비전이 있고, 관심을 갖고, 어려운 질문을 하고, 도전하고, 더 많은 결과를 위해 노력하는 사람을 말하는 것이다. 그래서 나는 항상 기부금을 제공하는 것을 주저해 왔다. 나는 달성 지표에 따라 점진적으로 기부를 구성하는 것을 선호한다. 사업과 마찬가지로 투명성, 책임감 그리고 사람들이 성공할 수 있는 환경을 조성하는 것이 중요하기 때문이다. 건물에 이름을 올리는 것은 돈만 있으면 누구든지 할 수 있다.

그래서 1999년에 우리는 젤앤루리 가족 재단(the Zell and Lurie family foundations)을 통해 미시간 대학교에 젤앤루리 기업가 교육 연구소(Zell Lurie Institute for Entrepreneurial Studies)를 설립하는 데 앞장섰다. 이 프로그램의 목표는 학생들이 자신의 기업가적 성향을 인식하고 개발하도록 돕는 것이다. 미시간 대학교의 연구소는 학문과 응용 프로그램 중심으로 설계되었다. 우리는 학생들이 환경에 관계없이 기업가처럼 생각하는 방법을 배우고 배운 내용을 실제 문제에 적용하기를 바란다. 이 프로그램의 중요한 부분은 실습 학습이다. 학생들은 실제로 기업가의 창조적 활동을 수행하고 비즈니스 경쟁을 통해 자신의 사고를 연마하고 커뮤니티의 독립적인 제3자로부터 피드백을 얻을 수 있다.

또한 최근에는 학생 주도의 새로운 회사 설립을 지원하기 위해 1,000

만 달러 규모의 젤 파운더스 펀드(Zell Founders Fund)를 시작했다. 마지막으로 미시간 대학교의 연구소는 학생들이 투자자가 되는 방법을 배우는 데 도움이 되는 4가지 다른 학점 인정 프로그램을 지원하는데 젤 얼리 스테이지 펀드(Zell Early Stage Fund), 울버린 벤처 펀드(Wolverine Venture Fund), 소셜 벤처 펀드(Social Venture Fund) 와 커머셜라이제이션 펀드(Commercialization Fund)로 구성된다.

나는 학생들과 교류하는 것을 좋아하고 학생들이 미처 생각하지 못한 아이디어를 소개하면서 활력을 얻는다. 나는 1년에 약 40번의 강연을 하는데, 그중 절반 정도가 대학에서 이루어진다. 내가 강연을 할 때마다 어떤 어린 학생이 필연적으로 일어나서 이렇게 질문을 할 것이다. "선생님은 지금까지 많은 일을 하셨는데 오늘날 분명히 기회는 많지 않을 것 같아요. 제가 할 수 있는 일이 뭐가 있나요?" 이 같은 질문에 대한 내 대답은 항상 기회는 있다는 것이다. 업계 전반의 트렌드나 노골적인 디스럽션[102]의 형태로 나타나지는 않겠지만 기회는 항상 존재한다. 따라서 기회를 적극적으로 찾아야 하고, 기회를 찾았을 때 위험 대 보상을 평가하는 숙제를 해야 한다. 물론 배짱이 필요하고 쉽지 않은 일이다. 그러나 배짱이 있다면 충분히 도전해 볼 만한 가치가 있다.

미시간 대학교 외에도 나는 가족 재단을 통해 몇 개의 기업가 정신 프로그램을 설립했다. 두 개는 노스웨스턴 대학교의 켈로그 경영대학원(Northwestern University, Kellogg School of Management)에서 하나는 이스라엘의 사립 대학인 IDC 헤르츨리야(the Interdisciplinary Center, Herzliya)에서였다. 2001년 켈로그 경영대학원에서 나는 젤 위험 연구

---

[102] 디스럽션(disruption) - 특정 산업 또는 시장에 혁신적인 제품이나 서비스를 제공하여 파급효과를 불러일으키는 것을 말한다.

센터(Zell Center for Risk Research)를 설립했고, 2013년에는 다시 켈로그 경영대학원에서 학생들의 스타트업 창업을 지원하는 인큐베이터와 엑셀러레이터 프로그램을 설립했다. 켈로그 경영대학원 교육 과정의 근간은 이스라엘 IDC의 교육 과정이 매우 성공적이었기 때문에 IDC의 커리큘럼을 본떠서 만들어졌다.

IDC 프로그램은 이렇게 시작되었다. 1994년 IDC에서 강연 초청을 받았는데 당연히 나는 '기업가 정신'을 강연 주제로 선택했다. 강연 후 그 대학의 설립자가 내게 다가와 말했다. "우리 학생들과 정말 잘 맞는 주제이니 교육 과정을 개설할 수 있을 거 같군요." 나는 흥미를 느꼈고 지원을 약속했다. 우리는 학생들이 실제 회사를 창업하는 데 기업가적 기술을 적용하도록 가르치는 엑셀러레이터 프로그램을 개발했다. 학생들은 팀에 배정되고 각 팀은 회사를 창업을 하는 데 1년을 보내며, 컨셉부터 출시까지 창업과 관련된 모든 일을 체험한다. 이러한 몰입식 접근을 통해 학생들이 이론을 넘어 실제 창업을 실천하려고 노력하게끔 만든다.

IDC 프로그램은 대부분의 학생이 이스라엘 군대를 다녀왔기 때문에 미국 학생들보다 나이가 많고 현실 세계에서 경험이 많다는 사실에서 이점이 있다. 이스라엘 학생들은 이미 실천을 통해 배우는 것에 정통하다. 이스라엘 학생들 대부분은 빈곤과 극심한 어려움에 대해 직접적으로 알고 있으며 이러한 창업 경험을 엄청난 기회로 여긴다. 이들은 스스로를 '젤로트(Zellots)'라고 부르며 열정적으로 참여한다. 미국 학생들이 동기가 없는 것은 아니지만 이스라엘 학생들은 정말 굶주려 있다. 그게 핵심이다. 실제로 내가 새로운 구직자들을 면접할 때 항상 하는 첫 번째 질문은 "얼마나 굶주려 있나요?"이다. 배고픔은 추진력과 같다. 그것은 항상 목표에 도달하려고 노력하고 도전하려는 정신력이며 값을 매길 수 없다.

2001년에 시작된 IDC 프로그램은 기업가 정신 교육의 랜드마크이다.

15년 동안 300명의 졸업생이 12개국에서 80개 이상의 상장 회사를 설립했다. 그중에는 재학생이 설립한 기업도 있고 졸업생이 설립한 기업도 있다. 이 새로운 회사들은 다양하고 상상력이 풍부하다. 이스라엘은 지리적으로 고립되어 있기 때문에 대부분의 스타트업은 기술 지향적이다. 졸업생들은 자신들의 기업에 총 4억 달러 이상의 자본금을 조달했으며 구글과 이베이와 같은 회사들을 대상으로 한 매각과 IPO를 통해 수익을 창출했다.

젤 동문(Zell alumni)이 창업한 기억에 남는 신생 기업으로는 다음과 같은 회사가 있다. 여행 어드바이저 사이트인 '고고봇(Gogobot)', 수상 경력에 빛나는 차세대 개인 비서인 '24me', 어린이용 컴퓨터 코딩 키트인 '카노(Kano)', 소셜 네트워크와 커머스 사이트에서 단체 선물을 주고받을 수 있는 '더 기프트 프로젝트(The Gift Project)' 등이 있다. '더 기프트 프로젝트'는 이베이(ebay)에 매각되었다. 이 외에도 학생들이 개발한 혁신적이고 영감을 주는 아이디어들은 무궁무진하다. 이스라엘 학생들은 단순히 글로벌 진출이나 지도상의 한 획을 긋는 것 그 이상을 나타낸다. 나는 '스타트업 국가(start-up nation)'의 차세대 리더를 양성하는 데 엄청난 가치와 영향력을 발휘한다고 생각한다. 이 프로그램에서 내가 가장 자랑스러워하는 통계는 졸업생들이 설립한 회사들이 지금까지 이스라엘에서 뉴욕, 베이징, 뭄바이, 그리고 다른 도시들에 이르기까지 전 세계에 1,500개의 일자리를 창출했다는 것이다.

한 졸업생은 이 프로그램을 이렇게 설명했다. "기업가가 되기 위해 알아야 할 모든 것을 멘토링과 결합하고 스테로이드를 추가하면 젤 기업가정신 프로그램이 완성된다." 이보다 더 좋은 평가를 받을 수는 없을 것이다.

우리는 부속 프로그램으로 동문 네트워크를 만들었다. 학생들과 헌신적인 동문들 간의 연결, 즉 멘토 네트워크를 구축하면 기하급수적인 영향력을 발휘할 수 있다는 것을 알았다. 그리고 2015년에는 IDC 동문 네트워크를 세 대학교 모두의 기업가 정신 프로그램을 포함하도록 확장했다. 그것은 ZGEN(Zell Global Entrepreneurship Network)이라고 불린다. 나의 비전은 ZGEN이 시간이 지남에 따라 전 세계의 고용주와 벤처 투자가들에게 '굿 하우스키핑 승인 도장'[103]과 같은 역할을 하도록 만드는 것이다.

**자선 활동은** 내게 단지 추상적인 개념이 아니다. 부모님은 남에게 베풀지 않으면 진정으로 성공을 할 수 없다고 가르쳤다. 앞서 언급했듯이 체다카, 즉 자선의 개념은 어린 시절부터 내 몸에 배어 있었다. 전쟁이 끝난 후 부모님이 난민들을 받아 주셨던 모습, 유대인 단체에 꾸준히 기부하셨던 모습, 그리고 아버지가 주변 사람들의 문제를 해결하는 데 많은 시간을 할애했던 모습은 결코 잊을 수 없을 것이다.

나는 매우 운이 좋았고 덕분에 사람들의 삶에 긍정적인 영향을 미칠 수 있는 기회와 개인적인 의무를 갖게 되었다. 사람들이 내 유산에 대해 많이 물어보는데 내 유산을 꼽으라면 '체다카(tzedakah)'가 그중 큰 부분을 차지한다고 말하고 싶다.

이 노력의 가장 가까운 파트너는 내 아내 헬렌이다. 우리는 둘 다 미시간 대학교의 학부생이었지만 내가 로스쿨에 다니고 헬렌의 전남편과 친구가 되기 전까지는 서로에 대해 잘 알지 못했다. 헬렌의 전남편과 나는 수업 사이의 쉬는 시간에 지하 도서관에서 함께 브리지 게임을 하곤 했

---

[103] 굿 하우스키핑 승인 도장(Good Housekeeping Seal of Approval) - 1885년에 창간된 미국의 여성 월간지인 《굿 하우스키핑(Good Housekeeping)》이 제품의 품질을 보증하는 승인 도장을 말한다.

는데, 어느 날 그에게 헬렌도 브리지 게임을 하냐고 물었더니 그렇다고 대답했다. 우리 모두 시카고로 돌아와서 아이들을 가졌을 때 가족으로서 함께 많은 일을 했다. 하지만 자넷과 내가 12년 만에 헤어진 후 헬렌과 나는 연락이 끊겼고 1995년까지 다시 만나지 못했다.

어느 날 네이비 피어(Navy Pier)에서 열린 대형 미술 박람회에 갔는데 3,000여 명이 꽉 들어찬 행사장은 내가 좋아하지 않았던 군중들의 광경이었다. 하지만 예술에 대한 관심이 점점 커지고 있었기 때문에 밥의 미망인인 앤 루리를 데리고 행사장에 갔다. 나는 전시장을 돌아다니며 수집품들을 구경하다가 작은 여성과 머리를 부딪혀 넘어뜨릴 뻔했다. 내가 손을 뻗어 그녀를 일으켜 세우며 사과하는 순간 그녀가 "샘!"이라고 외쳤다. 나는 그녀를 쳐다봤다. "헬렌?" 우리는 놀라움에 서로를 쳐다봤다. 20년 만이었다.

우리는 그동안에 있었던 일에 대해 이야기를 나누는 데 얼마 걸리지 않았다. 헬렌은 별거한 지 1년 반이 지났고 6주 후에 이혼이 끝날 거라고 말했다. 당시 나는 이혼한 상태였기 때문에 이렇게 말했다. "난 이미 이혼했고 당신도 이제 거의 이혼을 한 상태인데 같이 저녁이나 먹지 그래요?"

헬렌은 "그럼요. 전화해요"라고 말하고는 자리를 떠났다. 헬렌이 떠난 후 그녀가 내게 전화번호를 알려 주지 않았고 전화번호가 내 휴대폰에 등록되지 않았다는 것을 깨달았다. 하지만 약간의 수소문 끝에 헬렌을 찾았고 2주 후에 헬렌에게 전화를 걸었다. 헬렌은 저녁 식사를 하러 왔고 그게 끝이었다. 그 후로 우리는 금방 커플이 되었다.

그것은 우연적인 일이었다. 샤론과 나는 헬렌을 만나기 2년 전에 이혼했고 나는 밥의 죽음과 사업의 유동성 위기를 겪으며 인생에서 가장 힘든 시기를 보내고 있었다. 이러한 사건들은 나로 하여금 삶의 균형에 대한 가치를 다시 생각하고 우선순위를 다시 정하도록 만들었다. 또한 헬렌과 나는 각각 54세와 55세였는데 우리가 누구인지, 어디로 가고 싶은지 잘 알고 있었다. 허세를 부릴 필요도, 어리석은 일에 시간을 낭비할 필요도 없었다. 우리는 같은 뿌리를 공유했고 문화와 가족에 대한 언급이 모두 같았기 때문에 완전히 양립할 수 있었다. 무엇보다도 중요한 것은 우리가 같은 가치를 공유했다는 것이다.

헬렌은 내 세계로 자연스럽게 들어왔고 새로운 경험을 통해 번창했다. 특히 내가 놓치고 있던 자선 활동과 예술에 대한 관심을 불러일으켰는데 그녀는 내가 미처 신경 쓸 겨를이 없던 부분을 집중적으로 다뤄 주었다. 그것은 팀으로서 우리를 더욱 강하게 만드는 단합된 힘이었다.

헬렌은 우리 가족 재단의 노력을 완전히 새로운 차원으로 이끌었다. 우리 가족 재단의 활동은 주로 교육, 예술, 유대인 및 의료 분야에 중점을 두고 있으며, 항상 우리의 고향인 시카고에 특별한 관심을 기울이고 있다.

우리는 또한 유아 발달에 관심을 가지고 있다. 투자자이자 나의 멘토였던 어빙 해리스가 이 문제의 중요성을 알려 주었다. 어빙은 매우 성공적인 사업가였으며, 아이들의 올바른 성장의 중요성에 대해 열정을 가지고 있었다. 그는 출생부터 5살까지의 아동 교육을 지원하기 위해 1982년에 온스 오브 프리벤션 펀드(Ounce of Prevention Fund)를 만들었다. 이는 정부 보조금으로 일부 자금을 지원받는 민관 파트너십이었지만 어빙은 대부분의 돈을 기부했다. 어빙은 시대를 앞서갔다. 그가 이 일을 시작했을 때 유아 보육과 교육에 돈을 쓰는 데 참여하는 사람은 거의 없었다.

우리는 또한 버나드 젤 안쉬 아메트 데이 스쿨(Bernard Zell Anshe Emet Day School)과 로셸 젤 유대인 고등학교(Rochelle Zell Jewish High School)의 조기 교육 기회를 통해 아버지와 어머니의 뜻을 기렸다. 부모님은 그들이 중요시했던 유대인의 가르침과 문화를 우리가 계승한다는 사실을 안다면 분명 기뻐할 것이다.

내가 주로 기업가 정신에 열정을 쏟는다면 헬렌은 예술과 문화에 열정을 쏟고 있다. 헬렌은 모교인 미시간 대학교에서 교육 과정을 개설하는 데도 많은 에너지를 투자했다. 헬렌/젤 작가 프로그램(The Helen Zell Writers' Program)은 순수 예술 석사 학위 취득으로 이어지고 3년 과정의 학비가 전액 지원되는 문예 창작 대학원 과정이다. 이스라엘의 기업가 과정과 마찬가지로 이 글쓰기 프로그램도 엑셀러레이터 역할을 한다. 이 프로그램은 각 학생에게 '젤로우십(Zellowship)' 장학금의 기회를 제공하는데, 이는 작가가 글쓰기에만 전념하여 작품이 결실을 맺을 수 있도록 대학원 1년간 재정적 지원을 제공하는 프로그램이다. 이 프로그램은 미국에서 많은 유명 작가의 등장을 촉진하는 엘리트 글쓰기 프로그램 중 하나로 자리 잡았다. 시카고 심포니 오케스트라(the Chicago Symphony Orchestra), 현대 미술관(the Museum of Contemporary Arts), 시카고 공립 교육 기금(the Chicago Public Education Fund)에 대한 지원 역시 고향에 대한 헌신을 반영한다.

헬렌의 예술에 대한 열정은 전염성이 강해서 내가 예술과 더 깊이 연결될 수 있도록 도와주었다. 대학 4학년 때 선택 과목으로 미술사를 수강했을 때 내가 미술에 관심이 있다는 사실에 놀랐다. 그림을 보면 다른 사람들이 생각하는 것과는 다른 스토리나 아이디어를 볼 수 있다는 것을 깨달았다. 이것은 내가 사업 기회를 바라보는 방식과 비슷했지만 예술은 완전히 다른 방식으로 내 상상력의 한계를 시험했다. 나는 특히 초현실주의자들에 끌렸다. 또한 예술을 사회의 거울로 보았다. 예술은 세상에서 일어나는 일들을 반영하고 그러한 사건들이 어떻게 해석되고 있는지에 대한 새로운 관점을 제공한다. 사실 예술은 역사의 창조적인 형태이다.

내가 미술에 관심을 갖던 중 1972년 런던에 사는 변호사 친구로부터 전화를 받았다. 그는 당시 세계 최고의 석판화 인쇄업체 중 하나였던 피터스버그 프레스(Petersburg Press)의 법률 업무를 수임하고 있었다. 이 인쇄업체는 프랭크 스텔라(Frank Stella), 짐 다인(Jim Dine), 제임스 로젠퀴스트(James Rosenquist) 같은 유명 예술가들이 소속되어 있었다. 그러나 인쇄업자가 아티스트로부터 대금을 모두 받기 전에 먼저 인쇄를 하도록 업계의 비즈니스 모델이 바뀌면서 회사는 현금흐름 문제에 직면하게 되었다. 그래서 내 친구는 내게 피터스버그에 대해 신용 대출(크레딧 라인)을 제공할 수 있는지 물었다. 나는 그 요청을 승낙했고 피터스버그가 파산할 때까지 10년간 신용 대출을 제공했다, 결국 회사가 내게 빌린 400,000달러의 미지급된 대출에 대한 담보로 50점의 그림을 받게 되었다. 나는 그 그림들을 액자에 넣어 사무실에 걸어 두었다. 처음에는 직원들이 좋아하지 않았지만 시간이 지나면서 자신이 선호하는 작품에 대한 소유욕이 생겼다. 그래서 직원들이 사무실을 옮길 때면 사무실 안팎에 있는 그림들을 옮겨야 할 정도였다. 그 그림들은 지금도 여전히 우리 사무실 벽에 걸려 있고 회의실 이름도 예술가들의 이름을 따서 지었다.

1990년대 초까지 나는 몇 점의 중요한 미술품을 구입했지만 그 이상으로 미술에 관심을 두지 않았다. 그러던 중 헬렌이 내 인생에 들어왔고 예술과 음악에 대한 엄청난 사랑을 가져다주었다. 우리는 함께 초현실주의 운동에 중점을 둔 의미 있는 아트 컬렉션을 개발하기로 결정했다. 오늘날 전 세계의 사람들이 그 컬렉션을 보기 위해 찾아온다. 우리가 선택한 작품들의 상호 연결성을 훌륭하게 설명하는 헬렌을 보는 것은 마치 다시 학교로 돌아간 것 같다.

빌 게이츠와 다른 사람들이 자신들의 재산의 대부분을 자선 단체에 기부할 것을 약속하는 '더 기빙 플레지(The Giving Pledge)'를 공개하자 나도 서명할 것인지 묻는 많은 전화를 받았다. 공개 선언을 해야 한다는 생각이 나를 불편하게 만들었고 그런 일로 항상 구석에 몰리는 것이 짜증이

났다. 기부는 부모님에게 그랬던 것처럼 내게 매우 개인적인 일이다. 마치 가족 같은 것이다. 그리고 알다시피 나는 가족에 대해 많은 것을 공개하지 않는다. 하지만 그 서약에 담긴 진심을 높이 평가하며 나 또한 내가 가진 리소스를 사용하여 선행을 하려고 노력한다. 단지 사람들에게 시간, 장소, 방법에 대해 모든 것을 말해야 한다고 느끼지 못할 뿐이다.

내게 가장 많이 묻는 질문은 "유산으로 남기고 싶은 것이 무엇인가?"이다. 그 질문에 대해서 내가 할 수 있는 최고의 대답은 "내가 변화를 일으켰다"이다. 그렇게 하기 위해서는 매일 나의 한계를 테스트해야 한다. 거시적인 영향을 미치기 위해서는 미시적 수준에서의 일들에 영향력을 행사해야 하는 것이다.

나는 대니얼 번햄(Daniel H. Burnham)의 말에서 항상 영감을 받는다. 번햄은 시카고시를 설립한 창립자들을 설득하여 해안가에 도시를 건설하지 말고 호수와 강을 따라 영구적인 공원들을 만들도록 결정하는 데 큰 영향을 미쳤다. 그것은 내가 사랑하는 도시를 형성한 가장 중요한 결정 중 하나였다.

그는 "작은 계획을 세우지 마라. 그것은 남자의 피를 끓게 하는 마법이 없다. 큰 계획을 세우고 목표를 높게 잡고 일해라"라고 말했다.

# CHAPTER 12

## 위대함을 추구해라

Go for Greatness

# CHAPTER 12

**몇 년 동안** 나는 밥 루리 덕분에 시카고 불스에 약간의 투자를 했다. 1990년대 중반 어느 날 밤 당시 불스의 코치였던 필 잭슨과 함께 저녁식사를 했다. 우리는 마이클 조던이 얼마나 경이로운 운동선수인지에 대해 이야기하고 있었다. 필은 "마이클이 정말 대단한 이유는 다른 모든 사람들을 더 잘하게 만든다는 점이에요"라고 말했다. 이보다 더 좋은 칭찬은 상상할 수 없다.

나는 인생의 목적이 변화를 일으키는 것이라고 믿으며 변화를 일으키는 것을 성장을 주도하는 것으로 정의한다. 젊은 임원을 멘토링하든, 휘청거리는 사업을 되살리는 것이든, 새로운 회사를 위한 인큐베이터를 설립하든, 무엇이든 간에 진보, 개선, 앞으로 나아가는 추진력에 관한 것이다.

내가 목표를 달성하기 위해 사용하는 도구 상자에는 내가 받은 재능이 포함되어 있다. 어떤 사람은 노래를 부를 줄 알고, 어떤 사람은 춤을 출 줄 안다. 나는 돈을 벌 수 있다. 나는 기회를 보고 그것을 유형적인 것으로 바꾼다. 돈을 버는 일은 내게 자연스럽게 다가온다.

사람들은 항상 내가 거래를 어떻게 하는지 궁금해하지만 내게 중요한 것은 내가 하는 거래에 있는 것이 아니라 내가 하는 방식에 있다. 나는 사업을 인생처럼 대한다. 이를 위해 여러분에게 내 핵심 철학 몇 가지를 남길 것이다.

## 방향을 바꿀 준비를 해라
## Be Ready to Pivot

나는 예전에 비슷한 일을 해 본 적이 없다고 해서 새로운 시도를 주저하지 않는다. 단지 내가 배운 것 중 교차될 수 있는 것을 활용할 뿐이다. 나는 나 자신을 최전선의 플레이어라고 생각하며, 이는 향후 5년뿐만 아니라 향후 20~30년 동안 수요가 있을 곳과 그렇지 않은 곳을 상상할 수 있어야 한다는 것을 의미한다. 즉 조기에 기회를 발견하여 '퍼스트 무버(선점 우위)'가 되어야 한다. 또한 기회를 제한하는 가정들에 집착하지 말하는 의미이기도 하다.

그래서 나는 항상 민첩하게 방향을 바꿀 준비를 한다. 업계에 구애받지 않고 부동산, 제조, 제약, 물류, 에너지 및 기타 여러 산업 분야를 오가며 일한다. 나는 기회주의자이다. 때로는 구매자가 되기도 하고 때로는 판매자가 되기도 한다. 때로는 주식 투자자가 되기도 하고 때로는 부채에 집중하기도 하며 종종 둘 다인 경우도 있다. 나는 특정 산업에 대한 선호도나 거래에 대한 애착이 내 행동을 좌우하게 하지 않는다. 기회가 넘쳐 나면 그 기회를 최대한 활용하기 위해 자본금을 조달한다. 좋은 거래가 없으면 나는 주로 내 돈을 사용하고 훨씬 더 신중하게 투자한다.

**사실 나는 절충주의자이며 새로운 분야에 접근할 수 있다는 것이 내 인생의 즐거움이다. 움직이기 위해서 앞으로 나아가지 않으면 뒤처지는 것이다.**

## 간단하게 해라
## Keep It Simple

나는 수요와 공급의 원칙, 유동성은 가치와 같다는 원칙, 제한된 경쟁, 장기적인 관계 그리고 이 책에서 다룬 다른 것들 등 기본적인 진리에 충실한다. 그것들은 잠재적인 기회를 보는 틀을 제공한다. 변화하는 법규의 뜻을 이해함으로써 NOL 투자 수단, 리츠(REITs) 및 제이코(Jacor) 등의 기회를 극대화할 수 있었다. 인구 통계에 대한 관심은 모든 에쿼티 계열사에서 전략적 변화를 이끌어 냈다. "위험을 단순화시켜라"라는 만트라가 마음속에 너무나 깊이 뿌리박힌 나머지, 하루에 50명의 사람들과 투자 아이디어에 대해 이야기하고, 20가지 이슈들을 듣고 "이거야" 또는 "저기에 집중해"라고 말하며 계속 일을 진행하게 한다.

나는 십자말풀이 퍼즐부터 수십억 달러의 거래에 이르기까지 문제를 푸는 것을 좋아한다. 테이블 위에 놓인 문제가 내 것이든, 동료의 문제이든, 친구의 문제이든, 직원의 문제이든, 내 손자 손녀의 문제이든 관계없이 문제 해결은 나의 열정이다. 문제를 가장 기본적인 요소들로 분해하여 단순화한 다음 그 지렛대를 찾는 것이다.

이것은 내가 제이 프리츠커에게서 배운 것처럼 누구나 배워서 할 수 있는 일이다. 그 후에는 경험이 차이를 만든다. 즉, 경험이 본능적인 것이 될 때까지 몇 번이고 반복하는 것이다. 경험은 때때로 심연에 발을 내딛기 전에 심연 너머를 볼 수 있는 규율과 통찰력을 길러 준다. **경험을 바탕으로 위험을 인식하게 되는 것이다.**

이러한 관점에 대해서 생각할 때 나는 아버지의 방식을 종종 생각하게 된다. 내가 아버지를 알게 되었을 때 아버지는 매우 보수적이고 위험을 회피했다. 그러나 내가 태어나기도 전에 아버지는 일이 어떻게 될지 예측

할 수 없는 상황에서 엄청난 위험을 감수했다. 아버지와 어머니가 폴란드에서 탈출할 때 생존이 불투명해 보였을 때도 있었다. 그런 경험은 사람을 변화시키며 그 두려움의 흔적은 완전히 사라지지 않는다고 생각한다. 미국에 도착했을 때 아버지의 태도는 열심히 일하고 고개를 숙이고 눈에 띄지 않으며 위험을 피하는 것이었다.

하지만 아버지는 아들이자 새로운 세대의 일부인 나를 낳았다. 나는 아버지를 관찰하고 그의 말을 경청하면서 배웠고 그 덕분에 위험에 더 잘 대처할 수 있게 되었다. 그러나 나는 전쟁과 반유대주의를 직접 경험하지 않았으며 활짝 열려 있고 가능성이 가득한 세상에서 자랐다. 아버지가 나처럼 미국에서 자랐다면 내가 이룬 것을 아버지도 쉽게 성취했을 거라는 데에 의심의 여지가 없다.

## 항상 눈을 크게 뜨고 마음을 열어라
### Keep Your Eyes (and Mind) Wide Open

당신은 유대인들이 어떻게 나치가 폴란드로 들어오는 것을 아무런 행동을 취하지 않고 허락했는지 궁금해한 적이 있는가? 내가 어렸을 때 아버지께 물어본 적이 있는데, 아버지가 했던 말을 절대 잊지 못할 것이다. 당시 폴란드의 유대인 사회는 매우 근시안적이었다. 그리고 그들 대부분은 궁극적인 대가를 치렀다. 반면에 아버지는 세계에서 일어나는 일들에 대한 거시적인 이해와 행동에 대한 신념으로 우리 가족의 생명을 구했다.

나는 그보다 훨씬 덜 사활을 건 규모에서 동일한 전략을 적용한다. 거시적인 관점에 의존하여 투자 활동과 투자 회사들을 이끌면서 기회를 파악하고 더 나은 결정을 내리는 것이다. 그리고 항상 의문을 제기하며 더 광범위한 사건들이 가져올 영향을 계산한다. 세계적으로 침체된 통화가 자본 흐름과 세계 무역에 어떤 영향을 미칠까? 다국적 기업들 사이에서 국제적인 확장의 기회를 창출하는가? 그들은 어떤 부동산을 필요로 할까? 어떻게 하면 새로운 시장에서 선점 우위를 얻을 수 있을까? 등등 질문들은 끊임없다. 그래서 다행히도 많은 잠이 필요하지 않다.

한 가지 일관된 주제가 있다면 산업, 시장 또는 특정 기업에서 이상 현상이나 혼란을 항상 주시하고 있다는 것이다. 시장의 극단적인 심리를 파악하면 매력적인 진입점을 찾을 수 있다. 평범하지 않은 사건이나 패턴은 흥미로운 새로운 기회가 나타날 수 있음을 알려 주는 신호와 같다.

전에도 말했지만 다시 한번 여기서 강조하겠다. 나는 정보의 탐욕스러운 소비자이다. 많은 양의 정보를 소화하고, 잠재적으로 관련 있는 정보를 걸러 내어 보관한 다음, 그 정보가 유용할 때 기억하는 능력을 연마해 왔다. 나는 하루에 최소한 5개의 신문을 읽고, 일주일에 5개의 경제 잡지를 읽으며 모든 내용을 기억하거나, 적어도 관련 내용 전부를 기억한다. 또한 추리 소설, 스파이 스릴러 소설 등 현실 도피적인 소설을 좋아해서 일주일에 한 권 정도는 읽는다. 보통은 아무것도 기억하지 못한다. 그러다 뭔가 관련성이 생길 때 어떤 부분이 떠오를 때가 있다.

한번은 모터사이클 크루와 함께 칠레로 여행을 갔을 때였다. 마지막 날 예상치 못한 폭우가 예보되어 우리는 당일 라이딩을 하지 않고 일찍 떠났다. 가는 도중에 우리는 새벽 3시에 집에 도착한다는 사실을 깨달았는데 말이 안 되는 일이었다. 그래서 경유지가 있는지 생각하기 시작했다. 우리에게는 선택의 여지가 없었다. 그러던 중 몇 년 전에 읽었던 스파이 소설 내용이 떠올랐다. 책의 마지막 장면은 도미니카 공화국의 카사 데 캄포(Casa de Campo)라는 휴양지에서의 총격전이었다. 책에서 이 개인 리조트에 자체 국제공항이 있다고 언급했었다. 그래서 비행기 조종사가 그 지역을 확인해 보니 정말 공항이 있었다. 우리는 전화를 걸어 예약을 했고 도미니카 공화국에 착륙하여 저녁을 먹고 그곳에서 멋진 하루를 보냈다. 언제 어떻게 무언가를 배울지 예측할 수는 없다. 그저 눈과 마음을 열어 두면 된다.

또한, 단순히 사람들의 이야기에 귀를 기울이는 것도 중요하다. 좋은 청취자가 되는 것은 모든 것을 변화시킬 수 있다. 내 커리어 초기에 앤아버에서 부동산 투자를 하던 때, 우리는 한 여성과 집을 매입하려는 계약을 맺을 참이었다. 우리는 그 집을 철거하고 아파트를 지을 계획이었다. 주인은 마지막 순간에 계약을 취소하려 들었고 이유를 알 수 없었다. 모든 면에서 그녀에게 좋은 기회였기 때문이다. 나는 그녀와 이야기하는 데 많은 시간을 보냈고 마침내 진실이 드러났다. 그녀는 자신의 개가 뒷마당에 묻혔고 개 위에 큰 아파트 건물이 있다는 생각을 견딜 수 없었다고 말했다.

그 새로운 정보가 결정적인 역할을 했고 내가 계속해서 문제를 파헤치지 않았다면 (말장난 의도는 없다) 절대 접근하지 못했을 것이다. 해결이 불가능할 것 같았던 문제에 간단한 해결책을 바로 찾을 수 있었다. 그리고 집을 철거하기 전에 개를 다른 곳에 묻을 수 있도록 충분한 시간을 주겠다는 조항을 계약서에 추가했다. 그렇게 일이 마무리되었다.

진실은 기회가 언제 나타날지 모르며 주의를 기울이지 않으면 기회를 놓칠 수 있다는 것이다. 1988년 아이텔이 헨리 그룹(Henley Group)을 인수했을 때, CEO인 폴 몬트론(Paul Montrone)이 주말에 있는 보치 게임을 위해 뉴햄프셔주의 울프보로로 나를 초대했다. 그 게임에 대해 아무것도 몰랐지만, "못할 게 뭐가 있어?" "공을 던지는 게 얼마나 어렵겠어?"라고 생각했다. 앞서 말했지만 나는 내가 잘하는 일뿐만 아니라 모든 일에 승부욕 때문에 어려움을 겪는다. 그 후 20년 동안 폴의 세계적인 보치 대회에 참석했고 특별한 사람들과 함께했다. 수년 동안 나의 게임 상대는 보스턴 전 시장인 톰 메니노(Tom Menino), 사망한 안토닌 스칼리아(Antonin Scalia) 대법관, 메트로폴리탄 오페라의 폴 플리슈카(Paul Plishka) 등이 있다.

노는 것이 경박하다는 아버지의 훈계를 떠올리면 나는 항상 아버지가 틀렸다는 것을 증명하려고 노력했던 것 같다. 그 예로 초대 게스트 중 한 명이었던 비콘 프로퍼티즈(Beacon Properties)의 CEO인 앨런 레벤탈(Alan Leventhal)과의 만남에 대해 이야기할 수 있다. 비콘은 보스턴의 오피스 빌딩에 초점을 맞춘 새로운 리츠였다. (편파적인) 보체 심판들과 소리를 지르는 사이에 앨런과 나는 에쿼티 오피스가 비콘을 인수하는 것에 대해 이야기했다. 그 만남은 1997년에 40억 달러에 거래가 성사되는 결과로 이어졌다.

만약 당신이 정보를 수집하고 진지하게 관찰하는 사람이라면, 필요한 모든 정보를 습득할 수 있다. 그러나 오늘날에는 압도적인 양의 정보에 접근할 수 있지만 대부분은 쓸데없는 것이기 때문에 의미 있는 정보에 집중해야 한다.

## '리드독'이 되어라
## Be the Lead Dog

"당신이 '리드독'[104]이 아니라면, 풍경은 절대 변하지 않는다." 이 인용구의 출처는 유머 작가 로버트 벤츨리(Robert Benchley)였다. 나는 이 말을 항상 좋아해 왔는데 내 기본적인 접근 방식을 정의하기 때문이다. 나는 내가 진입하는 모든 산업에서 언제나 '풍경'을 컨트롤하는 '리드독'이 되고 싶어 한다. 이것은 어떤 산업에서든 2등보다 낮은 위치에 있지 않으

---

[104] 리드독(lead dog) - 썰매견들 중 맨 앞에 앞장서는 선두견

며 가급적이면 1등이어야 한다는 뜻이다. **만약 여러분이 '리드독'이 아니라면 평생을 다른 사람들에게 대응하면서 보내게 될 것이다.**

이러한 마인드는 우리 회사에서도 찾아볼 수 있다. 에쿼티 라이프스타일 프로퍼티즈(Equity LifeStyle Properties)는 미국 최대 규모의 조립식 주택 및 캠핑카 공원 운영회사이다. 에쿼티 레지덴셜(Equity Residential)은 미국 최대 아파트 건물 소유주이다. 우리가 매각하기 전까지 에쿼티 오피스 프로퍼티즈(Equity Office Properties)는 미국 최대 규모의 A급 오피스 빌딩 포트폴리오를 보유하고 있었다. 코반타(Covanta)는 미국 최대의 폐기물 에너지 회사 중 하나이다. 씰리 코퍼레이션(Sealy Corporation)은 북미에서 가장 큰 침구 제조업체였다. 렙코(Revco)는 라이트 에이드(Rite Aid)에 이어 미국에서 두 번째로 큰 약국 체인이었다.

내가 가장 좋아하는 '리드독' 투자 스토리 중 하나는 아담스 호흡기(Adams Respiratory)이다. 1999년에 우리는 혁신적인 전략을 가진 소규모 제약 회사인 아담스의 투자에 참여하게 되었다. 1938년 연방 식품, 의약품 및 화장품법(the Federal Food, Drug, and Cosmetic Act)이 통과되어 FDA의 권한이 확대되자 기존 의약품은 새로운 법안 적용의 제외 대상이 되었다. 누군가가 이 약품 중 하나를 훨씬 더 효과적으로 만들 수 있다는 것을 증명한다면 그 개선을 통해 독점할 수 있게 될 것이다. 아담스는 기존 호흡기 거담제인 구아이페네신의 서방형, 장기 지속형 버전을 새로 개발했다. 우리의 계획은 성공적으로 임상시험을 완료하고 아담스가 개발한 약품의 효능을 입증하는 것이었다. 만약 아담스가 성공하면 구아이페네신 제조업체 간의 경쟁이 크게 제한될 것이다. 그리고 실제로 그렇게 되었다.

2002년 FDA는 아담스의 약을 승인한 후 모든 장기 지속형 구아이페네신 제조업체와 유통 회사들에게 경고문을 보내 FDA의 검토 절차를 거칠 때까지 제품을 시장에서 철수하라고 통보했다. 물론 이 조치로 우리는 시장에서 엄청난 선점 효과를 누렸고 다른 경쟁사들에게 큰 진입 장벽을 만들었다. 동시에 우리는 아담스의 제품인 뮤시넥스[105]를 대중에게 알리기 위해 대대적인 마케팅 캠페인을 시작했다. 그리고 이것이 성공을 거두며 뮤시넥스의 매출은 급증했다. 2003년 1,400만 달러였던 매출은 2007년 3억 3,200만 달러로 증가했다. 우리는 2005년에 회사를 상장시켰다. 2007년에 아담스는 23억 달러에 레킷 벤키저(Reckitt Benckiser Group plc)에 매각되었다. 우리는 초기 투자금 2,600만 달러의 약 15배에 달하는 3억 8,000만 달러의 수익을 실현했다.

'리드독'이 되는 것은 단순한 사업 전략이 아니라는 점을 말하고 싶다. 그것은 마음가짐이다. 그리고 나는 그 마음가짐이 미국인 특유의 것이라고 생각한다.

미국은 위대한 '이퀄라이저'이다. 무일푼으로 태어나도, 혈통이 없어도, 이민자의 아들이나 딸이 되어도 성공할 수 있는 기회가 주어진다. 출신이나 유산, 타고난 이점을 필요로 하지 않는 나라는 그 어디에도 없다. 여기서는 누구나 '리드독'이 될 수 있는 기회가 있다.

## 올바른 일을 해라
## Do the Right Thing

**장기적인 관점에서 사업을 할 때 그 일을 윤리적으로 해야 한다. 윤리는 초석이다.** 나의 가장 오래되고 가까운 친구 중 한 명인 윌리 와인스타인(Willie Weinstein)은 대학교에서 경영 윤리를 가르치고 있다. 우리는 하루에 적

---

[105] 뮤시넥스(Mucinex) - 구아이페네신이 함유되어 있는 미국의 기침약

어도 두 번씩 대화하며 내 아이디어와 거래들에 대한 그의 의견을 구한다. 나는 그가 이의를 제기하고 윤리적인 문제가 있는지 알려 주기를 기대한다. 윌리는 생각을 주저 없이 정확하게 말하고 나는 견제와 균형을 중요하게 생각한다. 우리는 많은 주제에 대해 논쟁하지만 윤리 문제에 대해서는 절대로 논쟁하지 않는다.

**나는 항상 성공이 원칙에 의해 좌우된다는 것을 알고 있다.** 그렇기 때문에 내가 하지 않는 거래도 있다. 예를 들어 1990년대 중반에 한 은행 임원이 매우 흥미로운 사업을 발견했다고 전화한 적이 있다. 그는 은행이 투자하지 않았지만 내가 관심이 있을 거 같다고 말했다. 그것은 월급날까지 버틸 수 있도록 노동자에게 단기 고금리 대출을 제공하는 페이데이 론(payday loan)이라는 개념이었다. 나는 뉴욕에 가서 프레젠테이션을 들었다. 위험 보상 관점에서 볼 때 대출 기관에게는 막대한 수익을 안겨 주면서 대출자에게 필요한 것을 충족시키는 기발한 아이디어였다. 하지만 설명을 듣고 난 후, 결국 이렇게 말했다. "그것은 좋은 비즈니스 모델이고, 수익성도 높을 것 같지만 이 사업에 제 이름을 걸 수는 없어요. 나는 페이데이 론 사업에 참여할 수 없습니다. 노동자에게 2주 동안 돈을 빌려주고 나 혼자 살기 위해 300%의 이자를 청구할 수는 없어요. 좋은 거래인지는 중요하지 않아요. 이런 일은 제가 하는 일이 아닙니다."

나는 함께 일하는 사람들에게서 이와 같은 품위를 찾는다. "개들과 함께 누워 있으면 벼룩과 함께 잠에서 깰 것이다(If you lie down with dogs, you'll wake up with fleas)"라는 속담이 있듯이 말이다. 몇 년 전에 쇼핑몰의 지분을 매입할 수 있는 기회를 제안받았던 적이 있다. 나는 그 쇼핑몰의 소유주가 정말 까다로운 사람이라는 경고를 받았다. 내가 그를 만나기 위해 자리를 함께했을 때, 그의 입에서 나온 첫 번째 말은 "미리 말씀드리고 싶은데. 아무도 나와 두 번째 거래를 원하지 않았습니다"였다. 그 말이 너무 판에 박힌 듯하게 들려서 웃을 뻔했다. 속담에 "사람들이 본 모습(진정한 성격이나 본성)을 드러낼 때 믿어라"라는 말이 있다.

만약 내가 스스로를 설명해야 한다면 나는 그와 정반대일 것이다. **내가 하는 모든 일은 또 다른 거래가 있다는 가정하에 이루어진다. 그리고 다음 거래에 도달하는 방법은 정직하게 일하는 것이다.** 성공과 윤리를 동시에 추구할 수 없다는 사람들의 태도가 있다는 것을 알고 있다. 나는 그렇게 생각하지 않는다. "저 사람이 그렇게 성공할 수 있었던 유일한 방법은 꼼수를 부리거나 사기꾼이기 때문이다"라고 말하는 것은 바로 성취하지 못한 사람들의 세계관이다. 성취하지 못한 사람들은 이 세상이 창조되었을 때부터 그런 생각을 해 왔다. 하지만 나는 그것을 믿지 않는다.

1980년대 후반에 나는 세인트루이스 주의 에이펙스 오일(Apex Oil) 회사의 재자본화[106]에 참여하고 조직을 재편해 달라는 요청을 받았다. 에이펙스 오일은 클라크 주유소를 통해 가스를 판매하고 두 곳의 정유 시설을 소유하고 있었으며 상당한 규모의 석유 거래 사업을 하고 있었다. 당시 유가 하락으로 인해 에이펙스는 부채 상환에 어려움을 겪고 있었다. 사실 복잡하고 어려운 상황이었지만 나는 회사의 가능성을 보고 2,000만 달러를 투자하기로 동의했다.

거래는 힘들었고 6개월이 넘게 걸렸다. 클로징 직전 내가 거래를 포기할 거라는 소문이 돌기 시작했다. 그 결과 은행들은 극도로 긴장했다. 과거 예상치 못한 사유로 거래가 무산된 적이 있었기 때문이다. 그 주말에 나는 위스콘신에서 오토바이 여행을 하고 있었는데 그곳에는 에이펙스의 클라크 주유소들이 많이 있었다. 금요일 아침 우리가 첫 번째 방문지

---

**106** 재자본화 또는 리캡(recapitalization) - 기업의 부채와 자본의 비중을 재구성하는 과정으로 주주들을 위해 기업의 자본구조를 변화시켜 회사의 가치를 재고하는 일을 말한다.

에 들렀을 때 은행들이 불안해한다는 전화를 받았다. 내가 거래에 계속 참여하고 있다는 사실을 모두에게 납득시켜야 했다.

그다음 주 화요일에 우리는 시카고의 니커보커 호텔(Kickerbocker Hotel)에서 은행가들과 회의를 했다. 회의실에 있던 모두가 약간 긴장한 상태였다. 나는 쉘리 로젠버그에게 밀봉된 마닐라 봉투를 30명의 참가자 전원에게 나눠 달라고 부탁하면서 회의를 시작했다.

나는 내가 개회사를 할 때까지 봉투를 열지 말라고 말했고, 내가 거래에서 물러날 수도 있다는 소문에 대해서 언급했다. 우리가 합의에 도달할 때까지 나의 참여가 계속될 것이라고 분명하게 그들에게 약속했다. 그런 다음 봉투를 열어 보라고 했다. 봉투 안에는 오토바이 가죽 슈트를 입은 내가 클라크 주유소의 거대한 표지판 앞에서 존 트라볼타 포즈를 취하고 있는 8×10인치(203×253mm) 크기의 사진이 들어 있었다. 말할 필요도 없이 긴장된 분위기가 누그러졌다. 나는 "누군가가 내 약속에 의문을 제기한다면 이 사진으로 바로잡을 수 있을 겁니다"라고 말했다.

나는 협상을 할 때 테이블 건너편에 있는 상대방의 동기와 우선순위에 대해 생각하는 데 많은 시간을 쏟는다. 상대방에게 어떤 문제가 협상에서 걸림돌이 되는지, 즉 우리가 논의하는 20가지 사안 중 상대방이 정말 중요하게 생각하는 3가지가 무엇인지 파악하기 위해 노력한다. 물론 나는 내게 가장 중요한 것이 무엇인지 명확히 알고 있다. 그렇게 하면 서로가 원하는 것을 얻을 수 있다. 서로 윈-윈할 수 있는 최선의 거래인 것이다.

나는 월스트리트에서 인수자가 이익을 얻도록 가격을 책정하는 것으로 유명하다. 나는 마지막 동전 한 닢까지 짜내지 않는다. 예를 들어 1980년대 후반에 내가 아이텔의 전환사채를 발행할 때, 어느 날 메릴린치의 뉴욕 사무실에서 유머 감각이 전혀 없는 은행 담당자와 마주 앉아 있었다. 그는 내게 "메릴린치는 6.5%의 수익률로 2억 달러의 전환사채를 매입할 준비가 되어 있습니다"라고 말했다.

나는 "좋아요. 6.75%로 합시다"라고 말했다.

그는 이해하지 못한 채 나를 쳐다보았다. "뭐라고요?"

"6.75%로 해요." 나는 반복했다.

"하지만 젤 씨, 우리는 6.5%에 거래를 할 수 있어요."

"그건 나도 알아요. 하지만 이 거래에서 0.25%는 상대적으로 아무 의미가 없으며 모든 구매자가 이 전환사채를 사는 순간 이익을 얻는 것을 보장합니다. 그리고 모두가 승자라면 그 사람들은 나와 다시 거래를 하려고 돌아올 겁니다." 나는 그 전환사채 매입자들 모두가 향후 나의 잠재적인 구매자들이 될 것임을 알고 있었다.

**'승리'에 대한 나의 정의는 이분법이 아니다. 그것은 제로섬 게임이 아니다. 승자와 패자로 이어지는 협상은 성공적인 거래나 향후 또 다른 거래로 이어지는 경우가 드물다.**

이것은 내 사업 경력 내내 그래 왔다. 가끔 팀원들이 우리가 테이블 위에 돈을 남기는 것을 믿을 수 없다며 나와 논쟁을 벌이기도 한다. 하지만 나는 모든 사람들이 계속 참여하길 원하는 환경을 만들고 싶다.

## 셈 토브
## Shem Tov

내 사위는 내가 하는 사업과 내가 브랜드와 같다고 말했고, 나는 항상 브랜드를 보호하는 것에 대해 생각한다. 그것은 흥미로운 관점이다. 본질적으로 사위가 말한 것은 **내가 하는 모든 일이 일관성이 있고 내 이름과 맞지 않는 일을 하려는 유혹을 받지 않는다는 것이다.** 일이 잘못될 수도 있나? 물론이다. 그러나 결코 옆길로 새지 않고, 방향이 잘못되면 바로잡기 위해 최선을 다한다.

사업을 할 때 사람들은 항상 당신이 누구인지 알고 싶어 할 것이다. 다시 말해서 당신이 말한 것을 행동에 옮기는지 또는 당신이 신뢰할 수 있는 파트너가 될 수 있는지를 알고 싶어 한다. 내가 부동산 개발 사업에서 손을 떼기 전인 1978년, 미시간 애비뉴에 부지를 소유한 한 백화점 회사가 니먼 마커스[107] 매장을 짓기를 원했다. 그들은 날 찾아와서 내가 관심이 있는지 궁금해했다. 당시 가장 크고 영향력 있는 디벨로퍼들 중 하나는 캐딜락 페어뷰(Cadillac Fairview)라는 캐나다 회사였다. 우리는 CEO를 만나 부지와 기회에 대해 논의했다.

내가 말을 마치자 CEO는 날 보고 "만약 당신이 말하는 사람이 당신이 맞는다면 왜 한 번도 들어 본 적이 없습니까?"라고 물었다.

나는 "글쎄요, 여기 부동산 관련 메이저 플레이어들(주요 업체들) 5명의 이름이 있습니다. 저를 확인해 보세요"라고 말했다.

그게 수요일이었다. 금요일 아침 7시에 사무실에 앉아 있었는데 전화가 울렸다. 캐딜락 페어뷰 CEO였다. 그는 "좋은 소식이 있어요"라고 말했다. "좋습니다. 뭡니까?" 나는 물었다.

"당신이란 사람은 당신이 말하는 그대로군요."

나는 그 일을 생각할 때마다 미소를 짓는다. 왜냐하면 내게는 그것이 무엇보다도 중요하기 때문이다. 나는 내가 말하는 그대로다(I am who say I am).[108]

---

[107] 니먼 마커스(Neiman Marcus) - 미국의 명품 백화점 체인
[108] 말과 행동이 일치하는 것은 곧 브랜드와 같다. 그 예로 젤은 캐딜락 페어뷰의 CEO에게 레퍼런스를 제공하고 자신의 행적을 보여 주며 신뢰성을 입증할 수 있었다. 이 이야기는 사업을 할 때 좋은 평판과 신뢰를 쌓기 위해 항상 뱉은 말에 충실하고 약속을 지키는 것에 대한 중요성을 강조하고 있다.

# 의리를 소중히 여겨라
## Prize Loyalty

**의리가 여러분의 인격을 정의한다고 믿는다.** 친구, 동료, 또는 파트너가 힘들 때 곁을 지켜 주는가? 자신의 상황을 고려하는 것만큼 상대방의 상황을 고려하는가? 장기적이고 강한 사업 인맥과 회사 직원들의 장기 근속은 내가 가장 자랑스럽게 생각하는 업적 중 하나이다. 나를 비판하는 사람들은 생각보다 많지만 이보다 더 큰 자랑은 없다.

나는 항상 제이 프리츠커가 얼마나 내게 의리를 보이는지에 대해 감동받았다. 한번은 1990년대 초에 아이텔이 곤경에 처하게 된 적이 있었다. 당시 나는 현금과 4년짜리 풋옵션이 있는 주식으로 컨테이너 사업을 인수했다. 만약 4년 안에 주식이 특정 가격에 도달하지 못하면, 매도자인 데이빗 머독(David Murdoch)이 우리에게 주식을 다시 사라고 요구하거나 시장에서 주식을 매도할 수 있고 우리는 그 차액을 메워야 했다.

1990년대 초가 내 인생에서 직업적으로나 개인적으로 특히 힘든 시기였던 것을 기억할 것이다. 당시 밥을 잃은 지 얼마 되지 않았고, 경기 침체가 시작되었고, 연준(미국 연방준비제도)은 정크 본드 시장을 파괴했고, 대출이 동결되었고, 회사 주식은 공매도되고 있었다. 몇 주 동안은 직원들에게 지불할 충분한 현금을 가지고 있을지 걱정했다. 아이텔의 주가는 회복되고 있었지만 중요한 것은 1991년 1월에 5,000만 달러에 달하는 머독의 풋옵션의 만기가 3월 31일이라는 사실을 알고 있었다는 것이다. 머독이 2월에 전화해서는 "풋옵션을 행사할 겁니다"라고 말했다. 머독은 어떠한 여유도 주지 않을 것을 분명히 했다.

나는 3월 1일까지 5,000만 달러를 어디서 얻을 것인지 씨름하고 있었다. 상황이 빠듯한 나머지 대출을 받을 방법이 없었다. 한편 머독은 하루가 멀다 하고 내게 전화를 걸어 5,000만 달러를 지불하든지 아니면 주식을 팔게 해 달라고 말했다. 분명히 그가 5,000만 달러어치의 주식을 시장에 투매하는 것을 원하지 않았지만 그는 정말로 내게 압박을 가하고 있었다. 머독은 계속해서 물었다. "현금을 줄 겁니까? 아니면 주식을 팔게 할 건가요?" 그리고 나는 계속 "모르겠어요"라고 대답했다.

마침내 만기 2주 전인 3월 15일쯤, 제이 프리츠커를 만나러 갔고 "제이, 5,000만 달러가 필요해요"라고 말했다. 제이에게 내 상황을 설명했다. 그리고 그는 "알았어"라고 말했다. "알았어"라는 말 한마디가 다였다. 대화가 끝나고 30분 후에 제이로부터 돈을 받았다. 그리고 나는 그러한 신뢰를 받는다는 것이 어떤 것인지 결코 잊지 못했다. 나는 제이를 위해 무엇이든 했을 것이다.

아시다시피 나 같은 사람에게 의리와 신뢰는 값을 매길 수 없다. 그리고 그것은 양방향으로 작용한다.

## '11계명'을 준수해라
### Obey the Eleventh Commandment

**자신을 너무 심각히 여기지 마라. 너무 많은 사람들이 자신을 너무 과대평가하기 때문에 다시 한번 강조하고 싶다. 자만과 긍지는 어느 정도 필요하지만 스스로 컨트롤하지 않으면 해로울 수 있다.** 하지만 내게 '11계명'은 그 이상의 것을 의미한다. 간단히 말해서 자신을 비웃는 첫 번째 사람이 되는 것이다. 자신을 비웃을 수 있는 것은 자존심의 크기와 아무 관련이 없다. 오히려 자신을 웃음의 대상으로 여긴다는 사실은 자신을 지나치게 높이 평가하는 것에 대한 반성이라고 말할 수 있다.

내게 '11계명'은 우리 모두가 이 세상에 살고 있는 인간이며 주변에서 일어나는 경이로운 일들에 참여할 수 있는 선물을 받은 존재라는 사실을 인정하는 것이다. 우리가 주변의 그런 일들과 거리를 두지 않는 이상 말이다. 내 개인 사무실은 편안하고 예술적이며 내가 누구인지를 보여 준다. 내 사무실은 궁전이 아니다. 도시 위에 우뚝 솟아 있지 않으며 60층이 아니라 6층에 있다. 하지만 나는 야외 데크를 가지고 있다. 그것은 도시의 모든 비둘기를 끌어들이는 울창한 식물원이다. (물총을 쏴 봤지만 비둘기들은 꿈쩍도 하지 않았다.) 이곳은 또한 품위 있고 잘 먹은 오리 두 마리가 사는 집이며, 오리에게는 온수 풀장이 갖춰져 있다. 내 생각에 그것은 나를 좀 별난 억만장자로 만드는 것 같다.

그 오리들에 대해 이야기하자면, 수년 전 어느 날 아침 밖으로 걸어 나갔다가 청둥오리 한 마리가 데크 위에 앉아 있는 것을 발견했다. 전에 내 야외 데크에서 오리를 본 적이 없었기 때문에 이상하게 생각했다. 다음 날 아침 오리는 여전히 그 자리에 있었고, 이번에는 새끼 오리 세 마리와 함께 있었다. 새끼 오리들은 밤사이 부화한 것이었다.

사무실의 모두가 새로운 오리 가족에 대해 흥분했고, 그 후 몇 주 동안 꾸준히 방문객이 늘었다. 그러던 어느 날 어미 오리와 새끼 오리 두 마리가 세 번째 새끼 오리를 남겨 두고 날아가 버렸는데, 세 번째 새끼 오리는 새끼 오리들 중 제일 왜소한 녀석으로 보였으며 다리가 불편해 보였다. 우리는 세 번째 새끼 오리의 이름을 '듀이'라고 지었다. 그래서 이제 어떻게 해야 할까? 우리 EGI 직원들은 매우 창의적인 사람들이고 문제 해결사들이다. 직원들은 해결책을 찾는 것을 좋아한다. 그래서 직원들 중 한 명이 듀이를 수의사에게 데려갔다. 수의사는 동물 척추 지압사를 소개했고 듀이는 물리 치료를 받았다. 농담이 아니다. 우리는 듀이를 위해 데크에 온수 풀장을 만들어 주었다. 듀이는 1년 동안 그곳에서 지냈고 완치되었다. (날씨가 너무 추울 때 듀이를 안으로 데려가곤 했다.) 그리고 짝짓기 철이 다가오자 듀이도 날아갔다.

나는 직원들과 함께 듀이를 그리워했다. 모두가 오리를 곁에 두는 것을 좋아했지만 계속 잃고 싶지는 않았다. 그래서 누군가가 "날지 않는 오리는 어떤가요?"라고 제안했다. 그래서 우리는 리서치를 한 결과 '루앙(Rouen)'이라고 불리는 오리 품종을 찾았고, 결국 집에만 있는 오리 두 마리를 키우게 되었다. 그 오리들은 크고 고상하며 아름다운 청록색 목을 가지고 있다. 물론 오리들의 이름을 휴이와 루이라고 지어 줬다. 이제 우리는 3대째 오리를 키우고 있다. 이 오리들은 에쿼티 가족의 일원이다.

나는 전에 사무실 문을 절대 닫지 않는다고 말했다. 그렇다면 사적인 만남이 필요할 때는 어떻게 해야 할까? 날씨가 좋은 날에는 손님들을 야외 데크로 데리고 나가 시카고의 고층 빌딩들과 오리들이 꽥꽥거리는 소리에 둘러싸여 업무를 진행한다. 나는 그런 환경이 좋다.

## 모든 것을 걸어라
## Go All In

**문제를 극복할 수 없다는 것을 인정하는 순간 당신은 실패한다. 만약 당신이 반대편에 길이 있다고 가정하면 대개는 그 길을 찾을 수 있고, 그렇게 하기 위해 창의력을 발휘하게 될 것이다.**

나는 이 근본적인 진리를 기업가적 사고방식과 동일시한다. 끈기, 낙관주의, 추진력, 신념이 모두 하나로 합쳐진 것이다. 일을 완수하고, 끝을 보고, 성공시키겠다는 의지가 바로 그것이다. 내 세계에서는 그것을 '오너(owner)'라고 부른다.

내게 오너가 되는 일은 돈뿐만 아니라 시간도 투자하는 것을 의미한다. 회사든 프로젝트든 무엇이든 내 머릿속에 공간을 확보하는 것을 뜻한다.

내가 생각하는 것을 어떻게 하면 더 나은 방향으로 발전시킬 수 있을지, 어떻게 하면 새로운 기회로 연결시킬 수 있을지 끊임없이 고민하는 것이다. 이 모든 것은 변화를 일으키고 긍정적인 영향을 미치겠다는 목표를 가지고 있다.

하지만 원칙적으로 감정적인 행동이 사업 결정에 영향을 미치는 것을 용납하지 않는다. 이는 내 성격이기도 하지만 밥과 처음 사업을 시작했을 때 논의했던 사항이기도 하다. 한 가지 예외를 제외하고 말이다.

밥은 광적인 스포츠 팬이었다. 밥은 화이트삭스의 개막일마다 확성기 시스템으로 사무실 전체에 게임을 울려 퍼지게 했다. 어느 해 시즌 초 팀이 7연승을 거두었을 때, 밥은 "7-0!"이라고 쓰인 큰 표지판을 들고 미친 사람처럼 사무실을 뛰어다녔다.

1981년 어느 날, 밥은 내 사무실에 와서 다소 격식 있는 어조로 말했다. "오늘 점심 먹자." 뭐, 점심을 먹는 건 이상하지 않았다. 우리는 우리 사무실 건물 1층에 있는 181 레스토랑(181 Restaurant)에서 거의 매일 점심을 같이 먹었다. 우리는 이로스[109]를 정말 좋아했고 그들은 최고의 이로스 요리를 만들었다. 그래서 우리는 점심을 먹기 위해 자리에 앉았고 나는 "무슨 일이 있어?"라고 물었다.

"자네 친구 제리 레인스도르프(Jerry Reinsdorf)에게 전화해서 우리가 화이트삭스의 지분을 살 수 있는지 알아봤으면 해." 당시 레인스도르프는 구단 인수를 위해 합자 회사를 설립하고 있었다. 난 "알았어. 제리에게 전화해서 얼마를 투자하면 인수에 참여할 수 있는지 알아볼게."

"아니"가 밥의 대답이었다.

"자네가 제리에게 전화해서 '목소리'를 내는 데 얼마가 드는지 물어봐

---

[109] 이로스(Gyros) - 그리스식 고기구이 음식

줬으면 좋겠어."

그리고 우리는 그렇게 했다. 밥은 화이트삭스의 이사회 자리와 이후 불스의 이사회 자리를 차지했다. 그는 많은 경기를 보러 다녔다. 2007년 시카고 컵스를 여전히 소유하고 있던 트리뷴을 우리가 인수했을 때, 제리가 내게 전화를 걸어 "루리가 아직 살아 있었다면 자넨 절대 컵스를 매각할 수 없을 거야"라고 말했던 것을 기억한다. 그의 말이 맞았다.

나는 밥이 야구에 대해서 흥분하면서 이야기할 때가 좋았다. 만약 밥이 살아 있었더라면 2016년 컵스가 월드시리즈에서 우승했을 때 정신이 나갔을 것이다. 그런 수준의 열정은 항상 나를 매료시킨다. 내 아내 헬렌이 그녀의 자선 사업, 특히 미시간 대학에서 기부한 글쓰기 과정에 대해 이야기할 때도 같은 느낌을 받는다. 헬렌에게서 자선 사업은 수표를 쓰는 것 이상의 의미가 있다. 마치 프로젝트의 삶에 자신을 몰입하는 것과 같다.

**이 말을** 마지막으로 책을 마치겠다. 오너는 이미 가지고 있는 것을 최대한 활용하는 데 몰두한다. 그는 모든 것을 건다. 기업가는 항상 새로운 기회를 찾고 있다. 그는 항상 도전한다.

나는 이러한 진리가 사업뿐만 아니라 인생에도 적용된다고 믿는다. 생각해 봐라.

나는 내 아이들에게 날 위해 일하라고 강요한 적이 없다. 이름이나 용도를 알 수 없는 소형 부품 제조 회사를 만들어 아들이나 딸이 사업을 영위하기를 원하는 가부장과는 달리, 나는 사업을 통해 불멸의 존재가 되겠다는 열망을 품어 본 적이 없다. 이것은 내 꿈이며 다른 누구에게도 강요하지 않을 것이다.

나는 내 아이들과 손자, 손녀들에게 이렇게 말한다. "너희들의 책임은 너희에게 주어진 재능을 극대화하는 거야. 하지만 무엇을 하기로 결정하든 너희가 가진 모든 것을 투자하여 뛰어나게 일을 해내야 돼. 내가 본보기가 되고 싶었던 것은 내가 한 일이 아니야. 너희가 본받았으면 하는 것은 집중, 노력, 헌신을 통해 내가 해 온 방식이다."

이건 연극 무대 리허설이 아니다. 나는 인생을 전속력으로 달리기 위해 노력한다. 나는 변화를 일으키기 위해 이 세상에 태어났다고 생각한다. 그러기 위해서는 내 한계를 시험해야 하고 매일 그렇게 할 방법을 찾는다. "바보 천치의 정의는 자신의 목표에 도달한 사람(The definition of a schmuck is someone who's reached his goals)"이라고 말한 사람이 공자였다고 생각한다. 엔드 존[110]을 계속 움직이고 위대함을 추구하는 것은 내게 달려 있다.

---

110  엔드존(End Zone) - 미식축구의 경기장 끝

# APPENDIX

부록

내 부모님 로쉘과 버나드(부모님이 20대였을 때 찍은 사진)는 불가능한 일을 해낸 나의 롤모델이었다. 부모님은 나치를 피하기 위해 폴란드를 탈출하였고 미국에서 새로운 삶을 시작했다.

부모님이 40대였을 때 찍은 사진 – 부모님은 시카고 지역 사회의 기둥이었다. 아버지는 항상 내게 '셈 토브(shem tov)', 즉 좋은 이름(평판)을 가지는 것이 가장 중요한 것이라고 가르쳐 주었다.

내가 5살쯤에 찍은 사진. 1940년대에 이민자의 아이로 자라면 누구나 이런 옷차림을 하고 싶었을 것이다.

고등학교 때인 1955년, 첫 창업을 했다. 《플레이보이》 잡지를 친구들에게 상당한 마진(이익률)으로 팔았다.

1963년 학사 학위를 마치고 법학교에 진학했다.

밥 루리는 유머 감각이 있고 다채로운 성격을 가졌고 분석적이며 창의력이 넘치는 천재였다. 밥은 내가 유일하게 가진 진정한 파트너였고, 밥과의 우정과 조언은 무엇과도 바꿀 수 없는 것이었다.

밥은 계약상 분쟁이 생길 경우 누가 더 키가 크냐에 따라 분쟁이 해결될 것이라고 농담 삼아 계약서에 기재한 적이 있다. 이 사진의 각도와는 상관없이 그 분쟁은 결코 해결되지 않았다.

1980년대 후반, 나는 은행가들과의 회의에서 이 사진의 8"×10" 크기 사본을 나눠 주었다. 이 사진은 클라크 리테일 주유소를 소유한 에이펙스 오일의 재자본화(recapitalization) 하기 위한 나의 의지를 보여 주기 위한 것이었다. 때로는 사진 한 장이 천 마디의 말보다 가치가 있다.

내게 오토바이는 자유를 상징한다. 나는 일 년에 두 번 친구들과 함께 전 세계의 구불구불한 도로를 찾아 여행을 떠난다. 우리는 스스로를 "젤스 앤젤스(Zell's Angel)"라고 부른다.

폴란드에서 과속으로 적발되었을 때, 우리가 가져온 캘리포니아 산 타페 카운티 보안관 패치로 경찰관을 매수하려 했다.

Photograph by Dave Carlson

'벌거벗은 임금님(The Emperor Has No Clothes)'은 내 1999년 뮤직 박스 선물의 주제였다. 이는 당시 닷컴 열풍을 비꼬는 나의 관점을 반영한 것이다.

내 IPO 로드쇼 티셔츠는 언제나 재미있으면서도 의미 있는 메시지를 담았다. 1993년에 입은 이 티셔츠는 조립식 주택 커뮤니티에 대한 부정적인 편견에 도전하는 것이었다.

사무실 밖에서 회의 중에 야외 데크에 있는 오리들을 찍은 사진

미시간 대학교 로스 경영대학원(University of Michigan's Ross School of Business)에서 수업 중일 때 찍은 사진

CNBC의 "스쿼크 박스(CNBC's Squawk Box)" 촬영장에서 즐거운 시간을 보내며

Photograph by Tim Klein

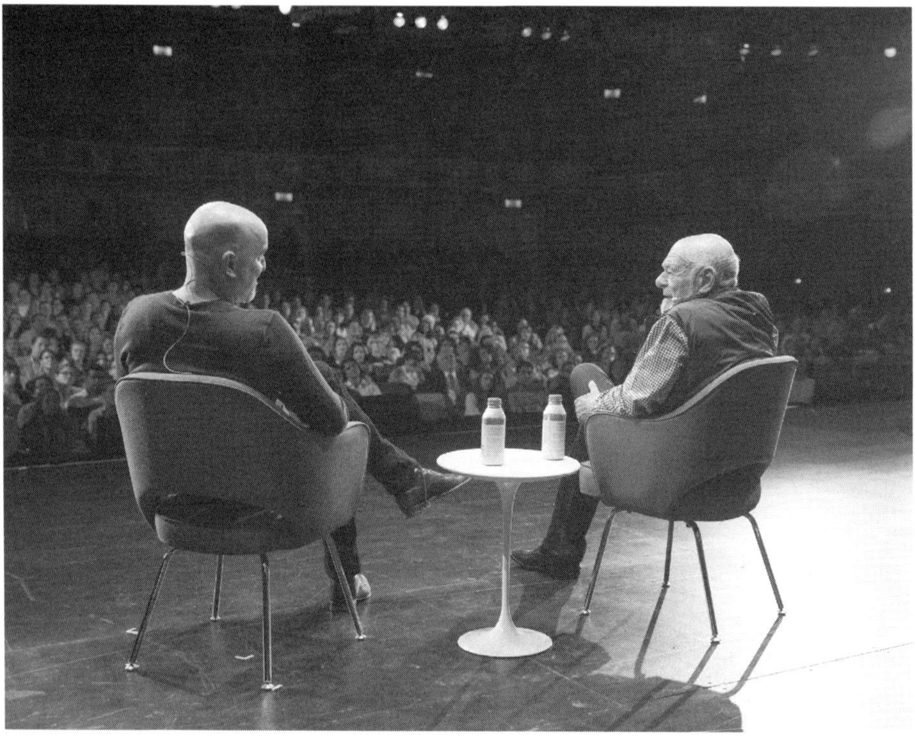

"시카고 아이디어스 위크(Chicago Ideas Week)"에서의 연설

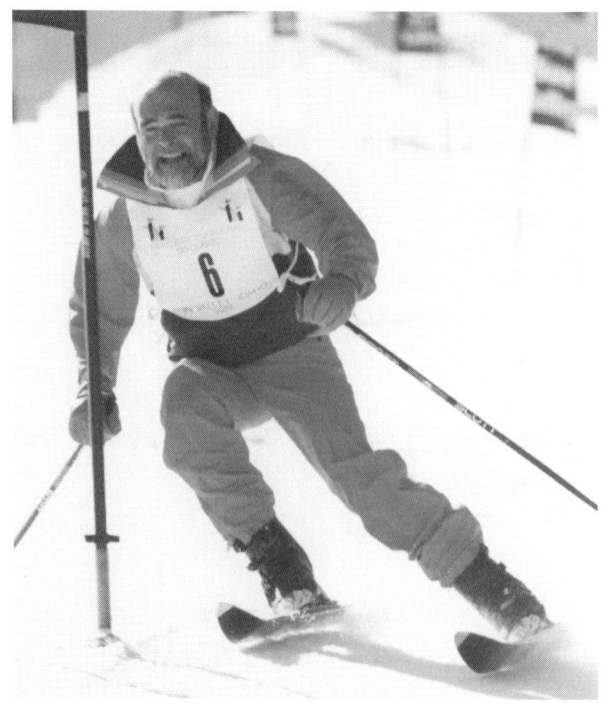

나는 내 인생처럼 스키를 탄다. 스키를 산 아래로 향하게 하고 직활강한다.

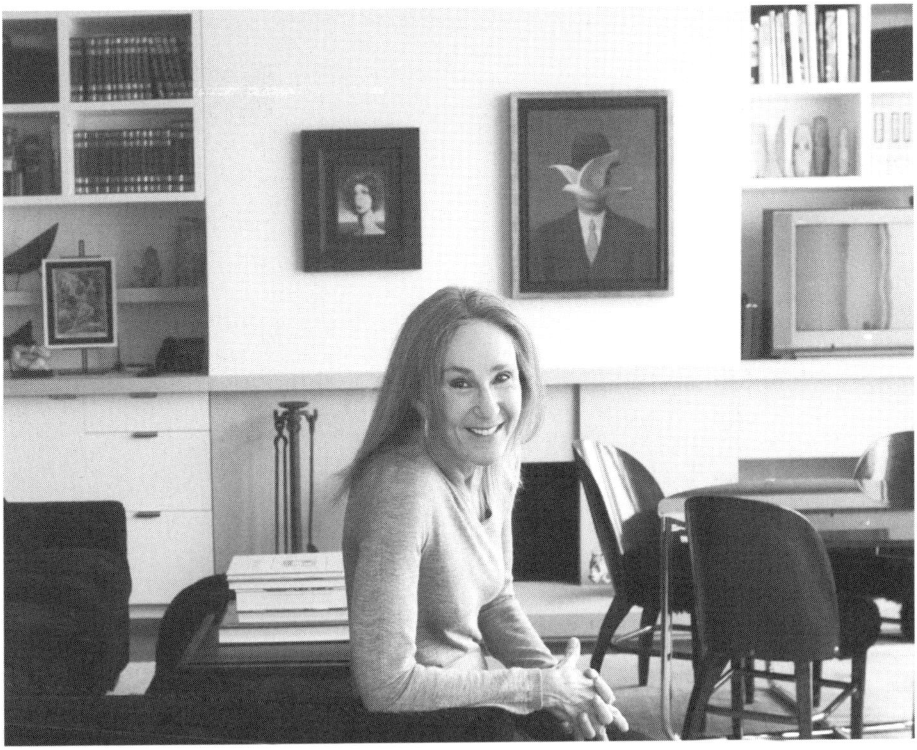

Image courtesy of Crain Communications, Inc.

아내 헬렌과 나는 초현실주의와 현대 미술에 대한 열정을 공유한다.

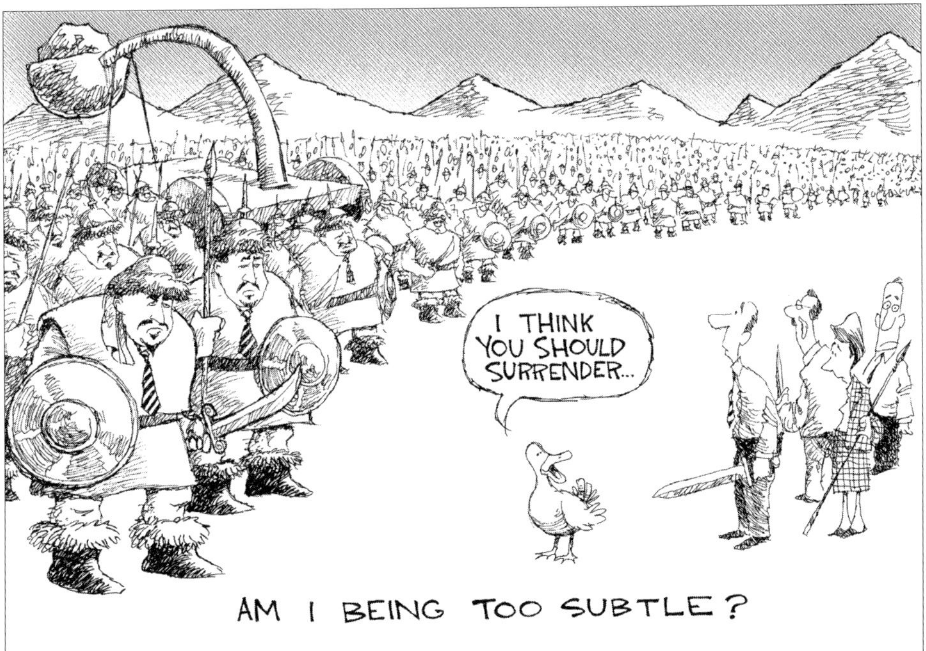


내가 좋아하는 명언들이 담긴 작은 빨간 책자의 만화 중 하나, 나는 이것을 명함으로 자주 나눠 주곤 한다.

### 내가 너무 애매하게 구나?
비즈니스 혁명가의 솔직하고 직설적인 이야기

**초판 1쇄 발행** 2023년 6월 1일
**개정판 1쇄 발행** 2023년 8월 3일
**개정판 2쇄 발행** 2024년 1월 16일

**지은이** 샘 젤
**옮긴이** 존 최
**펴낸이** 존 최
**펴낸곳** 비즈니스 101
**출판등록** 제2022-000069호

**제작 및 유통** 비즈니스 101, 지식과감성*

**주소** 서울시 영등포구 영신로 44길 16
**전화** 0507-1478-7817

ISBN 979-11-983102-3-1(03320)
값 28,500원

잘못된 책은 구입하신 곳에서 바꾸어 드립니다.

올바른 금융지식을 전달합니다
Fostering Collective Financial Intelligence